ایساک ادیزس

سوء مدیریت
مدیران در مقابل نامدیران

چگونه بحران سوء مدیریت
سازمانها را حل و فصل نماییم

P---	Paei
-A--	pAei
--E-	paEi
---I	paeI
----	PAEI
PA--	PAei
PA-I	PAeI
-A-I	pAeI
P--I	PaeI
P-E-	PaEi
PAE-	PAEi
--EI	paEI
-AEI	pAEI
-AE-	pAEi
P-EI	PaEI

ترجمه کاوه محمد سیروس

دانشکده مهندسی صنایع
دانشگاه صنعتی امیرکبیر

بسم الله الرحمن الرحیم

- نام کتاب : شیوه مدیریت
- تألیف : ایساك ادیزس
- ترجمه : دکتر کاوه محمد سیروس
- نوبت و تاریخ چاپ: چاپ اوّل / زمستان ۱۳۷۴
- چاپ : چاپ توحید
- لیتوگرافی : لیتوگرافی اهل بیت(ع)
- تیراژ : ۳۲۰۰
- قیمت : ۶۲۵۰ ریال

- حق چاپ این اثر متعلق به مترجم می‌باشد

مقدمه مترجم

تابحال کتب زیادی در رابطه با مدیریت، سیستم‌ها و معدودی هم در مورد مدیریت سیستم‌ها نوشته شده است. عمده این کتاب‌ها منعکس‌کننده اصولی هستند که در دوره‌های کلاسیک و براساس سیستم‌های بسته عمل می‌کرده و با فرهنگ مدیریت امروز کشور ما فاصله دارد. لذا، تدوین کتب متعدد و متنوع جهت تطابق با وضعیت مدیریت روز دنیا نه‌تنها لازم است، بلکه درراستای بهبود مدیریت می‌بایستی پیوسته ادامه یابد.

پیشرفت تئوریهای مدیریت دنیا که از سیستم‌های بسته شروع به سیستم‌های باز و مدرن، مشارکتی و مشارکتی مبتنی بر شرایط تغییر شکل یافته، خواه ناخواه اثرات خود را بر سیستم مدیریت رایج در کشور ما بجا گذاشته، و شرط بقاء در چنین محیطی آنست، که فرهنگ مدیریتی خاص خود را توسعه دهیم. البته چنین فرهنگی مشابه فرهنگ محیط نبوده، و حداکثر می‌تواند ضوابط و معیارهای محیطی را درک، جذب و هضم، و اثرات مخرب آن را دفع نماید.

در این راستا و جهت ایجاد حرکتی سازنده، کتاب "دوره عمر سازمان" که بنا به تشخیص صاحب‌نظران برای اعمال مدیریت بر فرهنگ خاصی تدوین نشده و تئوری عرضه شده درآن قابل تعمیم به مدیریت‌کلیه سازمان‌هایی است که اصول سیستم‌های باز را شناخته و قبول داشته باشند، انتخاب و به فارسی برگردانیده شد. چاپ و فروش سریع چاپ نخست آن کتاب نشان داد که جای اینگونه کتاب‌ها در میان مدیران ما خالی بوده و اکثر مدیران تشنه دریافت قطراتی از این دریای بیکران می‌باشند. کتاب "دوره عمر سازمان" اضافه بر افزایش آگاهی مدیران در مورد الگوها و تئوریهای روز مدیریت که قابل استفاده در فرهنگ مدیریت کشور ما است، اشاعه‌دهنده روشی نوین در ایجاد مدیریت مشارکتی می‌باشد. لذا، لازم بود تا کتاب دیگری در رابطه با توسعه مدیر و مدیریت جهت بکارگیری هرچه سریع‌تر آن

الگوها به رشته تحریر درآید.

کتاب حاضر که در راستای دستیابی به دیدگاه فوق از میان کارهای پرفسور ایساک ادیزس انتخاب شده، تاحدودی می‌تواند راهگشای ایجاد تغییر در سبک مدیر یا مدیریت سازمان‌های ایرانی بوده، و نه‌تنها به توسعه افراد بلکه به رشد سازمانها کمک نماید تا سریع‌تر و دقیقتر به دوره تکامل سازمانی خود وارد و بلندمدت‌تر درآن باقی بمانند.

مطالب این کتاب منعکس‌کننده فرهنگی نوین از تئوری‌های روز مدیریت است که توسط مدیران ایرانی قابل قبول و اجرا می‌باشد. برگردان به فارسی نیز با هدف دستیابی به چنین فرهنگی انجام شده است. لذا، در موارد لزوم و جهت اطلاع خواننده نکاتی در پاورقی درج گردیده است.

امید است خواننده محترم از ابراز نقطه نظرات خود جهت غنی نمودن چاپ‌های بعدی این کتاب دریغ نفرماید.

کاوه‌محمد سیروس

دانشگاه صنعتی امیرکبیر (پلی‌تکنیک تهران)
دانشکده مهندسی صنایع

تشکر و قدردانی

جادارد از دوست عزیزم آقای مهندس علیرضا (بیژن) قدس‌طینت که کتاب How to Solve The Mismanagement Crisis را به من معرفی نموده و امکان برقراری تماس با نویسنده و مؤسسه ادیزس را فراهم نموده است تشکر نمایم.

آقایان مهندس غلامرضا رزازی، مهندس هاشم یکه زارع و مهندس عبدالوهاب شریعتی در ترجمه این کتاب کمک‌های مؤثری ارائه نموده‌اند که مورد قدردانی می‌باشد.

سرکار خانم ساره ظهیرالاسلام (مادرم) در ویرایش ادبی-فنی کتاب قبول زحمت فرموده و کار ارزنده‌ای را به انجام رسانیده‌اند.

آقای امیراحمد تقی‌زاده مسئولیت کامپیوتری کردن مطالب و أشکال کتاب را بعهده داشتند که این کار با دقت تمام صورت گرفته است.

فهرست

بخش اول: تله ۱

فصل اول: پیشگفتار ۳

نقش‌های مدیریت ۵

سوء مدیریت ۶

ارزش مطالعه ۷

روش‌شناسی و منبع داده‌ها ۸

بخش دوم: سبک‌های سوء مدیریت ۱۱

فصل دوم: (---P) یکه‌تاز ۱۳

نقش تولیدکنندهٔ نتایج ۱۳

سبک یکه‌تاز ۱۵

خلاصه‌ای از سبک یکه‌تاز ۲۰

فصل سوم: (--A-) بوروکرات ۲۳

نقش اداره‌کنندگی ۲۳

سبک بوروکرات ۲۵

خلاصه‌ای از سبک بوروکرات ۳۱

فصل چهارم: (-E--) آتش‌افروز ۳۵

نقش کارآفرینی ۳۵

سبک آتش‌افروز ۳۷

خلاصه‌ای از سبک آتش‌افروز ۴۹

فصل پنجم: (I---) دنباله‌رو کبیر ۵۳

نقش یکپارچه‌کنندگی ۵۳

سبک دنباله‌رو کبیر ۵۶

مشخصه عمومی ۶۳

خلاصه‌ای از سبک دنباله‌رو کبیر ۶۴

فصل ششم: (----) چوب خشک ۶۷

سبک چوب خشک ۶۷

خلاصه‌ای از سبک چوب خشک ۷۴

فصل هفتم: (PAEI) مدیر کتاب درسی ۷۷

مدیر کتاب درسی ۷۷

خلاصه‌ای از سبک مدیر کتاب درسی ۸۴

فصل هشتم: سبک‌های سازمانی ۸۷

گذرگاههای سازمانی ۸۷

تجزیه و تحلیل و راه علاج ۱۰۸

درمان ۱۰۹

فرآیند جوانی مجدد ۱۱۱

گرفتاریهای محتمل ۱۱۵

خلاصه ۱۱۷

بخش سوم: در موردش چه کاری باید کرد؟ — 119

فصل نهم: آنگاه، یک مدیر خوب کیست؟ — 121
- روش‌های مدیریت درمقابل سوء مدیریت — 121
- اسطورهٔ مدیر کتاب درسی — 122
- یک مدیر خوب کدام است — 123
- در ترتیب نگه‌داشتن — 134

فصل دهم: توسعه و آموزش یک مدیر خوب — 137
تغییر سبک مدیریتی از طریق
- ایجاد تغییر در فرد: آموزش و توسعه — 137
- موانع آموزش و توسعه — 138
- ماهیت آموزش مدیریت — 143
- ماهیت برنامه‌های توسعه‌ای و آموزشی — 147
- روش‌های آموزشی — 151
- روش‌های توسعه — 152

فصل یازدهم: تطابق دادن سبک شخصی
با خصوصیات مورد تقاضای کار — 157
- ساختن ترکیب مدیریتی — 157
- ترکیب مدیریتی — 159
- آیا ترکیب مدیریتی خوب کافی است؟ — 160
- تطابق دادن کارها با سبک‌ها — 160
- تغییر شغل - نوعی ارتقاء — 164
- تغییر شغل - تغییر حرفه — 166
- دفتر مدیرعامل — 167
- موضوع مسئولیت — 168
- طبیعت تضاد — 169
- موارد استفاده ترکیب مدیریتی — 170
- یک سند اصیل سازمانی — 175

بخش چهارم: خروج از تله — 177

فصل دوازدهم: یکبار دیگر و
برای آخرین بار(؟) مدیریت چیست؟ — 179
- مدیریت چیست؟ — 179
- آیا مدیریت ضروری است — 184
- مدیریت چه می‌کند؟ — 185
- ریشه‌های نخبه‌گرایی مدیریتی — 188
- گروه مدیریت — 190

193	**فصل سیزدهم:** معرفی روش مدیریت ADIZES
193	محدودیت‌های ساختار کلاسیک هرمی
196	روش مدیریت تشریک مساعی ادیزس (A'S/M)
197	ساختار A'S/M
204	POC
205	روش ادیزس بعنوان فرآیند تصمیم‌گیری
208	فازهای روش ادیزس
209	اهداف روش ادیزس

ضمیمه: زمینه‌های گوناگون اجرای چندین نقش اما نه تمامی موارد آن

213	
214	کارفرمای سخت‌گیر (PA--)
217	رئیس بی‌خطر، خیرخواه (PA-I)
219	بوروکرات پدرسالار (-A-I)
220	مربی پاره‌وقت (P--I)
221	بنیانگذار تازه‌کار (P-E-)
224	توسعه‌دهنده تک‌نواز (PAE-)
225	هوچی (--EI)
227	رهبر قلابی (-AEI)
229	درد گردن (-AE-)
230	معلم روحانی (P-EI)

فصل اول

پیشگفتار

بخاطر می‌آورم چگونه اندیشه اولیه این کتاب در ذهن من شکل گرفت. یک بعدازظهر، فروشنده‌ای دوره‌گرد، برای فروش جدیدترین چاپ یک دوره سی جلدی دائرةالمعارف(۱) بریتانیکا، به منزل من آمده بود و از من سؤال کرد که چکاره هستم؟ به او پاسخ دادم: مدیریت(۲) تدریس می‌کنم. او گفت: اجازه بدهید ببینیم دائرةالمعارف، راجع به مدیریت چه نوشته است. پس از جستجو و کنکاش بسیار او نگران و ناراحت شد، من هم گیج شدم، زیرا که دریافتیم برای چنین واژه‌ای، تعریفی در دائرةالمعارف وجود ندارد. واژه‌هایی تحت عنوان "علوم مدیریت" به معنای تشریح الگوهای ریاضی به منظور تبیین فرآیند تصمیم‌گیری، همچنین "رفتار سازمانی" که درواقع روانشناسی سازمانی است، وجود داشت، اما واژه‌ای تحت‌عنوان "مدیریت" (صرفا" خود واژه مدیریت) که شغل میلیونها نفر را در سراسر جهان تشکیل می‌دهد، تعریف و تشریح نشده بود.

این موضوع موجب شد تأمل کرده، به فکر فرو رفته و این سؤال برایم مطرح شود که "مدیریت چیست"؟

اگر فردی در یوگسلاوی به‌روشی که ما درآمریکا مدیریت می‌کنیم مدیریت‌نماید، ممکن است تحت تعقیب قرار گرفته و حتی با مجازات زندان روبرو شود. زیرا در آنجا مدیریت به‌روشی که ما انجام می‌دهیم غیرقانونی است. مدیریت در یوگسلاوی، این است که مدیر صرفا" به کارگران توصیه‌هایی می‌کند و این زیردستان(۳) هستند که نهایتا" تصمیم می‌گیرند چه کاری باید انجام پذیرد. در روستاهای(۴) اسرائیل، کدخدای ده(۵)، چندسالی مدیریت می‌کند و پس از آن به انجام کارهای روزمره سابق خود همچون دوشیدن گاو بازمی‌گردد. درواقع مدیریت در آنجا مختص یک فرد نبوده و بصورت دوره‌ای دربین افراد می‌چرخد(۶). اسرائیلی‌ها مدیریت حرفه‌ای را نفی می‌کنند و اگر کسی بخواهد به روش آمریکایی بر آنها مدیریت اعمال نموده و بطور یکجانبه امر و نهی کند، ازطرف انتخاب‌کنندگانش مورد مؤاخذه قرار می‌گیرد.

کتابهای درسی مدیریت بما آموخته‌اند که مدیر، برنامه‌ریزی می‌کند، تصمیم

---

(۱) Encyclopedia (۲) Management (۳) Subordinate
(۴) Kibbutzim (۵) Secretary of the Kibbutz (۶) Rotated

می‌گیرد، سازماندهی، کنترل و ایجاد انگیزه(۱) می‌کند. هرچند سازمانهایی هم وجود دارند که مدیران آنها بعضی از این وظایف را انجام نمی‌دهند. سالها قبل پژوهشهایی را در زمینه مدیریت سازمانهای هنری(۲) چون اپرا، سالنهای رقص، تاتر و غیره انجام دادم. بعد از بازدید سالنهای باله، اپرا، تاتر و موزه‌های مهم دریافتم که مدیران قادر نیستند به گونه‌ای که کارگران را در کارخانه‌ها اداره می‌کنند، بر هنرمندان اعمال مدیریت نمایند. آنها به شیوه مطرح شده در کتابهای درسی نمی‌توانند برنامه‌ریزی، سازماندهی و کنترل سازمانهای هنری را انجام دهند. این مدیران که در سازمانهای هنری خدمت می‌کنند، برای خدمت به کارکنان هنرمند این سازمانها مدیریت می‌کنند. مشابه این پدیده و روابط را در مراکز درمانی و آموزشی نیز مشاهده کرده‌ام، در آن مراکز، مدیر نمی‌تواند وظایف مدیریت را آنگونه که در کتابها به آن اشاره شده، انجام دهد و به تنهایی بدون درنظرگیری نظریات پزشکان و استادان به سیاستگزاری قادر نمی‌باشد.

بنابراین، واقعاً" مدیریت چیست؟ مدیر چه کاری انجام می‌دهد؟ آیا هیچ نظامی می‌تواند بدون مدیر باشد؟ من در پژوهشهای پیشین خود که گزارشهای آن نیز در مقاله دیگری منعکس می‌باشد، اعلام نمودم که مدیریت نمی‌تواند اصلا" وجود نداشته باشد(۳)، علیرغم وجود قانون محدودیت اختیارات، مدیر در یوگسلاوی و همچنین در اسرائیل مدیریت می‌کند. براساس این جمع‌بندی، مدیر فعالیتهایی را انجام می‌دهد که قانون و فشارهای اجتماعی نمی‌تواند جلوی آنرا بگیرد.

در راستای تبیین وظایف مدیریت، دریافتم که مدیر باید چهار نقش را ایفا کند: تولیدکنندگی(۴)، اداره‌کنندگی(۵)، کارآفرینی(۶)، یکپارچه‌کنندگی(۷). تمامی این نقش‌ها لازم می‌باشد و وجود چهار نقش‌به همراه هم نیز برای اعمال مدیریت خوب، کافی است. منظور از "لازم" این استکه درصورت ایفا نشدن یکی از این نقشها، حالت‌سوءمدیریت(۸) به شکلی از اشکال خود، ظهور می‌کند. در کتاب حاضر، این چهار نقش‌تشریح و تبیین می‌شود و به صورت ضمنی در مورد رفع هریک از حالات‌سوءمدیریت نیز بحث خواهد شد.

در این کتاب، به این جمع‌بندی دست یافته‌ام که یکنفر به تنهایی نمی‌تواند چهار نقش‌فوق را ایفاء کند. معمولا" آنهایی که خوش‌فکر بوده و اهل برنامه‌ریزی هستند در اجرای موارد برنامه‌ریزی شده ضعیف‌اند و دیگرانی که از قدرت اجرایی بالایی برخوردارند، ممکن است در ایجاد انگیزه در افراد، ضعیف عمل کنند. آنهایی که در ایجاد انگیزه توانایی دارند ممکن است نتوانند کشتی سازمان را در طوفان هدایت کنند و آنهایی که توان اداره امور نظام را دارند، ممکن است توان خلق و پذیرش‌اندیشه‌های نو را نداشته باشند. ارائه مدیریت مؤثر در سازمان درحال رشد، پیچیده‌تر(۹) از آن استکه به تنهائی از عهده یکنفر برآید. چهار نقش فوق، در تضاد با یکدیگر بوده و هیچ فردی قادر نیست همه آنها را بطور همزمان ایفا کند. هنگامی که فردی به تنهایی سعی کند تا چهار مؤلفه بالا

(۱) Motivates (۲) Artistic Organizations (۳) Eradicated
(۴) Producing (۵) Administration (۶) Entreprenueship
(۷) Integration (۸) Mismanagement (۹) Complicated

را بتنهایی بکار گیرد، معمولا" نتیجه‌ای بجز بروز سوءمدیریت ندارد. جمع‌بندی نهایی من این است که برای اعمال مدیریت کارآمد وجود نیروهای مکمل لازم است. این بدان معنی است‌که از یک طرف اختلاف در شیوه‌ها و طرز فکرها محترم شمرده شود و ازطرف دیگر تضاد بعنوان یک اصل حتمی و مطلوب در مدیریت کارآمد مورد پذیرش واقع گردد.

نقش‌های مدیریت

نقش‌های لازم و کافی که یک مدیر می‌بایستی برای اداره مؤثر و کارآی یک سازمان در درازمدت ایفاء کند، عبارتند از: تولید (اجرا) کردن، اداره کردن، کارآفرین بودن - یکپارچه کردن.

تولید کننده (اجراکننده) (P)

همواره از این مدیر انتظار می‌رود که حاصل اقدامات یا ارائه خدماتش قویتر یا مشابه رقبایش باشد. چنین مدیری، برای تحقق این وظیفه می‌بایستی در زمینه کار خود، اعم از آنکه در عرصه‌های بازاریابی، مهندسی، حسابداری، حقوق و یا هر شغل دیگری باشد، فردی آگاه بوده و محرک[۱] کافی داشته باشد که براساس آن بتواند نتایج کار و فعالیت خود را تولید شده ببیند.

اداره‌کننده (A)

یک مدیر به چیزی بیش از محرک و آگاهی نیاز دارد. فردی با خصوصیت تولیدکنندگی و دارای اطلاعات شغلی در زمینه یا تکنولوژی خاص، لزوما" نمی‌تواند بعنوان مدیر گروه، گروه را به تولید نتایج مناسب وادارد. در این نقش، مدیر به برنامه‌ریزی، هماهنگی و ارزیابی از نتایج مبادرت می‌ورزد. چنین مدیری سیستم را در همان جهتی که طراحی شده تا کارکند اداره می‌کند.

کارآفرین (E)

نقش مدیریت، والاتر از تولید و اداره صرف سازمان بوده و لازمه آن وجود بصیرت گسترده و عمیق[۲] به منظور تعیین اهداف، برنامه‌ریزی استراتژیک و سیاست‌گذاری است. اتخاذ تصمیماتی از روی بصیرت، به کارآفرینی نیازمند است. به منظور اعمال این نقش، مدیر نباید مانند کسانی که برنامه و تصمیمات مشخص اجرایی به آنها ابلاغ می‌شود عمل کند، بلکه باید در اداره امور سازمان نقش کارآفرین داشته باشد. افراد کارآفرین باید خود برنامه‌های مناسب را بسازند.

---

(۱) Drive

(۲) Higher degree of discretion

آنها باید خودگردان(۱) باشند. مدیرانی که نقش کارآفرینی دارند باید مبتکر تحرکات جدید در سازمان بوده و قدرت خطرپذیری آنها بالا باشد. اگر آنها مبتکر نباشند قادر به درک فرصت‌های جدید نخواهند بود و درصورتیکه خطرپذیر نباشند، نمی‌توانند از فرصتهای بدست آمده استفاده کنند.

اما هنوز وجود این سه نقش برای اعمال وظیفه مدیریت کافی نیست. بسیاری از سازمانهایی که توسط افرادی با توان تولیدی، اداری و کارآفرینی مدیریت شده‌اند (معمولا" بنیانگزاران)، در فقدان این مدیران (به علت فوت یا به هر دلیل دیگر) دچار سقوط(۲) شده‌اند. طول عمر(۳) هر سازمان از طول عمر تک تک افرادی که در آن فعالیت می‌کنند، بیشتر است. بنابراین برای سازمانی که در تمام مقاطع زمانی بخواهد با موفقیت به فعالیت ادامه دهد، لازم است تا علاوه بر وظایف مطروحه بالا نقش دیگری را برای مدیریت خود تعریف نماید.

یکپارچه‌کننده (I)

چهارمین نقش مهم و اساسی در مدیریت، توان یکپارچه نمودن و همبستگی امور است. منظور از یکپارچگی، فرآیندی است که خطرپذیری فردی به خطرپذیری گروهی تبدیل گردد. اهداف فردی، با اهداف گروهی هماهنگ(۴) شده و نهایتا" کارآفرینی فردی در کارآفرینی گروهی تلفیق گردد. با حضور نقش یکپارچه‌کنندگی به حد کفایت شرایطی فراهم می‌آید که گروه می‌تواند در جهتی مشخص بروی پای خود ایستاده به کسی متکی نباشد و امور محوله را به انجام برساند. یکپارچه‌کننده خوب غیر ضروری شده(۵) و گروه یکپارچه شده می‌تواند بدون وجود او به حیات خود ادامه دهد.

سوء مدیریت

من به این اعتقاد رسیده‌ام که هرگاه یکی از نقش‌های چهارگانه اعمال نگردد، شیوه‌ای از سوء مدیریت بروز می‌کند. منظور از "شیوه" اتفاقات تکراری و قابل پیش‌بینی است که در عکس‌العمل نسبت به وقایع مشخص رخ می‌دهد. بنابراین وقتی فردی شیوه‌ای را از خود بروز می‌دهد، می‌توان برداشت نمود که اگر وضعیت شناخته شده باشد، عملکرد آن فرد قابل پیش‌بینی است.

کار، بیانگر نوعی از وضعیت بوده و هر کاری حالت خاص خود را داراست. بنابراین، کارهای مشخص، شیوه و سبک برخورد خاصی را از افراد طلب می‌کنند. حرفه فروش، افرادی را با سبک خاص برخورد و رفتار طلب می‌کند که با شیوه‌ای که یک حسابدار بروز می‌دهد، متفاوت می‌باشد.

در نگرش(۶) "وظایف مدیریت"(۷) کلاسیک، فرض بر این است که همه

---

(۱) Self-starters
(۲) Nose-dived
(۳) Life span
(۴) Harmonized
(۵) Dispensable
(۶) Approach
(۷) Functions of management

افراد سبک و شیوه‌های مشابه دارند. در این نگرش، به این اصل که افراد مختلف دارای سبکهای مختلف برنامه‌ریزی، سازماندهی و کنترل هستند، توجهی نمی‌شود. برای من مهم است بدانم که آیا شیوه‌های مدیریت فردی با شغل مدیریتی که آن فرد به عهده دارد سنخیت دارد یا نه. یکی از دلائل بروز سوءمدیریت در تطابق نداشتن شیوه مدیریت فرد با کار او می‌باشد.

در طی بررسی و پژوهش‌های خود پی بردم که چهار نقش P، A، E و I می‌توانند تشریح و تحلیل‌کننده دوره عمر سازمانی و بیانگر رفتار سازمان در هر مقطعی از دوره عمرش باشند. در هر مقطع زمانی، یکی از نقش‌های چهارگانه مدیریت، نقش اصلی را ایفاء می‌کند. این امر بدین معنی است که می‌توان در طی دوره عمر سازمان، "رویدادها" را (براساس تبیین آقای Gail Sheehy) پیش‌بینی کرده و برای آنها آماده بود.

ارزش مطالعه

پی بردن به روابط بین نقش‌های تولیدی، اداری، کارآفرینی و یکپارچه‌کنندگی، (P،A،E و I) روشی است برای تشخیص(۱) اثربخشی مدیریت. اولا"، روش مذکور را می‌توان در هیئت مدیره بکار گرفته و بررسی کرد. از آنجا که مدعی این نکته هستم که هیچ مدیری دارای کلیه صفات مشخصه لازم جهت‌اعمال مدیریت‌موفق در یک‌سازمان نیست، این روش می‌تواند چارچوبی، جهت‌دستیابی به ترکیبی از سبک‌های مکمل(۲)، به منظور مدیریت کارآمد سازمان، ایجاد کند.

ثانیا" الگوی PAEI می‌تواند بعنوان یک ابزار پیش‌بینی مورد استفاده قرار گیرد. هنگامی که الگوی رفتاری یک مدیر مشخص و تائید گردید، در آن صورت پیش‌بینی سایر متغیرها و بنابراین رفتار شخص، امکان‌پذیر می‌گردد.

من و همکارانم در MDOR الگوی شرح داده شده در این کتاب را بکار گرفتیم و دریافتیم که ابزار پیش‌بینی ما کاملا" با قدرت‌عمل می‌کند. این ابزار به ماقدرتی شبیه به اشعه X در تحلیل سازمان را می‌دهد. انسان به کمک آن می‌تواند کل سازمان یا نحوه مدیریت‌فردی را ببیند و پیش‌بینی کند که قسمت‌های مختلف سازمان همراه با کل مجموعه، چگونه عمل خواهد کرد. آیا جابجائی کارکنان صورت می‌گیرد؟ چه میزان و چه نوع آموزشی انجام می‌گیرد؟ کارکنان، چگونه و به چه دلایلی ترقی می‌کنند؟ چه‌کسی مدیر عامل آینده شرکت‌خواهد بود؟ به چه‌دلیل؟ چه افرادی بایکدیگر درگیری دارند؟ کدام درگیری مطلوبست و کدام را باید سریعا" برطرف(۳) کرد؟

---

(۱) Diagnosing (۲) Complementary styles

(۳) Eliminated

روش‌شناسی و منبع داده‌ها

روش بکارگرفته شده به منظور گردآوری(۱) اطلاعات مورد نیاز این کتاب، مشاهدات بوده است : من بعنوان کارشناس مسئول ایجاد تغییرات سازمانی، در کنار مدیران کارکرده و آنچه را که دیده‌ام به ثبت رسانده‌ام. در این روش، از شیوه مصاحبه با مدیران به شکل گسترده‌ای استفاده شده است. فروش سالانه آن شرکتها از یک میلیون تا یک میلیارد دلار و تعداد کارکنان آنها بین ۸۰ تا ۱۵۰۰ نفر بوده است. این شرکت‌ها در عرصه‌های مختلف صنعت از قبیل صنایع هواپیماسازی، بیمه، بانکداری، هنرهای تزئینی، موزه، بنگاه‌های دولتی و دیگر رشته‌ها فعالیت‌داشته و هردو بخش انتفاعی و غیرانتفاعی(۲) را شامل می‌شده‌اند.

نظر به اینکه حرفه کارم، بعنوان متخصص ارائه راه حل برای رفع تنگناهای سازمانی، اغلب‌مرا به کشورهای مختلف‌می‌کشاند، با توجه به یادداشتها و مشاهدات خود قادر بوده‌ام که مقایسه‌ای بین چگونگی عملکرد فعالیت‌های مدیران اجرایی داخل و خارج کشور انجام دهم. بعلاوه، الگوی تهیه شده، به مدیران عالی اجرائی نقاط مختلف‌دنیا ارائه شده است. لذا، الگوی موردنظر و یافته‌های آن، توسط صدها مدیر باتجربه در تمام نقاط دنیا به اجرا درآمده و محدودیت‌های فرهنگی و صنعتی ناشناخته بسیاری را پشت‌سر گذارده است.

توجه و تمرکز این تحقیق با کار رواشناسانی همچون Maslow ، Mc Clelan و Reading که نیازها را تشریح کرده و سپس سعی می‌کنند که ازطریق تبیین این نیازها، رفتار سازمان را پیش‌بینی کنند، متفاوت است. من به این موضوع که چرا یک رفتار مشخص بروز می‌کند علاقه‌ای ندارم. برعکس، چگونگی تاثیر این رفتار بر سازمان، مورد توجه و علاقه بوده است. محور این مطالعه بر روش مدیریت، بعنوان عاملی تعیین‌کننده به منظور پیش‌بینی رفتار سازمان متمرکز و استوار بوده و کوششی است که با استفاده از آن فعالیت‌های ضروری و مورد نیاز، تشریح می‌شود.

ازنقطه نظر روش‌شناسی نکته دیگر این است که در گذشته، تلاش‌های گوناگونی به منظور طبقه‌بندی(۳) و کدگذاری(۴) رفتار مدیریت صورت گرفته است (Black و Mouton ، Reddin ، M.Maccoby ، Fielder و دیگران). آنها از تحلیل‌های یک، دو یا سه بعدی استفاده کرده‌اند. این مطالعات و نظریه‌ها، متکی بر رفتار فرد و اثربخشی او بوده است. نظریات مطرح شده در کتابهای مدیریت‌و رهبری، همچون مطالب‌مربوط به اقتصاد خرد(۵)، بر فرد متمرکز می‌باشد، یعنی فرد کارآفرین شرکت یا تجارتخانه است که به فرآیند پیچیده تصمیم‌گیری در سازمان شکل می‌دهد.

همین روش فردگرایانه نیز در نظریه مدیریت که بصورت سنتی به جنبه

---

(۱) Accumulating (۲) Non-profit sectors (۳) Classify
(۴) Codify (۵) Microeconomics

غالب(۱) مدیریت توجه می‌کرده، قابل مشاهده است. F. Taylor، بعنوان پیشرو این زمینه به بهره‌وری، تخصص و بازدهی (نقش P) از همان ابتدا توجه کرده‌است. ازسوی دیگر Fayol و Urwick به ساختار سازمانی، اختیار، حیطه کنترل(۲)، تفویض اختیار، و روابط صف - ستاد توجه کردند (نقش A). N. Weeiner بر نیروی محرکه تغییر متمرکز شد و سپس سیبرنتیک را معرفی کرد (نقش E). E. Mayo جنبه انسانی و علوم رفتاری را درنظر گرفت و مطالعه افراد در سازمان، نقطه تمرکز او در تئوری مدیریت شد (نقش I). اساسا" همه این افراد، آنچه را که یک فرد بعنوان مدیر با یکی از چهار نقش‌مدیریتی که قبلا" شرح داده شد انجام بدهد، بعنوان کل فرآیند مدیریت درنظر گرفتند. هرچند که نقش مذکور ازنظر آنها سه نقش دیگر را شامل می‌شد.

نظریه‌پردازان(۳) "مدیریت عمومی" مثل Koontz , Newman , Drucker سعی کردند بازدهی (P) ساختار (A)، تغییرات (E) و عنصر انسانی (I) را که فرآیند یا عملکرد مدیریت می‌نامیدند همراه با یکدیگر و در مجموع درنظر بگیرند. به هر حال، آنها اساسا" بر همان موضوع پیشین که فرد(مدیر) است، تاکید داشتند.

من معتقدم باید تمام چهار نقش‌تامین گردد. لذا، برای تحقق این امر باید از چند نفر استفاده شود. برای مدیریت کارآمد ابتدا باید کسانی را که افکار و اعمالشان با یکدیگر متفاوت‌است، در یک‌مجموعه گردآوریم. بجای صحبت‌از طراحی، سازماندهی و ... فرد(مدیر)، باید درباره به عمل درآوردن این وظائف‌توسط گروه مدیریت صحبت کنیم: نقش‌های تولیدکننده، اداره‌کننده، کارآفرین و یکپارچه‌کننده باید توسط گروهی مکمل ایفا گردد. چراکه هیچکس‌به تنهایی نمی‌تواند اجرای تمامی آنها را برعهده گیرد. محتوی این کتاب، چرایی و چگونگی انجام این کار را تشریح می‌کند.

---

(۱) Predominant aspects
(۲) Span of control
(۳) Theoreticians

بخش دوم
سبک‌های سوء مدیریت

فصل دوم

P---: یکه‌تاز

نقش تولید کننده نتایج

برای سازمان، فردی که در انجام کار خود به نظم و رعایت اصول پایبند بوده، و در رابطه با رشته کاری خود دارای دانش‌فنی(۱) باشد، از ارزش‌والایی برخوردار است. او فردی ماهر(۲) و مولد فوق‌العاده نتایج می‌باشد.

بعنوان تولیدکننده (P)، می‌فروشد، مهندسی می‌کند، و امور پژوهشی را به انجام می‌رساند. او به انجام کارش متعهد است. هر سازمان، به مدیرانی که به عمل و نتیجه گرایش داشته باشند یعنی کسانی که بتوان برای انجام کارها به نحو مطلوب به آنها اعتماد کرد، نیازمند است.

فرد تولیدکننده نتایج(۳)، کسی که وظایفش را بخوبی انجام می‌دهد، شدیداً نیازمند است تا به دستاورد مطلوب برسد. او در جبران عقب‌افتادگی‌ها(۴) بسیار بی‌قرار(۵) است. بعنوان یک‌فروشنده، می‌خواهد هرچه زودتر سهم فروش‌خود را انجام دهد. بعنوان یک‌مهندس، نمی‌تواند برای شنیدن صدای غیرعادی ماشین، منتظر بماند. بعنوان یک بازیکن تنیس، و بندرت قبل از گفتن "برویم بازی کنیم" زمان زیادی را صرف‌گرم کردن خود کرده است و معمولاً" توجه زیادی به تابلو اعلام نتایج دارد.

یک فرد، برای اینکه تولیدکننده نتایج باشد، باید شدیداً" دارای انگیزه‌ای قوی برای کسب موفقیت باشد و بداند که چکار بکند. مؤلفه‌های دانش مدیریت‌در نقش‌های ۴ گانه (PAEI که بصورت Pie تلفظ می‌شود) حضور دارند. اما، در اینجا بر آگاهی‌های مؤثر بر تولید نتایج محدود می‌شویم. برای تولیدکردن نتایج، فرد باید تکنولوژی نظام(۶) موردنظر را بشناسد، باید بداند که چه چیزی به کنترل احتیاج دارد و چگونه باید آنرا کنترل کرد. تکنولوژی باید به شکل گسترده‌ای تفهیم شود. هرنظام دارای نوعی تکنولوژی است. در نظام خرید و فروش‌خریداران، رقبا، روشهای توزیع و غیره عناصر تشکیل‌دهنده این نظام هستند. درنظام تولید، ماشینها، مواد خام، نیروی انسانی متصدی ماشینها و غیره مؤلفه‌های نظام هستند.

---

(۱) Know-how (۲) Industrious (۳) Producer of results
(۴) Postponed gratification (۵) Impatient (۶) Discipline

اغلب‌چنین ادعایی شنیده می‌شود که یک مدیر خوب‌می‌تواند هر چیزی را مدیریت کند و اینکه قادر است حوزه فعالیت خود را از یک تکنولوژی به تکنولوژی دیگر تغییر داده و موفق شود. ادعای دیگری می‌گوید: "از کفش تا آدامس بادکنکی، هیچ تفاوتی ندارد". فرد صرفا" نیازمند دانش فنی برنامه‌ریزی، سازماندهی و غیره می‌باشد. لازم است تا این دیدگاه کمی تعدیل شود. فرد، با کمی فرصت، می‌تواند هر تکنولوژی را اداره کند، اما در ابتدا باید تفاوت‌ها را دریابد. چه چیزی باعث می‌شود تا سازمان تکان بخورد؟ عملیات بازار آن چگونه انجام می‌شود؟ در سیستم تولیدیش چه چیز منحصر بفردی وجود دارد؟ سازمانهای بسیاری در عرصه‌های هنری، با این تصور که یک مدیر خوب می‌تواند هر چیزی را اداره کند، به مشکلات جدی برخورده‌اند. زیرا از افراد نامناسب‌کمک‌گرفته‌اند، این درحالی است‌که در هیئت مدیره خود افرادی را داشته‌اند که تجربه آنها، منحصرا" در بازرگانی بوده است‌و تئاتر را مشابه وضعیت تولیدی، بطور مثال یک کارخانه صابون‌سازی اداره می‌کرده‌اند. ادعایشان هم اینست که "تمام آنچه مدیر باید انجام دهد"، این است که به "تولید کالایی که مشتری می‌خواهد توجه شود، بودجه‌بندی، تولید و فروش نماید".

با فقدان آگاهی از تکنولوژی مورد لزوم تولید نتایج، قابلیت‌های مدیر برای تصمیم‌گیری آسیب می‌بیند(۱)، چه چیز، چه وقت و چگونه تصمیمات‌به اشتباه تعیین می‌شود. زمان‌بندی عملیات و میزان کوششی که برای اجرای تصمیم لازم است، ممکن است به غلط تعیین گردد.

مدیری که بصیرت کافی ندارد، حتی اگر محرک کافی برای موفقیت داشته باشد، نمی‌تواند تولیدکننده کاملی باشد. درعوض، تقریبا" همان اتفاق همیشگی می‌افتد، شکست‌های پی‌درپی(۲) از یک کار به کار دیگر، با تلاش زیاد کار می‌کند، اما هیچگاه نتایج سودمندی ببار نمی‌آورد. او می‌خواهد به اهداف خود دست یابد، اما چون دانش فنی او محدود است، اشتباه می‌کند. اثرات جانبی این اشتباه باعث کار بیشتر و شروع از اول می‌شود که موجب بروز مجدد ناموفقیت بعدی می‌گردد. بنابراین، هرچه سخت‌تر کار می‌کند، بیشتر عقب می‌افتد. نتیجه اینکه، با سرعت زیاد دنده عقب‌می‌رود.

ازطرف‌دیگر، مدیری که دارای بصیرت‌است اما انگیزه موفقیت ندارد، نهایتا" و اغلب به پست‌های نوع ستادی خواهد رسید. در تمام ساعات روز، در اداره‌اش مشغول کار کردن، خواندن و آموزش‌خواهد بود. وقتی از چنین کارمند حرفه‌ای سؤال پرسیده شود، پاسخی بی‌نهایت مناسب دریافت‌خواهد شد. او اغلب، در حوزه کار خودش، بسیار مطلع است. اما‌اصولا" علاقه‌ای برای به انجام رسانیدن ندارد. او قسمت تحلیلی و عقلائی(۳) عمل را دوست‌دارد. یک سازوکار(۴)، یک تکنولوژی یا یک نظام، اما او دوست ندارد دستانش را بکار گیرد و از اینکه همچنان فعالیت مجموعه نظامی را که بر آن مسلط است و چیز جدیدی برای

---

(۱) Impaired
(۲) Stumbling ineptly
(۳) Intellectual
(۴) Mechanism

او ندارد تحمل می‌کند، حوصله‌اش سررفته است.

تولیدکننده کامل، باید از یکطرف به حوزه فعالیتش آگاه باشد تا بتواند تصمیمات‌صحیح اتخاذ کند، و از طرف دیگر دارای نیاز انگیزشی به اجرا درآوردن تصمیماتش داشته باشد. او می‌داند به چه چیزی برای اجرا نیاز است و چگونه باید آن را به اجرا درآورد، پس از آن عملیات را آغاز کرده و موفق می‌شود.

در باقیمانده این کتاب وقتی که تاثیر نقش تولید (P) تشریح می‌شود، چنین جمع‌بندی می‌گردد که شخص مجری در حوزه فعالیتش هم آگاه است و هم نیازمند موفقیت می‌باشد. اگر شخصی در (P) ضعیف است، بدین معنی است که او یا نیاز ضعیفی برای موفقیت دارد و یا به وظیفه‌اش آگاه نیست.

سبک یکه‌تاز(۱)

اجازه دهید برای یک لحظه بررسی کنیم که برای مدیری که فقط نقش‌تولیدکننده را ایفا می‌کند چه پیش می‌آید. او را با علامت ---P در PAEI مشخص می‌کنیم. این بررسی نشان می‌دهد که او فردی ضابطه‌گذار اداری، فردی کارآفرین و فردی یکپارچه کننده نیست. او صرفا" یک تولیدکننده است، هرچند که ممکن است‌در نوع خود عالی‌ترین فرد باشد.

برای مدیری که فقط تولیدکننده است‌چه اتفاقی می‌افتد؟ او امور هدایت، ضابطه‌گذاری اداری، تفویض، طرح‌ریزی، پیگیری، کنترل و غیره را انجام نمی‌دهد. قادر به تغییر جهت نیست و با مردم بخوبی ارتباط برقرار نمی‌کند. او گروه نمی‌سازد و قابلیت‌های اطرافیان خود را توسعه و گسترش نمی‌دهد. شدیدا" مشغول تولید است. وقتی متوجه مسئله جدیدی شود، بدون تعیین اولویت‌بندی در حل مسئله جدید غرق می‌شود. درحقیقت، مشاهدات نشان می‌دهد که بطور ثابت از وظیفه‌ای به وظیفه‌ای و از بحرانی به بحران دیگر حرکت‌می‌کند. و فکر می‌کند هر چقدر در مورد وظایف خود بیشتر دوندگی کند، دارد بهتر کار می‌کند. و به همین خاطر است‌که معمولا"به تولیدکننده مطلق(۲) ---P یکه‌تاز یا آتش‌نشان(۳) اطلاق می‌گردد.

تصور یکه‌تاز از زمان آنست که از آن بایستی برای حل مسائل فوری سازمان استفاده نمود، او اندیشه‌ای برای برنامه‌ریزی بلندمدت، مسیرهای جدید یا "سالهای آتی"(۴) ندارد.

یکه‌تاز، در هر بخش از سازمان بسادگی شناسایی می‌شود. مهم نیست که حوزه(۵) مسئولیتش‌چیست، حسابداری، پژوهش، فروش، و عملیات، سخت‌مشغول کار و کار و کار است. اجبار(۶) دارد که همه‌چیز راخودش‌انجام دهد. اولین کسی است که صبحها وارد محوطه کار می‌شود، و آخرین کسی است که شبها محل کار را ترک‌می‌کند. مست کار است، لذا اگر کاری برای انجام نداشته باشد، آشکارا

---

(۱) Lone ranger (۲) Unmitigated (۳) Fire fighter
(۴) Ten years down the pike (۵) Sphere (۶) Compulsion

نگران می‌شود واگر چیزی برای نگرانی نداشته باشد، نگرانی و دلواپسی‌اش به حد اعلاء می‌رسد.

وقتی با مدیری روبرو می‌شویم که فکر می‌کند، اجرای همه وظایف در مسئولیت اوست، مدیری که درمقابل تفویض اختیار و مسئولیت به زیردستانش مقاومت می‌کند، درمی‌یابیم که مشغول بحث با یک یکه‌تاز هستیم. سازمانی که با یک یکه‌تاز اداره می‌شود با فقدان تعادل مناسب در حجم کار افراد مواجه است. وقتی مدیری زیربار کار اضافی باشد، باقیمانده سازمان در کم‌کاری و استراحت خواهد بود. در بازدید از چنین سازمانی، فقدان تنش درمحیط کار باعث جلب توجه می‌شود. ملاحظه می‌گردد که افراد، تمام وقت خود را با یک مشتری(۱) پر می‌کنند. اما وقتیکه به دفتر مدیر مراجعه شود اوضاع متفاوتی به چشم می‌خورد(۲). محیط پر از تنش است، مدیر، تند و لاینقطع حرف می‌زند، تلفن دائما" زنگ می‌زند، و منشی‌ها باعجله رفت و آمد می‌کنند.

زیردستان چنین مدیری مشابه تماشاچیان یک نمایش هستند. اگر مدیر منشی داشته باشد، این منشی معمولا" زیربار فشار کاری می‌باشد که قادر به تحمل آن نیست. با این‌حال، علیرغم اینکه "یکه‌تاز" از فشار کار زیاد شکایت دارد، وقتیکه مشغول‌ترین است، خوشحال‌ترین است. این موضوع، حاصل درک او از نقش و ارزیابی خودش می‌باشد.

"یکه‌تاز" موفقیت و فداکاری خود را در سازمان با چگونگی سخت کارکردنش اندازه‌گیری می‌گیرد. وقتیکه از او بپرسید: "چه می‌کنید" پاسخ او قاعدتا" چنین خواهد بود: فروختیم (یا تولید کردیم یا چیزی دیگر) ..." یا "من تا دیروقت، تا نیمه شب، مشغول کار بوده‌ام" که "دیروقت" در مورد او و در تمام زندگی کاری‌اش، همان نیمه‌شب است. وقتی اظهار می‌شود که "یکه‌تاز" بایستی بار کارش‌را کاهش دهد، نامبرده عذرهای زیادی دارد تا نشان دهد که این امر غیرممکن است. با پذیرش بیشتر و بیشتر وظائف ، شکست وی در بعضی از آنها آغاز می‌شود، چراکه خودش سعی در انجام هرکاری دارد.

وقتیکه از یک "یکه‌تاز" سؤال شود: "چرا برخی از وظایفش را تفویض نمی‌کند؟" پاسخش علی‌القاعده این است : "آنها بدرستی نمی‌توانند آنرا انجام دهند". وقتیکه از او پرسیده شود: "چرا آنهارا آموزش‌نمی‌دهد" پاسخ او چنین است : "برای آموزش دادن وقت ندارد". بنابراین، "یکه‌تاز" در دام خودش گرفتار می‌شود. خودش را زیاد مشغول کرده است و تمام وقتی خود را برای حصول نتایج بکار گرفته است، و بالطبع وقتی را برای آموزش دیگران باقی نگذاشته است. در این صورت‌کسی را که آموزش‌دیده باشد و بتوان کار را به او تفویض کرد، در اطراف خود ندارد و این بمفهوم آن است که خود اوو باید اضافه کار کند(۳). نتیجه آنست که او به پرکارترین فرد سازمان تبدیل می‌گردد.

---

(۱) Visitor (۲) Conspicuous

(۳) Overwork

نوعا" شکایت "یکه‌تاز" این است که روز خیلی کوتاه بوده و دوست‌دارد که هر هفته دو تعطیلی آخر هفته داشته باشد تا او بتواند به کارش برسد.

"یکه‌تاز" بدین جهت از تفویض خودداری می‌کند که احساس می‌کند اگر تفویض کند، کار کمی برای خودش می‌ماند که دراین صورت‌دیگر خود را مدیری خوب‌نخواهد دید. می‌خواهد همواره مسائل و مشکلات در انتظار توجه او و در صف‌باقی بمانند، و راه دیگری(۱) نباشد. میز کارش پر از نامه‌ها و کارهای نیمه‌تمام است دائم در عجله و دویدن است، و این حالت را دوست دارد. با سپردن مسئولیت‌به دیگران، لذت کار، برای او ازبین می‌رود. اما از آنجا که این مدیر تکرو نمی‌تواند همه کارها را به تنهایی انجام دهد، از تسریع‌کنندگان(۲) استفاده زیادی می‌کند. این افراد کسانی هستند که مأموریت(۳) انجام می‌دهند ودر مسئولیت‌های موقت، به او کمک می‌کنند، اما در عین حال هیچگونه مسئولیت دائم و بلندمدتی ندارند. این افراد بیشتر وقت‌خود را در انتظار دریافت تکلیف و وظیفه بعدی صرف می‌کنند. این وظائف‌اغلب بصورت کارهایی که درشرایط بحرانی درجوابگویی به مسائل دیروز باشد، ارجاع می‌شود. اغلب‌آنها نیز در رابطه با وظیفه محوله، هیچگونه آموزشی ندیده‌اند. و مدیر، وظیفه را با این جمله "لطفا" کاری برای این وضعیت بکنید" به ایشان می‌سپارد.

یکه‌تازی، پدیده‌ای(۴) جهانی است و زیردستان چنین افرادی نیز همه‌جا شبیه هم هستند، گرچه به نامهای مختلفی شناخته شوند. در ایالات‌متحده آنها را دنباله‌دوان(۵) می‌نامند. در مکزیک "Inginiero Ibeme" نامیده می‌شوند که به معنای "برو چیزی برای من بیاور" است. در اسرائیل نیز به این گروه امربر(۶) اطلاق می‌شود.

دنباله‌دوان‌ها صرفا" مجری سطح پایینی نیستند. در بسیاری از شرکتها، معاونین سطح بالای(۷) یک مدیرعامل یکه‌تاز را نیز شامل می‌شوند. آنها دستیار مدیرعامل هستند، اما بجز انجام درخواست‌های او کار دیگری نمی‌کنند. با یک حساب‌سرانگشتی، می‌توان گفت زمانی که برای مدیرعامل دستیاران زیادی در نمودار سازمانی وجود داشته باشد، یکی ازاین یکه‌تازها، در راس‌هرم سازمانی قرار دارد. او کاری را به کسی نمی‌سپرد. بلکه فقط دستیارانی دارد که در بحرانهای موجود به او کمک می‌کنند.

یکه‌تازها برای تولیدکنندگان، مجریان و کسانی که موفقیتی حاصل می‌کنند، احترام قائلند، و به کسانی که سعی می‌کنند تا آنها را در امر سازماندهی یاتقسیم مسئولیت‌کمک‌کنند، صرفا" به چشم عالمان بدون عمل نگاه می‌کنند. عکس‌العمل آنان درقبال جلسات عمومی کارکنان جهت‌برنامه‌ریزی، ارتباطات و امثالهم معمولا" چنین است: "نمی‌توانیم این همه وقت برای آینده صرف کنیم، کارهای زیادی است که هم اکنون باید انجام شود اگر امروز نتیجه‌ای حاصل نشود، شاید فردایی وجود نداشته باشد." یا اینکه می‌گویند: "احمقانه است که اینقدر

---

(۱) Indispensable (۲) Expediters (۳) Errands
(۴) Phenomenon (۵) Go-for (۶) errand Boys
(۷) Top vice-president

نگران آینده باشیم، باید برای ایجاد سرعت، جاده‌ها را هموار کنیم." و بلافاصله مشغول حل مسئله‌ای می‌شوند، مربوط به فروش دیگر یا جواب به یک تلفن دیگر یا خاموش کردن آتشی دیگر که دائم از هر گوشه‌ای زبانه می‌کشد.

یکه‌تاز، در جریان گرداندن روزانه خط آهن، احساسی از سمت و سوی حرکت نداشته و هیچ اعتنائی به اینکه قطارها از کجا آمده‌اند یا به کجا می‌روند ندارد. برای او فقط چگونگی عملیات امروز خط آهن مهم است.

برنامه‌ریزی او اغلب محدود به یک هفته یا یک ماه است. بنابراین ممکن است یکه‌تاز خط آهن را با بیشترین کارآیی، ولی در مسیر غلط بگرداند. او جهت ایجاد ترتیب کار در راستای منتهی شدن به مقصد مناسب وقت ندارد.

اصول پیتر(۱) شرح جالبی را درباره مدیری که فقط از P برخوردار است (یعنی ---P) ارائه می‌نماید: "بعنوان مکانیک اتومبیل، چنین مدیری یک کارگر فوق‌العاده بوده است. در تشخیص مشکلات موتور استاد و در برطرف کردن آن اشکالات بسیار با حوصله بود. هنگامی که به مقام بالاتری ارتقاء داده شد، بندرت پشت میزش یافت می‌شد. معمولا" در کارگاه مشغول کار کردن روی یک موتور بود. کارگران زیردست، که می‌بایستی موتور را تعمیر می‌کردند، می‌ایستند تا او را تماشا کنند. اغلب کارگران در انتظار اینکه وظیفه جدیدی به آنها محول شود، در اطراف کارگاه نشسته بودند. کارگاه همواره پر بود از کارهای ارجاعی که زمانهای تحویل اغلب آنها به تعویق افتاده بود".

یکه‌تاز، دوست دارد همیشه در خط آتش و خط مقدم باشد. او ترجیح می‌دهد خودش کارها را انجام دهد، تا اینکه دیگران را برای انجام آن هدایت کند. مثالهای زیادی را از این نوع افراد می‌توان در سازمانهای حرفه‌ای خلاق(۲) پیدا کرد. این سازمانها از عملکرد غلط چنین مدیرانی، دچار تنگناهای زیادی شده‌اند. یک مثال، کارگردانانی هستند که سعی دارند تمام جزئیات نمایشنامه را خود انجام دهند، تا اینکه نمایشنامه‌هایی را برنامه‌ریزی و کارگردانی کرده و بگذارند تا دیگران در اجرای آن مشارکت داشته باشند. مدیران تازه‌وارد در شرکتهایی که به این شیوه اداره می‌شوند، در همان دوران آزمایش(۳)، بخاطر دخالتهای این چنینی، مجبور به ترک سازمان شده‌اند. رهبر ارکستر یکی از اپراهای بزرگ آمریکا، بدلیل دخالتها و راهنمائیهای بیش از حد یکی از همین مدیران که اشتیاق زیادی به اظهارنظر داشت، چوب خود را به زمین پرت کرده و سالن را ترک کرده است.

مهندسین معمار هم در مقام مدیریت به این لحاظ که امکان طراحی ندارند ناراحتند. این افراد دائما" در اطاق طراحی توقف می‌کنند، و اگر برحسب اتفاق کسی از آنان سؤالی بکند، آنرا بهانه کرده و کار را دست گرفته و از اول شروع می‌کنند. مدیران فروشی که ارتقاء مقام می‌یابند و پزشک‌هایی که به مقام مدیریت بیمارستان می‌رسند، نیز به همین شیوه عمل می‌کنند.

---

(۱) Peter principle (۲) Creative professional organizations

(۳) Rehearsal

یکی دیگر از نشانه‌های تمایل یکه‌تاز به اینکه همه کارها را خودش انجام دهد، تمایل نداشتن به آموزش‌دیگران یا بکارگیری شیوه‌های آموزشی است. اوهیچ فایده‌ای در تربیت نظام یافته زیردستانش نمی‌بیند و ترجیح می‌دهد که از شیوه کارآموزی استاد-شاگردی(۱)، استفاده کند. در این شیوه همه زیردستان همه‌چیز را ازطریق اجرای وظایفشان در سازمان و تقلید از او یاد می‌گیرند. او همواره شکایت‌می‌کند که چرا کارمندانش نمی‌توانند، خودشان کارها را پیش ببرند و توانائی‌شان را به او نشان دهند: "چه‌کسی مرا تربیت‌کرد؟ هیچکس، خودم همه‌چیز را یاد گرفتم. در این کار هیچ رمز و رازی نیست. فقط باید کار را انجام داد، پس‌چرا آنها یاد نمی‌گیرند، اگر کسی واقعاً" بخواهد کاری را انجام دهد، چیزی جلودار آنها نخواهد بود."

بنابراین برای یک (P---) دستورالعمل موفق شدن ساده است: کار سخت و به‌آن تسلیم محض شدن(۲). اگر فردی موفق نشود، علت آن واضح است، نخواسته بقدر کافی کوشش کند.

یکه‌تاز کارمندانی را که به نتیجه نمی‌رسند سرزنش می‌کند، و به شکایات آنها مبنی براینکه ازآنها بصورت نظام یافته در انجام وظیفه‌شان حمایت نشده است، گوش نمی‌کند (فقدان حمایت نظام یافته، به این معناست که او نظام نداده است.)

با نمونه‌ای کلاسیک از این "یکه‌تازان" برخورد(۳) داشته‌ام. او معاون مدیرعامل بود و ساعات‌کارش‌از همه بیشتر بود. از زیردستانش‌هم که به اندازه کافی آموزش ندیده بودند، به اندازه کافی استفاده نمی‌کرد. او همواره غرق(۴) در بحرانهای کاری بود. زمانی که من با یکی از افرادش مشغول بودجه‌بندی بودیم، (چرا که او وقت چنین کاری را نداشت) در را با عجله باز کرده و پرسید: چه می‌کنید؟

- دارم بودجه‌بندی می‌کنیم. سپس‌از من پرسید: شما چکار می‌کنید؟
- من سرگرم فروش‌برای تأمین مخارج کارها هستم. که طعنه‌آمیز(۵) تکرار کرد و رفت.

سازمانی که توسط یکه‌تاز مدیریت‌شود، رشد نخواهد کرد. چراکه خود او رشد نمی‌کند. او از فکری ساده برخوردار بوده و انعطاف‌پذیر نیست. براحتی ممکن است ازفشار زیاد کار همچنان که خواهیم دید ازپادرآید(۶) و از رده خارج(۷) شود. وقتی او سازمان را ترک می‌کند در پشت‌سر افرادی آموزش دیده را باقی نمی‌گذارد. ازآنجا که هیچ وقتی را برای آموزش‌افراد نداشته است، کسی را ندارد تا مسئولیتهای خود را به او بسپارد.

یکه‌تاز، به یکی از نقش‌های لازمه مدیریت بخوبی عمل می‌کند ولی این عامل به تنهائی کافی نیست.

---

(۱) Aprenticeship (۲) Blind dedication (۳) Encountered
(۴) Immersed (۵) Sarcastically (۶) Burn out
(۷) Obsolete

خلاصه‌ای از سبک‌یکه‌تاز

سبک فردی

نقش انحصاری: تولیدکننده نتایج
تفوق(۱) او به دیگران: با انجام کارها.
رفتار غالب(۲): اجبار" مشغول
تمرکز توجه: آنچه که فعلا" انجام می‌شود.
ارزشیابی خود: سخت‌کوش و کاملا" وقف کار.
نوع شکایات: کوتاهی روز، کار زیاد، نداشتن وقت کافی.
تصمیم‌گیری: درجا شلیک کردن، اول عمل می‌کند و بعد فکر کرده و یا گوش می‌کند.
صرف وقت آزاد: باز به دنبال کار بیشتری می‌گردد.
تمایل به استخدام: دنباله‌دوان و امربر، یعنی کسانی که امور را بدون آنکه به جهت‌گیری کلی حرکت اعتنایی داشته باشند، به انجام برسانند (افرادی نظیر خودش).

زیردستان

سبک زیردستان: دنبال کار برو.
ارتقاء زیردستان: درصورتیکه همیشه در دسترس‌باشند و کارهای موقتی را جهت حمایت‌از او بپذیرند، کارها را انجام دهند و به چگونگی و چرایی آن نیندیشند.
تشویق زیردستان: درمقابل کسب نتایج.
زیردستان او را آگاه نمی‌کنند: توانائی واقعی‌شان در انجام امور.
سوءرفتار زیردستان: درانتظار ماندن برای رسیدن دستور جهت‌انجام کاری.

---

(۱) Excel
(۲) Predominant

مدیریت زمان، جلسات‌ستادی و تجارب مدیریتی

ساعات ورود و خروج او به محل کار: مدیر اول از همه و آخر از همه.

ورود و خروج زیردستان: بعد از او و قبل از او.

تناوب‌واعلام قبلی جلسات‌ستادی: چنین جلساتی بندرت‌برگزار می‌شود و درصورت برگزار شدن هم بدون تعیین وقت‌قبلی(۱) از افراد دعوت بعمل می‌آید، آنها را تک‌تک ملاقات‌می‌کند وهمواره مدعی نداشتن وقت‌برای تشکیل جلسات است.

حضور در جلسات ستادی: اجبارا" به لحاظ بروز مشکل، معمولا" کوچک.

دستور(۲) جلسات ستادی: بحرانهای اخیر کاری، واکنش به وضعیت موجود یا قریب الوقوع(۳) است.

سخنگو در جلسات ستادی: افراد تک‌تک و بیشتر از بالا به پائین موارد را مطرح می‌کنند.

برنامه‌های آموزشی: به کارکنان گفته می‌شود که کارها را مانند او انجام دهند.

طرزتلقی نسبت‌به مدیریت‌نظام‌یافته: آن را بی‌ارزش(۴) دانسته و معتقد است که موجب اتلاف وقت زیاد و کندی حرکت پویای سازمان است.

طرزتلقی در باره تضادها: بسیار برایش ناخوشایند است و معتقد است که افراد صرفا" باید کارشان را انجام دهند.

طرزتلقی او از تغییرات: درمقابل آن مقاومت می‌کند، زیرا وقتی برای کار بیشتر ندارد و فقط درصورتی آن را می‌پذیرد که نتایج سریع به‌بار بیاورد.

تمرکز و نوع اطلاعات مورد نیاز: اطلاعات فنی و حرفه‌ای.

تمرکز بر خلاقیت: در تمام سازمان.

طرزتلقی از سایر مدیران

تولیدکننده منحصربفرد (یکه‌تاز--P)، افرادی شبیه به خود را تحسین(۵) می‌کند.

اداره‌کننده منحصربفرد (بوروکرات--A-)، احترامی قائل نیست.

کارآفرین منحصربفرد (آتش‌افروز -E--)، پرهیز می‌کند.

یکپارچه‌کننده منحصربفرد (دنباله‌رو کبیر I---)، به حساب‌نیاورده یا احترامی قائل نیست.

چوب‌خشک (----)، تحقیر می‌کند.

---

(۱) Impromptu (۲) Agenda (۳) Imminent

(۴) Demeans (۵) Appreciates

یادداشت‌ها

۱- یک فرد، ضرورتاً، و با توجه به شرایط نمی‌تواند همیشه جهت‌گیری یکسانی داشته باشد. ممکن است در کار یک p--- باشد ولی در ورزش، جهت‌گیری دیگری داشته باشد. سبک یک فرد در یک محیط، ضرورتاً در محیط دیگر تکرار نمی‌شود.

2- I. Adizes, Boards of Directors in Performing Arts: A Managerial Analysis
(California Management Review, 15, 1972)

3- Joan Woodward, Industrial Organization: Theory & Practice
(New York, Oxford University Press, 1965)

4- Laurence J. Peter & Raymond Hull, The Peter Principle
(New York, William Morrow, 1969)

فصل‌سوم

--A-: بوروکرات

نقش اداره‌کنندگی

اداره‌کننده(۱) شخصی است که در جریان اجرای کلیه امور سازمان قرار می‌گیرد. او فردی متکی به خود بوده و از پیگیری و اجرای امور مختلف آگاهی کامل دارد. از حافظه‌ای بسیار قوی برخوردار است‌و برای تقویت و بالابردن توان خود، سیستم‌ها را بکار می‌گیرد و دائماً" از نحوه کارکرد دقیق و صحیح آن سیستم‌ها اطمینان حاصل می‌کند. به سبب برخورد مبتنی بر روش معین و تلاشی مستمر در مدیریت جزئیات، سرپرستی سیستم‌های مربوط به تنظیم امور داخلی سازمان را نیز برعهده دارد.

اجرای مؤثر امور برای سازمان، از اهمیت شایان توجهی برخوردار است. اداره خوب و مؤثر، به معنی نظام دادن و به جریان انداختن(۲) امور است. اگر نقش تولیدکننده ---P، در بازدهی کار(۳)، مؤثر باشد، نقش اداره‌کننده، نشانگر کارآیی(۴) درکار خواهد بود. اجرای دقیق امور، مستلزم بررسی نحوه کارکرد افرادی است که برای سمت‌های ازپیش تعیین شده، منصوب شده‌اند.

بنابراین مدیر باید کاری بالاتر از کسب نتیجه را به انجام برساند. یعنی باید از انجام دقیق، نظام یافته و شایسته کار سایرین نیز، اطمینان حاصل کند.

اداره کردن یعنی "درخدمت بودن"، درحالیکه مدیریت‌کردن، با مفهوم هدف در ارتباط بوده و مسئولیت تعریف اهداف را برعهده دارد. یک اداره‌کننده، اجرای کار را سهولت بخشیده و کار سازمان را به اطلاع سایرین می‌رساند. ولی در ارتباط با تأمین اهداف و نتایج آن سازمان و یا حتی تعریف آنها مسئولیت ندارد.

مفهوم اداره کردن در سازمانهای بهداشتی، آموزشی، هنری، و دولتی، بر ارائه خدمات‌دلالت(۵) دارد و در این سازمانها به افرادی که به ظاهر، نقش‌های مدیریتی برعهده دارند، اداره‌کننده گفته می‌شود. ولی اگر بخواهیم آنها را مدیر بنامیم، بدین معنی خواهد بود که ایشان وظیفه تعریف اهداف سازمان را نیز برعهده دارند، که معمولاً" چنین نیست. در اینگونه سازمانها، اهداف‌براساس

---

(۱) Administrator (۲) Routinizaion (۳) Effectiveness
(۴) Efficiency (۵) Connotation

ماهیت اعضاء مرتب می‌شود، مانند کارکنان علمی یا پزشکی.

نقش اداره‌کنندگی به منظور ایجاد توانایی برای اجرای هدف می‌باشد. بدین خاطر اداره‌کننده‌هایی برای بیمارستانها و امور بهداشتی و اداره‌کننده امور فرهنگی، هنری و خدمات اجتماعی وجود دارند. این اداره‌کنندگان، بطور مستقل در مورد اهداف سازمان، تصمیم‌گیری نمی‌کنند. آنها در خدمت آن اهداف بوده و مجری تصمیمات اخذ شده و ابلاغ شده‌ای هستند که توسط تصمیم‌گیرندگان و یا افرادی که حقیقتاً" در امر رسیدن به نتیجه دخالت دارند، تدوین شده است.

متأسفانه، اکثر نویسندگانی که در رابطه با مدیریت مطلب می‌نویسند، اصطلاحات و واژه‌های مدیریت و اداره‌کننده را معادل هم بکار می‌گیرند. ولی من ترجیح می‌دهم اصطلاح مدیریت را برای کل فرآیند بکار برده و اصطلاح اداره‌کننده را به آن بخش از فرآیند مدیریت که شامل اجراء و سازماندهی است محدود کنم.

تفاوت عمده میان اداره‌کنندگی و مدیریت آن است که در اداره‌کنندگی، بخصوص در زمینه خدمات اجتماعی، هرچه از طرف مدیریت مجاز نباشد، ممنوع(۱) است و برای تفویض نقش به اداره‌کننده، قوانینی ارائه می‌شود.

در مدیریت مؤثر، شرایط برعکس است. هرچه که ممنوعیت خاص نداشته باشد، مجاز است. مدیر، ابتکارات، طرحها و فعالیت‌ها را می‌پذیرد. او قدرت و نفوذ خود را در حیطه امکانات و قانون کلی بکار می‌گیرد.

تحلیلی بر اتفاق پیچیده و سرشار از مغلطه و سفسطه(۲) "ماجرای واترگیت" آورده می‌شود. اختلافی جزئی میان اداره‌کردن و مدیریت‌کردن دیده می‌شود. روشن است که طراحان موضوع، در ابتدا نتایج مورد نظر را شناسائی و سپس اقدام به اجرا و دستیابی به آن اهداف کردند. طراحان ماجرای واترگیت، درخدمت نظام، یعنی نظام سیاسی آمریکا نبودند، آنها سعی در "مدیریت‌کردن" بر آن داشتند.

به همین ترتیب کاری که می‌بایستی توسط اداره‌کننده صورت می‌گرفت توسط مدیر صورت گرفت و درنتیجه بحرانی ایجاد نمود. درحالیکه اداره‌کننده درصورت درک حدود فعالیت با مشکلی مواجه نمی‌شد.

هرچه تمرکز بیشتری وجود داشته باشد، قدرت اداری بیشتری بعوض مدیریتی برای مدیریت میانی حاصل می‌شود. وقتی در سازمانی متمرکز، تمرکززدایی صورت گیرد، کسانی که در گذشته، فقط اداره‌کننده بودند، بالاجبار پذیرش خطر کرده و بعوض اینکه براساس تعهدات عمل کنند، به تصمیم‌گیری می‌پردازند.

بدین ترتیب، ضمن اینکه نقش اداره‌کنندگی، جزئی الزامی از روند مدیریت است، با مدیریت یکسان و برابر نمی‌باشد. با این وجود، وقتی نقش اداره‌کنندگی باعث ر اندن(۳) سایر نقش‌های مدیریت شود، چه اتفاقی می‌افتد؟

---

(۱) Forbidden (۲) Facets of the chicanery

(۳) Exclusion

سبک بوروکرات

فردی که صرفا" نقش اداره‌کنندگی دارد، به کسب نتایج سازمانی اهمیتی نمی‌دهد. او بوجودآورنده دستاوردها نیست، حتی از چگونگی تولید آنها خبر ندارد. در الگوی موردنظر، چنین رفتاری بصورت --A- کدبندی می‌شود. همانطوریکه دیده می‌شود کدی که بجای P درنظر گرفته شده با "-" مشخص شده است. چنین فردی کارآفرین نیست و یکپارچه‌کننده افراد نمی‌باشد. او در چهارچوب مقررات عمل می‌کند. او براساس استاندارد و تحت مقررات‌عمل می‌کند، که معمولا" مکتوب‌است، مدیریت‌می‌کند. به چنین مدیری، بوروکرات اطلاق می‌شود.

بوروکرات را به آسانی می‌توان از نحوهٔ عملکرد او در "چگونگی" بعوض "چه‌چیزی" یا "چرایی" صورت گرفتن فعالیت‌ها شناخت. وقتی وارد سازمان یک بوروکرات می‌شوید، مشاهده می‌کنید که تمام کارمندان پشت میز خود نشسته‌اند و مراقبند تا از هرگونه تخلف اداری(۱) اجتناب ورزند. بوروکرات و کارمندانش سر ساعات مقرر، وارد و خارج می‌شوند. بوروکرات، نمودار اداری را بر روی دیوار اطاق خود، یا حداقل در دسترس موجود دارد. او هیچ مشکلی در یافتن مقررات‌یا اصول کار سازمان در لحظه مورد نیاز ندارد.

بوروکرات‌از ابهام متنفر (۲) است. او مصرانه می‌خواهد که هر موضوعی مکتوب شده و حدود مسئولیت‌ها مشخص‌شوند. وی بطور وسواس آمیزی(۳) منظم است و معمولا" در مورد جزئیات‌حافظه‌ای قوی دارد. بسیار سرسپرده(۴) است‌و به آسانی، سازمان‌های محل کارش‌را عوض نمی‌کند.

بوروکرات، درحد امکان، از هرگونه تغییری، اجتناب می‌ورزد. تمام هوش و استعداد(۵) خود را معطوف می‌کند تا برای اثبات اینکه پروژه‌های جدید ساختار او را بهم می‌زند(۶)، دلایل کافی پیدا کند. بدیهی است که سازمان علیرغم حضور این شخص، باید به اهداف خود دست یابد. لذا، افرادی که در سازمان و برای دستیابی به اهداف مشغول هستند، بتدریج می‌آموزند که او را نادیده بگیرند.

> اداره کردن به معنای نپذیرفتن اندیشهٔ تضاد که‌از عناصر ضروری جامعه بشری است، می‌باشد. اداره کننده خواهان آنستکه امور تعدیل شوند، به اختلافات پایان داده شده و با یافتن بهترین راه‌حل دقیقا" و موبه‌مو مسیر طی گردد.

بوروکرات، تمام علاقه خود به ساختار و جزئیات را به سازمان یا کار مورد نظرش منتقل می‌کند. او عمیقا" می‌خواهد که همه‌چیز را در چارچوب‌سازمان تعریف

(۱) Transgressions (۲) Abhors Ambiguity (۳) Meticulously
(۴) Loyal (۵) Ingenuity (۶) Obstructionist

"متاسفم، حدود مسئولیت من از این حباب فراتر نمی‌رود"

Drawing by David Pascal; © 1976
The New Yorker Magazine, Inc.

کند. درواقع، تمایلات(۱) بوروکرات بیشترین سهم را درماهیت سلسله مراتب سازمانها بازی می‌کند.

در مغایرت با یکه‌تاز، یک مجری و فوق مشغول(۲) که توجهش‌به "چه‌چیز" بعوض "چگونه" است، بوروکرات‌زمان فوق‌العاده زیادی راصرف‌رفع نگرانی جزئیات دفتر می‌کند. او بیشتر معطوف به "چگونگی" انجام کارهاست، بعوض‌اینکه به "چه‌چیزی" می‌بایستی انجام گیرد، توجه داشته باشد. ترجیح او آن است که کارها را درست به‌انجام برساند بجای اینکه کار درست‌راانجام دهد. او افراد زیردستش درصورتیکه دستورالعملهای استاندارد را دنبال نکنند گوشمالی(۳) می‌دهد، حتی اگر چنین نقض مقرراتی جهت رسیدن به نتایج لازم باشد. او همیشه دلایلی که معمولا" قانونی بوده و بی‌ارتباط به‌نظرات سازمانی است، همراه دارد تا نشان دهد چرا نظام می‌بایستی دست‌نخورده باقی بماند. او خودش را حامی نظام دانسته و با اولویت پائین به مأموریت نظام توجه می‌کند. بوروکرات‌یا --A-، اغلب اهداف سازمان را بعنوان یک‌اصل خدشه‌ناپذیر و بااصرار حفظ می‌نماید، حتی زمانیکه تغییر آن لازم باشد. تعهد منحصربفرد و اولیه او در به‌اجرا درآوردن برنامه، بدون توجه به ارزشهای آن می‌باشد.

لایحه دفاعیه دادگاه آدولف آیشمن بخاطر سربه نیست(۴) کردن ۶ میلیون کلیمی نمونه بارز این نوع رفتار می‌باشد. آیشمن نقش خود را در رایش سوم

---

(۱) Tendencies
(۲) Hyperbusy
(۳) Rebukes
(۴) Exterminating

بصورت اداره‌کننده یک‌قطار تصویر نمود، در یک‌انتهای خط آهن منزل قربانیان قرارداشت، و در طرف دیگر اردوگاه مرگ. او کاری با ماحصل این حرکت‌نداشت. او احساس می‌کرده که مسئولیتش، تضمین دقت(۱) در عملیات قطار بوده است.

اداره کردن جزء اطلی یک مدیریت خوب است، درصورتیکه اگر تناسب آن حفظ نشود(۲)، مدیریت را از حیض‌انتفاع(۳) خارج می‌کند.

بی‌شباهت به یکه‌تاز (P---)، کسی که قبل از همه به سر کار می‌آید و بعد از همه کار را ترک می‌کند، بوروکرات (--A-) آمدن و رفتنش سروقت می‌باشد. میز کار بوروکرات بطرز خارق‌العاده‌ای(۴) تمیز و مرتب است.

یکه‌تاز درحالتیکه نتایج خوب بدست آید، تخلفات اداری زیردستانش را می‌پذیرد. درصورتیکه بوروکرات توجه بسیار زیادی به روش کسب نتایج دارد. برای روشن شدن موضوع کار فروشنده‌ای که بسیار خوت عمل کرده است مثال زده می‌شود. اگر این فروشنده برای یکه‌تاز کار کند و بخواهد راجع به کارش توضیح دهد، جواب می‌شنود که "بسیار خوب، بسیار خوب‌بعدا" راجع به آن با من صحبت‌کن"، و فروشنده هم هیچوقت‌امکان توضیح جزئیات‌را پیدا نخواهد کرد. از طرف‌دیگر بوروکرات‌طالب دریافت کلیه جزئیات کار انجام شده توسط فروشنده می‌باشد. او درواقع بدنبال تخلف می‌گردد، هرنوعی از نقض مقررات، وقتی هم که موردی را کشف کند، به نوعی بازی "بازیهایی که مردم انجام می‌دهند"(۵) می‌پردازد، که به "گیرت انداختم حرمزاده"(۶) معروف‌است. ازآن به بعد بوروکرات‌نتایج بدست‌آمده را فراموش‌کرده و تمرکز را بر روی تخلف ادامه می‌دهد: یک فروشنده به چه جراتی مقررات یا دستورالعمل را نقض کرده است.

افرادی که برای بوروکرات‌ها کار می‌کنند، تیپ بله قربان‌گو(۷) هستند. همان کاری را که به آنان گفته شده است به انجام می‌رسانند و از خودشان کار جدیدی انجام نمی‌دهند. سؤالی نمی‌پرسند، و موجی ایجاد نمی‌کنند. بموقع می‌آیند، بموقع می‌روند و در این فاصله کار کمی انجام می‌دهند.

در داستان "Caine Mutiny" اثر هرمان ووک(۸)، شخصیت بی‌نهایت بوروکرات را می‌توان در کاپیتان کووک(۹)، کسی که در درجات نیروی دریایی ارتقاء یافته، البته نه بخاطر اینکه می‌توانسته کشتی یا خدمه‌اش را بگرداند، بلکه دستورات‌را دنبال می‌کرده است، برمی‌خوریم. او به خودش می‌گوید: "من وانمود نمی‌کنم که هوشیارترین یا نرم‌ترین افسرها هستم ...، بلکه به شما می‌گویم، قربان، من یکی از لجوج‌ترین‌ها هستم. کارهای به مراتب مشکل‌تراز این را به انجام رسانیده‌ام. ممکن است مورد پسند همگان نباشم، ولی نق زده‌ام، فریاد کشیده‌ام و تلاش کرده‌ام تا "مطابق مقررات " بتوانم کارها را به انجام برسانم.

در طول یک طوفان کاپیتان کووک غرق شدن کشتی‌اش را به تغییر مسیر از قبل تعیین شده، ترجیح می‌دهد. کاپیتان کووک‌نمی‌خواهد که اطرافیان او فکر کنند که

---

(۱) Punctuality (۲) Disproportionate (۳) Counter productive
(۴) Meticulously (۵) Games people play (۶) I got you, you S.O.B.
(۷) Yes-yes people (۸) Herman Wouk (۹) Captain Queeg

او بوروکراتی بود درشرف تبدیل شدن به یک چوب‌خشک(۱) (به فصل ۶ مراجعه کنید).

درحالیکه یکه‌تاز خودش را با سخت‌کوشی و نتایجی که بدست می‌آورد ارزیابی می‌نماید، یک‌بوروکرات‌خودش‌را با چگونگی کنترل داشتن بر نظام و با حذف خلاف کاریهائی که نسبت‌به دستورالعمل‌های استاندارد عملیات صورت گرفته و به حداقل رسانیدن تردیدها ارزیابی می‌کند. و به‌همین خاطر سعی دارد درراس‌قانون Parkinson قرار بگیرد. او پیوسته افرادش‌را جهت‌اجرای کار مشابهی که حتی کارآیی را تغییر نمی‌دهد، افزایش‌می‌دهد. تنها تغییری که اتفاق می‌افتد اینست که افراد بیشتری را درگیر می‌کند، درنتیجه به نظامها و دستورالعملهای بیشتری برای کنترل وضعیتی که درحال حاضر بیش از اندازه تحت کنترل است، نیاز می‌باشد.

بعد از گذشت زمان، قسمتی که توسط بوروکرات مدیریت می‌شود، وظائف‌یکسانی را انجام می‌دهد با این تفاوت که دستورالعمل‌های پیچیده‌تر بیشتری که، تطابق(۲) را به حداکثر می‌رساند و ابهامات‌را به حداقل، وضع شده است. چنین رفتاری مانع(۳) تغییر است زیرا قارچواره‌های بوروکراسی انجام تغییرات را روزبه‌روز پر هزینه‌تر می‌سازند. یکه‌تاز و بوروکرات‌هردو مانع رشد مؤثر سازمان هستند. یکه‌تاز بطور مؤثر قادر به انجام کارهای بیشتری نیست، زیرا فقط در کارهایی که خودش‌به تنهایی انجام دهد، مؤثر خواهد بود. بوروکرات‌هم اجازه بروز تغییراتی که مؤثر هستند را نمی‌دهد، زیرا آنان‌را تهدیدی می‌داند بر قابلیت کنترل خودش.

زمانی که بوروکرات از سازمان کنار گذاشته می‌شود(۴)، طبق عادت ایجاد تغییرات داخلی و خارجی بسیار مشکل خواهد بود. نوآوری در نظام بوروکراتیک به راحتی بوجود نمی‌آید، و "جراحی"(۵) برای ایجاد آنان مورد نیاز است. افراد اخراج می‌شوند و "خون جوان" درخواست می‌گردد. برای بهبودی(۶)، چنین تغییری در بعضی از سازمانها مدتها طول می‌کشد. مدیر جدید هم می‌بایستی دردسر زیادی را تحمل کند تا بتواند دستورالعمل‌های جاافتاده را اصلاح کند، و شاید مجبور گردد تا خودش را با آنان وفق دهد.

وقت آزاد توسط هردو یکه‌تاز و بوروکرات ضایع می‌شود. اگر یکه‌تاز وقت‌آزاد بدست‌آورد (که از نوادر است)، به "خط آتش"(۷) برمی‌گردد، می‌فروشد یامی‌خرد. وقت آزاد بوروکرات صرف رفع تخلفاتی می‌شود که قبلاً کشف نکرده بود. بعد مجدانه(۸) فرم جدیدی طراحی می‌کند، گزارش جدیدی تهیه می‌نماید یا خط مشی جدیدی وضع می‌کند تا این تخلف مجدداً بروز ننماید. بوروکرات بامقررات مدیریت‌می‌کند و وقت‌آزادش را صرف نوشتن این مقررات می‌نماید.

زیردستان بوروکرات بطریقی متفاوت نسبت به زیردستان یکه‌تاز رفتار می‌کنند. امربرهای یکه‌تاز تا وقتیکه دستوری یا کاری دریافت دارند ول

(۱) Dead wood (۲) Conformity (۳) Hinder
(۴) Eliminated (۵) Surgery (۶) Recuperate
(۷) Firing line (۸) Zealously

می‌چرخند(۱). اما کاری که بله قربان گوهای بوروکرات انجام می‌دهند خطرناک‌تر است. این افراد سعی در ضربه زدن به نظام بدون اینکه گیر بیافتند، دارند. تا حدی که دروغ بگویند، اطلاعات غلط بدهند و گزارشهای غیرواقعی تولید کنند و به خودشان نشان دهند که نظام آنطورها هم قابل کنترل نیست.

یکه‌تاز به سختی جلسه ستادی برگزار می‌کند. اگر هم جلسه‌ای بگذارد غیررسمی است و تعداد قلیلی(۲) در آن شرکت می‌کنند. دستور کار کلی هم یکسان است. به افراد بگوید که چه‌کاری می‌بایستی همین الان انجام شود.

بوروکرات گرایش متفاوتی نسبت به جلسات و دستورات دارد. جلسات زمانبندی شده‌ای که تمام افراد می‌بایستی در آن شرکت‌کنند بطور عادی برقرار می‌سازد. دستور جلسه طولانی است، منشی‌ها یادداشت‌برداری می‌کنند. و نتایج آخرین جلسه به بحث گذارده شده و رای‌گیری می‌شود. نظم وجود دارد و همراه آن، حوصله سررفتن به لحاظ وارد شدن به جزئیاتی که بوروکرات به آن اصرار دارد. با وجود هزاران نکته‌ای که بوروکرات به توجه آنها اصرار دارد، اکثریت‌حاضرین، معنی مختصری در موارد مطروحه می‌بینند. بدون پذیرش درصدی ازخطر شکست هیچ‌کاری را نمی‌توان کنار گذاشت.

وظایف و تکالیف، دقیقا" مورد بحث قرار می‌گیرند، اما بجای تاکید روی اهداف و اعتبار آنها، مشخصا" تمرکز بر چگونگی انجام کار صورت می‌گیرد.

بوروکرات، به آموزش علاقه‌مند است. در پی آن است که برای همه کارها روال درست کرده و همه را برنامه‌نویسی کند. برنامه‌ریزی استراتژیک، معمولا" مستلزم ارائه تحلیل دقیق فرصت‌ها و تهدیدات است. اما ازنظر بوروکرات، برنامه‌ریزی استراتژیک‌در بهترین حالت، تمرینی است برای پیش‌بینی آینده عمدتا" براساس تحلیل گذشته. بوروکرات فرصت‌ها را به سختی مورد توجه قرار می‌دهد و تغییر و تحولات را تهدید تلقی می‌کند. ازطرف دیگر "یکه‌تاز" نیز نسبت به تهدیدها و فرصت‌های استراتژیک بی‌توجه(۳) است. او بطور کامل درحال تفکر درمورد بحرانهایی است که بایستی هم‌اکنون حل شوند.

بوروکرات، از تغییرات و اختلافات وحشت(۴) دارد. او احساس می‌کند که تضادهای داخلی بین کارکنان، مانند "دستخوش امواج شدن قایق"، کنترل او را بر سازمان، در معرض‌خطر قرار خواهد داد. بنابراین خود راازچنین مسائلی دور نگاه می‌دارد. او از امکان هرگونه تغییر درفرآیند، یا جهت‌گیریها، تبری جسته و چنین تغییراتی را تهدیدی برای سازمان بشمارمی‌آورد و از درگیر شدن با آن خودداری می‌کند.

مشاوری می‌گفت: زمانی برای مدیر بخش‌کامپیوتر وحسابداری شرکتی کار می‌کرده است. او متوجه شده بود که تغییر در بودجه برای آن مدیر، معادل زائیدن سختی داشته، و انجام این کار، ماهها با صرف‌نیروی کار و زحمت‌فراوان همراه بوده و طول می‌کشیده است.

---

(۱) Horse around
(۲) Seantily
(۳) Oblivious
(۴) Abhors

بوروکرات، همه اطلاعات بخش اداری را که مربوط به چگونگی انجام صحیح کارها می‌شود، در انحصار خود دارد. برای بوروکرات، پیشنهاد بودجه، نیازمند طی صدها مرحله است و برای استخدام یا اخراج یک نفر، نیاز به دهها فرم مختلف می‌باشد.

اگر درسازمان خلاقیتی وجود داشته‌باشد، آتش‌این نیروی خلاقه، توسط بوروکرات خفه می‌شود(۱). او کسانی را استخدام می‌کند، که مانند خود او بموقع سر کار بیایند و بموقع نیز محیط کار را ترک کنند و هیچ دردسری ایجاد نکنند.

> تصویر این که روزی دنیا از افراد کوچکی(۲) پر شود که برای انجام کارهای بزرگ کوشش‌می‌کنند، وحشتناک است. این امر، همانگونه که درآخرین مراحل فراعنه مصر اتفاق افتاد، درحال وقوع است. وضعیتی که بطور فزاینده‌ای در روحیه و رفتار و طرز تلقی و تفکر نظام اداری ما در شرف‌شکل گرفتن بوده، و بویژه در بین دانش‌آموختگان ریشه‌دار می‌گردد. این صبر بوروکراسی کافی است تا بشریت‌را به بن‌بست‌ناامیدی و یأس(۳) سوق دهد.
>
> "ماکس وبر"

اداره‌کنندگی، یکی از وجوه لازم در فرآیند مدیریتی است. هرچند به منظور راهبری یک سازمان لازم است، اما برای مدیریت کارا و مؤثر، کافی بنظر نمی‌رسد. خواننده ممکن است کسانی را بشناسد که اداره‌کننده‌ای عالی هستند. آنها افرادی هستند که زیردستان خود را بصورت‌کارکنانی می‌بینند که وظایف‌خود را به نحو احسن انجام می‌دهند، استانداردها و مقررات را رعایت می‌کنند و به اهداف‌جامعه عمل می‌پوشانند. اما مدیران نالایقی هستند. آنها در عین حالی که برنامه‌های تحویل شده را بخوبی انجام می‌دهند، فاقد خلاقیت در تعریف اهداف‌جدید و روحیه جستجوگری در افقهای نو هستند. بنابراین، برای مدیریت‌بطوریکه بتواند آغازگر باشد، می‌بایستی نقش E (کارآفرینی) ایفا گردد.

---

(۱) Suffocated

(۲) Little cogs

(۳) Despair

خلاصه‌ای از سبک بوروکرات

سبک فردی

نقش انحصاری:	به اجرا درآورنده، اداره‌کننده.
تفوق او بر دیگران:	قرار دادن و حفظ هرچیز در جای خود.
رفتار غالب:	کنترل اجرا.
تمرکز توجه:	چگونگی انجام کار.
مشخصه اصلی شخصیت:	وسواس درسازماندهی(۱)، کند، دقیق، متفکر، و محافظه‌کار(۲).
ارزشیابی خود:	چقدر آرام(۳) و چقدر خوب کنترل انجام را می‌دهد.
نوع شکایت:	کسی قسمتی از مقررات و دستورالعمل‌ها را نقض کرده است.
تصمیم‌گیری:	پیروی از تصمیمات مدون موجود.
صرف وقت آزاد:	درباره فرمهای جدید، کنترل‌های جدید و ... فکر می‌کند.
تمایل به استخدام:	کارمندانی "بله قربان گو" یا افرادی مثل خودش.

زیردستان

سبک زیردستان:	افراد "بله قربان گو".
ارتقاء زیردستان:	اگر سازمانی عمل کنند و مقررات را نقض نکنند.
تشویق زیردستان:	انجام صحیح کار با توجه اندک به نتایج کار.
زیردستان او را آگاه نمی‌کنند:	از تخلفات اداری و سازمانی.
سوءرفتار زیردستان:	ضربه زدن به سازمان و نظام برای اثبات اینکه در کنترل آن نقص وجود دارد.

مدیریت زمان، جلسات ستادی، تجارب مدیریتی

ساعات ورود و خروج او به محیط کار:	درست سر وقت.
ورود و خروج زیردستان:	درست سر وقت.

---

(۱) Meticulously organized (۲) Conservative
(۳) Placid

تناوب و اعلام قبلی جلسات ستادی:	همیشگی، منظم و طبق برنامه.
حضور در جلسات ستادی:	ضروری و همراه با حضور و غیاب.
دستور جلسات ستادی:	طولانی، جزء به جزء، ثابت و پیرامون مسائل کوچک.
سخنگو در جلسات ستادی:	یک نفر بجای اکثریت عمدتاً از بالا به پایین. سؤالاتی که درباره چگونگی انجام کار پرسیده می‌شود، در جزئیات بطور کامل بحث می‌شود.
برنامه‌های آموزشی:	بیش از حد انجام و با جزئیات زیاد همراه بوده است.
طرزتلقی نسبت‌به مدیریت‌نظام یافته:	مادامی که بمعنی کنترل بیشتر و اجرای دستورالعمل‌ها است به آن پرداخته می‌شود و مورد توجه قرار می‌گیرد، اما در پیش‌بینی‌ها، عمدتاً به تنگناها بیش از استفاده ازفرصت‌های پیش آمده، توجه می‌شود.
طرزتلقی درباره تضادها:	از آن چشم‌پوشی می‌شود یا با آن مبارزه می‌شود، بسته به اینکه آن مخالفت، تهدیدی برای کنترل بوروکرات بر سازمان باشد یا خیر.
طرزتلقی او از تغییرات:	ممانعت و جلوگیری بعمل می‌آید، چرا که می‌ترسد کنترل خود را بر سازمان ازدست بدهد.
تمرکز و نوع اطلاعات مورد نیاز:	اطلاعات اداری که البته آنرا در اختیار دیگران قرار نمی‌دهد.
تمرکز بر خلاقیت :	به محض ظاهر شدن، در مجموعه سازمان، در نطفه خفه می‌شود.

طرزتلقی از سایر مدیران

تولیدکننده منحصربفرد (یکه‌تاز P---)، شایسته انتقاد می‌داند.
اداره‌کننده منحصربفرد (بوروکرات -A--)، تائید می‌کند.
کارآفرین منحصربفرد (-E--)، تنفر دارد.
یکپارچه‌کننده منحصربفرد (I---)، بدگمان و مشکوک است.
چوب‌خشک (----)، اغماض می‌کند.
مدیر کتاب‌درسی (PAEI)، شایسته تائید و تقدیر می‌داند.

یادداشت‌ها

1- I. Adizes, Industrial Democracy: Yugoslav Style
 (New York, Free Press, 1971)
2- Joseph S. Berliner, Factory & Management in The USSR
 (Cambridge, Mass., Harvard Univresity Press, 1957)
3- Roy G. Francis & Robert C. Stone, Service & Procedure in Bureaucracy: A Case Study (Minneapolis, University of Minnesota Press, 1956)
4- Peter M. Blau, The Dynamics of Bureaucracy
 (Chicago, University of Chicago Press, 1956)
5- C. Northcote Parkinson, Parkinson's Law
 (Boston , Houghton Mifflin, 1960)

فصل چهارم

-E--: آتش افروز

نقش کارآفرینی

سازمانها، در محیطی درحال تغییر، برای بقای خود، نیاز به افکاری جدید دارند. همواره، فرصت‌ها و تهدیداتی بروز می‌کند که سازمانها باید توان مواجهه با آنها را دارا باشند.

یک مدیر خوب، در محیطی درحال تغییر، باید کاری بیش‌از تولید نتایج انجام دهد، او باید شاهد تولید نتایج دیگران باشد. او باید فردی کارآفرین و آغازگر باشد. فردی که بتواند آغازگر تغییر باشد قادر است تا سازمانش را با محیط در حال تغییر تطبیق دهد.

یک کارآفرین نیروهایی از جامعه را که بر سازمان اثر می‌گذارند مورد تجزیه و تحلیل قرار می‌دهد، نقاط قوت و ضعف‌سازمان را مشخص‌کرده و سپس‌حرکتی را به شکلی که به بهترین وجه جوابگوی تغییرات محیط خارج باشد، تعیین می‌کند.

نیاز به کارآفرینی به دنیای تجارت منحصر نمی‌باشد. درواقع، کارآفرینانی وجود دارند که اقتصادی فکر می‌کنند و سعی دارند تا موقعیت‌های پولی بازار را تحت‌تسلط خود درآورند. کارآفرینان دیگری هم در محیط فراصنعتی(۱) (فوق پیشرفته) و در رشته‌های گوناگون وجود دارند که روزبروز بر اهمیت‌آنها افزوده می‌شود. در میان آنها نیز کارآفرینان علوم اجتماعی قرار دارند که منشاء تغییرات‌اجتماع و سیاست هستند.

> انسانهای منطقی خود را با محیط وفق می‌دهند، اما انسانهای غیرمنطقی سعی می‌کنند محیط را با خود مطابقت دهند. تمام پیشرفت بشر، حاصل تلاش‌های انسانهای غیرمنطقی است.
>
> "جورج برنارد شاو"

---

(۱) Postindustrial

در عرصه‌های هنری و آموزشی نیز کارآفرینانی وجود دارند که منشاء فعالیت‌ها بوده و نیازهای زیباشناسانه و هنری را ارضاء کرده، نیازهای جدیدی را ایجاد می‌کنند.

درحالیکه یک اداره‌کننده، طرحهای مشخص و تصمیمات گرفته شده‌ای را دنبال می‌کند، یک کارآفرین منشاء ایجاد طرح است. در محیط درحال تغییر، شکست کارآفرین در امر شروع و پذیرش‌خطر، به عقب افتادن سازمان او از همه رقبای فعالش‌منجر می‌شود.

بنابراین، درحالیکه برای اداره‌کننده موضوع خطر کردن در وظایف مدیریتی تعریف نشده است، مدیری که نقش کارآفرینی را ایفاء می‌کند می‌بایستی خطر کردن را با رضایت کامل پذیرا بوده و به اندازه کافی خلاق باشد تا بتواند مسیرهای انجام امور را شناسایی نماید. اگر یک کارآفرین، خلاق نباشد ممکن است عاقبت کارش‌به اداره‌کننده شدن ختم شود، که احتیاج داشته باشد تا به او گفته شود که چه‌کاری را میبایستی انجام دهد.

> از ماشین شانس نمی‌توان انتظار برد داشت مگر آنکه چند سکه در آن انداخته شده باشد.
>
> "فیلیپ ویلسون"

اگر قادر به خطر کردن نباشد، ممکن است به یک کارمند یا مشاور معمولی یا نهایتا" استاد محققی، که می‌توانند راه کارها را شناسایی نماید، ولی قادر به اجرای آنان نیست، تبدیل شود.

> نمی‌توان مسئولیتی را تقبل کرد بدون این مهم که، با پذیرش آن مسئولیت خطری انسان را تهدید نکند، و پذیرش خطر امکان بروز شکست را به همراه می‌آورد.
>
> "م - پولانی"

از آنجائیکه خلاقیت و خطرپذیری، صفت‌های مکمل یکدیگرند، امکان این تصور وجود دارد که، افراد خلاقی هستند که خطرپذیر نبوده یا اهل خطر کردن بوده ولی خلاقیت‌نداشته باشند. مشاورین افراد خلاقی هستند که به دیگران پیشنهاداتی ارائه می‌کنند، اما خود جرات انجام آن را ندارند. از طرف‌دیگر اشخاصی هم هستند که به استقبال خطر می‌روند ولی خلاقیتی ندارند مانند قماربازها (نه یک کارآفرین برنامه‌ریز). لازمه کارآفرینی داشتن خلاقیت و قابلیت‌خطرپذیری توام است.

سبک آتش‌افروز

کارآفرینی (خلاقیت توام با خطرپذیری) سومین نقشی است که در الگوی PAEI، وجود دارد. اگر نقش کارآفرینی بدون حضور سه نقش دیگر ایفا گردد، چه اتفاقی می‌افتد؟ یعنی اگر مدیر، دارای سبک E-- باشد؟

> با تمام سرعت به جلو با دنده خلاص.

این سبک مدیریت، زمانی نمود پیدا می‌کند که مدیر تلاشش را منحصراً" مصروف نوآوری و هدف قراردادن(۱) هر چیزی نماید که در افقهای سازمان او پدیدار گردد. غالباً" برای زیردستان چنین مدیری، صبح اولین روز هفته گیج کننده‌ترین روز هفته می‌باشد. در تعطیلات آخر هفته قبل رؤیاهای جدیدی درفکر مدیر بافته می‌شود. لذا، اولین روز هفته بعد اولویت‌ها تغییر کرده، مسئولیت‌ها و وظایف جدیدی به افراد محول می‌شود. (وهمه چیزهایی که قبلاً" بوجود آمده فراموش‌می‌گردد). او انتظار دارد که زیردستانش نیز همه آنها را درجا(۲) انجام دهند.

سعی چنین مدیری در آن است که تمام موقعیت‌هایی که بوجود می‌آیند تحت سلطه(۳) خود درآورد. لذا، حضورش را بطور کم عمقی در تمامی عرصه‌های سازمانی می‌گستراند. او با افکار جدید و روش‌های نوین وارد سازمان می‌شود و سعی می‌کند، "چه‌چیزی" و "چگونگی" کارها را تؤاماً" تغییر دهد.

اگر P--- یا "یکه‌تاز" را بعنوان آتش‌نشان(۴) تعریف کنیم، E-- می‌تواند یک آتش‌افروز(۵) باشد. اگر "یکه‌تاز" معده‌درد بگیرد(۶)، آتش‌افروز باعث بوجودآوردن آن درد بوده است.

آتش‌افروز علاقمند است تا شاهد جنون‌های(۷) حاصل از آغاز نمودن کارهایش باشد. محیط پراز اضطراری‌ها، موردپسند اوست و هنگامی که می‌بیند کارکنان، برای رفع بحرانهایی که او خلق کرده در تلاش هستند، احساس شادمانی می‌کند. او بدنبال حداکثر اثر کوتاه‌مدت می‌باشد، که آن را با ایجاد بحران به دست می‌آورد.

کار در سازمانهای هنری تحت‌امر چنین مدیرانی، زمانی آغاز می‌شود که تقریباً" بسیار دیر شده است. لذا، فرآیند خلاقیت‌می‌بایستی تحت فشار بکار افتد. کارکنان مجبور می‌شوند در نوبت‌های کاری دوم و سوم مشغول باشند. جزئیات اساسی تا زمان به اجرا در آمدن، درحالت‌گذار باقی می‌مانند. افرادی که محیط کاری، با ساختار بالایی را می‌پسندند از رفتار این نوع مدیران به شدت

---

(۱) Charging (۲) Instantaneously (۳) Exploit
(۴) Fire fighter (۵) Arsonist (۶) Ulcers
(۷) Furor

ناامید(۱) می‌شوند.

آتش‌افروز احساس‌ضعیفی نسبت به توانایی افراد دارد. هنگامی که دریابد اهداف مورد نظر «دیروز» کامل نشده‌اند، مأیوس‌می‌شود. وی نسبت به توانائی و خلاقیت خود بسیار هیجان زده است، لذا توانایی محدود او را متأثر می‌سازد.

زیردستان بزودی فرا می‌گیرند که از آتش‌افروز در مورد وظائفی که به آنها محول گردیده، تقاضای کمک نکنند. اگر آنها به این کار مبادرت کنند، او به عوض ارائه راه حل برای رفع مانع، تمامی مأموریت را تغییر داده و کارکنان را در عمل با مشکلات جدیدتری روبرو می‌سازد.

زیردستان، از هر دو بوروکرات و آتش‌افروز، به دلایل مختلف دوری می‌جویند. از بوروکرات به جهت‌اینکه دائماً به کارکنان توصیه می‌کند که چه عملی را نباید انجام دهند، و از آتش‌افروز، به این دلیل که دائماً کار جدیدی را به آنها محول می‌نماید و کارهای قبلی را که تمام وقت آنها را به خود اختصاص داده بود، به فراموشی می‌سپارد.

حتی یک زیردست‌کاملاً مثبت‌و همراه نیز متوجه می‌شود که به سختی قادر است راهنمائی‌ها و دستورات آتش‌افروز رادنبال کند. آتش‌افروز معمولاً در ابلاغ وظائف بصورتی مبهم(۲) عمل می‌کند. در ذهن او یک اندیشه کلی وجود دارد، اما از مشخص نمودن جزئیات امتناع می‌ورزد. او این عمل را برعهده کارکنان می‌گذارد. «ویل راجرز» این مطلب را با کمک یک لطیفه، بخوبی توضیح می‌دهد.

«در زمان جنگ جهانی اول، متحدین، قادر به غلبه بر زیردریائی‌های آلمانی نبودند. نیروی دریایی، مشاوری را به خدمت‌گرفت. او پس‌از مطالعه کامل وضعیت، پیشنهاد کرد که آب‌اقیانوس‌تا حرارت‌۱۸۰ درجه گرم شود، این باعث‌خواهد شد که آلمانها بالاجبار زیردریایی خود را به سطح آب‌بیاورند که درنتیجه می شود آنان را هدف سلاحهای نیروی دریایی قرارداد. نیروی دریایی این فکر راپسندید، اما نمی‌دانست چگونه آب اقیانوس‌را گرم کند. زمانی که این سؤال را از مشاور پرسیدند، او پاسخ داد: «من یک طراح هستم. جزئیات‌را از من نپرسید. من طرح را ارائه داده‌ام، حالا شما باید به فکر جزئیات باشید!»

آتش‌افروز عموماً ایده‌های فوق‌العاده‌ای را ارائه می‌کند و انتظار دارد شخص دیگری چگونگی اجرای آنرا تعیین کند. اگر او نسبت به مشخصات و جزئیات امور مورد سؤال قرار گیرد، به شدت عصبی و ناراحت می‌شود. سازمانی که بوسیله یک بوروکرات اداره می‌گردد، ممکن است علیرغم مشکلات ناشی از این نوع از مدیریت، به اهداف خود برسد چرا که کارکنان آموخته‌اند تا او را ندیده بگیرند. لیکن در مورد آتش‌افروز هرچه او فشار بیشتری برای مدیریت کردن سازمان بکار می‌برد، سازمان عقب‌تر می‌رود. هنگامی که خود مشغول است تا همه افراد را مشغول نگاه دارد، سازمان به هیچ کجایی نمی‌رسد. آتش‌افروز غالباً تغییر جهت می‌دهد، و کارکنان هم همکاری و تشریک مساعی نمی‌کنند. او عاقبت

(۱) Frustrated

(۲) Vague

شکست می‌خورد زیرا سازمان نمی‌تواند مدام تغییر جهت بدهد.

ما می‌توانیم به یک سازمان به منزله دندانه‌های یک چرخ دنده(۱) نگاه کنیم. مدیر، چرخ دنده بزرگی است که دندانه‌های زیادی محیطش(۲) را فراگرفته‌اند. رده‌های تحت امر و نیروهای زیردست، همان چرخ دنده‌های کوچک و کوچکتر هستند. هرگاه چرخ دنده بزرگ حتی به میزان ناچیزی بچرخد، چرخهای کوچکتر مجبور به چرخش بسیاری هستند. اگر چرخ دنده بزرگ یک آتش‌افروز باشد، با توجه به اینکه او معمولاً درحالیکه چرخ دنده‌های کوچکتر درحال حرکت‌می‌باشند، تغییر حرکت‌می‌دهد، باعث‌می‌شود که نهایتاً چرخ دنده‌های کوچکتر کنده شده و خود به تنهایی ادامه دهد. بنابراین شکایت همیشگی آتش‌افروز این است که: "هرگز در اطراف‌او هیچ کاری به اتمام نمی‌رسد." متأسفانه نمی‌داند که خود او مسئول چنین خرابی(۳) است.

با توجه به رفتار زیردستان یک‌مدیر، می‌توان بطور مفصل او را تفسیر نمود. درجلسه‌ای که آتش‌افروز جدیدترین اندیشه‌های خود را مطرح می‌کند، زیردستان یکدیگر را با تبسم معنی‌داری(۴) که بر چهره‌شان نقش بسته، نگاه می‌کنند. آنها در واقع قصد ندارند آنچه را که مدیر می‌گوید، انجام دهند. چرا باید انجام دهند؟ چرخ بزرگ، بزودی جهت حرکت را عوض خواهد کرد.

زیردستان آتش‌افروز آموخته‌اند که نباید او را خیلی جدی بگیرند. درواقع قصد به انجام رسانیدن کاری را که تفویض می‌کند، ندارد. در مدت‌زمان کوتاهی او فکرش را تغییر خواهد داد. آنها این موضوع را نیز آموخته‌اند که نباید کارهای او را مستقیماً رد کنند. چرا که او این عمل را یک مخالفت شخصی تلقی می‌کند. بنابراین کارکنان هیچ فایده‌ای در تلاش برای رسیدن به خواستهای مدیر نمی‌بینند، در عین حال نمی‌توانند از فرامین او نیز سرپیچی کنند. روش آنها، پذیرش‌کار اما انجام میزان مختصری ازآن است، سپس با ابراز بهانه‌های مختلف، انجام ندادن کار را توجیه می‌کنند. به‌این ترتیب، آنها خود راهمراه نشان می‌دهند، بدون اینکه واقعاً اینچنین باشد. کارکنان همواره به آتش‌افروز توضیح می‌دهند که چرا یک کار انجام نشده است، درحالیکه باید توضیح دهند چرا برای انجام آن کار تلاشی صورت نگرفته است.

زیردستان آتش‌افروز، باید قبل از مدیر در محل کار حاضر شوند و بلافاصله بعد از او محل کار را ترک کنند. زمانی که آتش‌افروز، درمحل حضور دارد آنها وانمود می‌کنند که روی امور محوله، مشغول کار هستند. در شرکتی که بوسیله اینگونه مدیران اداره می‌شود، مشهور است که: معاونین منتظرند تا "زیر پایشان علف سبز شود"(۵). بدین معنی که آنها منتظرند تا رئیس بسوی منزل حرکت‌کنند و آنها هم بدنبال او کار را ترک کنند. اگر آتش‌افروز به اطاق یکی از کارکنان سربکشد(۶) و بپرسد که به چه مشغول است، جواب مرسوم این استکه: "کار زیاد، کار زیاد، کار زیاد" (اگر مشغول بودن خود را به مدیر اطلاع ندهد، کار زیادی به

---

(۱) Meshing gears
(۲) Circumference
(۳) Break down
(۴) Sly
(۵) Watching their nails grow
(۶) Pokes his head

*Drawing by McCallister; © 1976
The New Yorker Magazine, Inc.*

سرش ریخته‌خواهد شد). زیردستان یک آتش‌افروز سعی می‌کنند با ابراز تعهد نسبت‌به پروژه‌هایشان او را تحت‌تاثیر قرار دهند، و زمانی که او نظاره‌گر کارهاست، خود را به شدت مشغول نشان دهند. اما اگر او کاری را به ایشان رجوع ندهد و یا دفتر را ترک کند، کار را زمین خواهند گذاشت. این شرایط، یادآور داستان دیگری از دوران جنگ جهانی اول است: "یک افسر ایتالیایی، ناگهان از ستون نظامی خارج شده و در حالیکه اونیفورم مخصوصی به تن و کلاه مزین به پر افسران را بسر داشت، شمشیرش را بیرون کشیده و در آسمان حرکت داده و با تمام توانش نعره(۱) می‌زد: "A-V-A-N-T-I". در همین حال، سربازان درحال دست زدن، دم گرفتن بودند که: "براوو....". به تحقق می‌توان گفت‌که آن افسر در مقام

(۱) Top of his lungs

خود، جدی گرفته نشده بود. آتش‌افروز نیز چنین وضعیتی دارد.
زیردستان "یکه‌تاز" یا "آتش‌نشان"، بعد ازاو بر سر کار می‌آیند و معمولا" کار را قبل از او ترک می‌کنند، هنگام کار منتظرند تا مأموریتی به‌آنها ارجاع شود، آموخته‌اند که اگر در اسرع وقت، در دسترس باشند، می‌توانند زمان استراحت طولانی‌تری داشته باشند. زیردستان یک بوروکرات، می‌آموزند: اگر بموقع به‌محل کار برسند، بموقع محل کار را ترک کنند، خود را با مقررات تطبیق دهند، و سؤالات زیادی نپرسند، شغلشان را حفظ کرده‌اند.
زیردستان آتش‌افروز باید بنظر مشغول جلوه کنند، بویژه زمانی که نامبرده در محل کار حضور دارد. به هرحال، هیچکس نمی‌داند که یک آتش‌افروز "چه موقع سرکار می‌آید یا چه زمانی محل کار را ترک می‌کند. ساعت ۷ شب، ممکن است تازه از راه رسیده باشد. بنابراین زیردستان وی تلاش می‌کنند زمان حضور او را پیش‌بینی کنند و بتوانند قبل از وی بر سر کار حاضر باشند. بعنوان یک‌استراتژی دفاعی با ایجاد مشغولیت‌های نمایشی و نه انجام دادن امور محوله، خودشان را پرمشغله نشان دهند.
آتش‌افروز، زیردستان خود را مشغول نگاه می‌دارد، اما همیشه از فقدان(۱) کارآیی آنها شاکی است. او از درک این حقیقت‌امتناع می‌ورزد، که تغییر دائمی اهداف‌توسط خودش، موجب‌افت‌کارایی افراد گردیده است. درهرصورت، تا زمانیکه زیردستان وی در تلاش جهت اجرای طرحهای او مشغول بنظر برسند، راضیش‌می‌سازد.
اگر زیردستان یکه‌تاز (P---) امربر و زیردستان بوروکرات (-A--) "بله‌قربان گو" باشند، زیردستان آتش‌افروز (-E--) مشوقان مزدوری(۲) هستند که می‌توان آنها را به افرادی تشبیه کرد که در برخی از سالنهای نمایش‌بکار گرفته می‌شوند تا پس از پایان هرقسمت از نمایش، دست بزنند و دیگر تماشاچیان را مجبور به تشویق نمایش‌گرها بنمایند.
زیردستان آتش‌افروز باید با اندیشه‌های او موافقت کنند یا اینکه حداقل هرگز مخالفت خود را در جمع ابراز نکنند. نظر یک آتش‌افروز درباره مخالفت با وی، مشابه مواجهه شدن خواننده اپرایی است که روی صحنه و در اوج اجرا با مسخرگی تماشاچیان مواجه گردد. آتش‌افروز در برابر مخالفت(۳)، شدیدا" مقابله کرده(۴) و چنین رفتاری را بسادگی فراموش نخواهد کرد.
یکی از راههای کنار آمدن زیردست‌با‌آتش‌افروز، زمانی‌که احساس‌کند خواسته‌های او معقولانه نیست، آن است‌که صبر کند تا جلسه به اتمام برسد، سپس‌به دفتر او رفته و در آنجا به آهستگی بحث مفصلی را باره انعکاس منفی(۵) پیشنهادات‌او با وی انجام دهد. آتش‌افروز از پرداختن به جزئیات در جمع نفرت دارد. سازمان بمنظور اجرای کارهای جدید، می‌بایستی اولویت‌ها را مشخص‌کند. برای انجام هرکاری قیمتی وجود دارد. که این به هزینه فرصت(۶) شناخته می‌شود. بدان معنی که اگر قرار باشد اندیشه‌های جدید با منابعی که قبلا"

---

(۱) Inefficient (۲) Claque (۳) Dissident
(۴) Hold a grudge (۵) Repercussion (۶) Opportunity costs

بطور کامل تخصیص یافته بودند به انجام برسد، کار درحال اجرا باید انجام نشده یا نیمه‌کاره رهاگردد. دراین حالت کارکنان زیردست‌می‌توانند از آتش‌افروز بخواهند که تصمیم بگیرد، واین کاری است که مورد علاقه آتش‌افروز نیست. او ترجیح می‌دهد امور کارها را پا در هوا(۱) نگاه دارد.

هرگاه آتش‌افروز قانع شود که زیردست او متعهد به انجام کار شده (درحالیکه زیردست فقط مواظب آتش‌است)، آتش‌افروز می‌پذیرد که آن شخص‌می‌تواند چیزهایی را که در فکر او می‌گذرد (حتی بهتر از خود او) انجام دهد. توجه آتش‌افروز، نه‌به انجام کار و نه حتی به نحوه انجام آن است، بلکه این استکه همه قانع شوند این کار باید انجام شود. او به جدید(۲) بودن و نه لزوماً" دستاورد داشتن اندیشه خود توجه دارد، درصورتیکه یکه‌تاز به "چه‌چیز" و اداره‌کننده به "چگونگی" امور دقت‌می‌کنند.

برای فردی که خود مجبور به انجام کارها نیست، هیچ کاری غیرممکن نیست.
"توماس ال مارتین، جرالد مایس"

اگر زیردست یک یکه‌تاز از رئیس کمک بخواهد، رئیس احتمالا" خواهد گفت که مشکل را برای حل به او بسپارد. که زیردست‌برای مدتی طولانی خبری از رئیس دریافت‌ننموده، مشکل به قوت خود باقی و هر روز بدتر خواهد شد. لذا، بهترین خط مشی برای این زیردشت رسیدن به راه‌حلی فی‌البداهه(۳) برای فائق آمدن بر مشکلات است.

اگر زیردست‌یک‌بوروکرات‌مشکلی داشته باشد باید آن را بعنوان موردی خارج از رویه‌ها و دستورالعمل، به رئیس گزارش کند و رئیس نیز آن را بعنوان یک‌مورد به ثبت‌رساند. بنابراین اگر بناباشد که زیردست‌راه‌حلی را ارائه دهد، باید برای توجیه آن نیم دوجین سوابق و مثال‌های مشابه ذکر نماید. او باید دلیل بیاورد که راه حل توصیه شده قبلا" بکار برده شده و بنابراین می‌تواند دوباره بکار رود. پس از آن نیز باید همه مطالب را رسما" گزارش دهد. تا جائیکه بوروکرات‌تحت حفاظت باقی بماند، مورد را تصویب می‌کند.

آتش‌افروز، در انتظار شرح و تفصیل کامل نمی‌ماند. قبل از آنکه زیردست مسئله را تشریح کند، او راه‌حلی ارائه می‌دهد که ارائه آن با توجه به مقدورات و در مقایسه با مشکل اولیه، تنگناهای بزرگتری را بوجود می‌آورد.

یک کارمند مجرب(۴) روش زیر را برای مواجهه با رئیس آتش‌افروز توصیه می‌نماید. "اول مسئله را به او بگو و آن را تا حدی خلاصه و کوتاه کن که او آن را تا آخر بشنود. سپس راه‌حلی را که طراحی کرده‌ای، بعنوان یک راه‌حل ممکن ارائه کن. عمدا"(۵)، یک یا دو اشتباه را در راه حل خود درنظر بگیر. او

(۱) In the air (۲) Novetly (۳) Improvise
(۴) Top executive (۵) Purposely

اشتباهات‌را گرفته و آنها را تصحیح می‌کند و یک یا دو پیشنهادی را که شما می‌توانید بعداً از آن چشم‌پوشی کنید اضافه می‌کند، و شما را آزاد خواهد کرد که بروید. او باید راه‌حل را عوض کند! پس‌چرا این امکان را به او نمی‌دهید که این کار رابه دلخواه شما انجام دهد؟"

در مورد یک یکه‌تاز (P---) یا یک بوروکرات (-A--) بکارگیری اشتباهات عمدی(1) توسط کارمند زیردست فاجعه ببار خواهد آورد. (P---) خواهد گفت، "من می‌دانستم که نمی‌شد به شما برای انجام صحیح کار اعتماد کرد. آن را روی میز من بگذارید امشب به آن رسیدگی خواهم کرد. "و از آن پس دیگر به کارمند موردنظر کاری ارجاع نخواهد شد. (-A--) احتمالاً زیردست را برای اشتباهات آشکار در مورد..." قطعه قطعه خواهد کرد!

آتش‌افروز، معمولاً بدلیل هیجان تحرک زیاد و با انرژی بودن، بسیار دوست داشتنی(2) است. کار کردن برای او هیجان‌انگیز است. البته این تا زمانی است که دیگران به او توجه کنند. و همین خصلت اوست که همیشه قبل از آنکه پروژه‌ها به انجامی رسیده باشند، با پروژه جدیدی وارد می‌شود.

آتش‌افروز، تولیدکننده نتایج نیست، اضافه بر این، او در برابر خطاهای زیردستانش، بسیار قاطع عمل می‌کند. یکه‌تاز بعنوان کسی که با سخت‌کوشی نتایجی را بدست می‌آورد، خود را مثبت ارزیابی(3) می‌کند، بوروکرات، خود را با توجه به کنترل متصور و ساخته ذهنیاتش، مثبت ارزیابی می‌کند. این ارزیابی مثبت برای آتش‌افروز، به نسبت تلاش سخت زیردستانش برای به اجرا درآوردن اندیشه‌های او انجام می‌پذیرد. که با بروز بهره‌وری تقویت می‌گردد، مجموعه فعالیت‌هایی که گواه ایده‌های خلاق او باشد.

درنظر بگیرید که زیردستان یکه‌تاز همگی بصورتی مسالمت‌آمیز پشت میزهایشان مشغول کار هستند، و یکه‌تاز نیز به دلیل اینکه غرق در کارهای خود است، متوجه آنها نخواهد شد. در شرایط مشابه بوروکرات بدنبال یافتن شرحی مختصر یا مسئله‌ای کوچک است که بتواند آن را به کنترل خود درآورد. یک ته‌سیگار روی زمین یا یک لامپ سوخته. او از زیردستانش‌سؤال خواهد کرد: "آیا همه‌چیز مرتب است؟" و آنها پاسخ می‌دهند: "بله قربان".

اما آتش‌افروز، از آرامش، متاثر می‌شود. آرامش او را آزار می‌دهد. هنگامی که بحرانی در سازمان نباشد، او طوری عمل می‌کند که آن را ایجاد کند.

یک آتش‌افروز مشابه یک بازیگر است. او دائماً نمایش اجرا می‌کند. او بشدت(4) بوجود حضار(5) نیازمند بوده و معمولاً از تنهایی بیزار است. لذا اکثراً، بدون اعلام قبلی جلساتی را تشکیل می‌دهد. وقتی که همه درحال انجام کاری هستند یا آماده می‌شوند که به منزل بروند، اعلام می‌شود که وقت جلسه است. متکلم وحده این جلسات کیست ؟ واضح است، خود او، در دستور کار جلسه فقط یک‌عنوان وجود دارد، اولین و آخرین عنوان در طول جلسه، و او درحالیکه سوار بر

(1) Deliberate error (2) Likable (3) Appraise
(4) Desperately (5) Audience

مرکوب تندروی کلام داد سخن می‌دهد، زیردستان ساکت نشسته‌اند و به علامت تائید سر تکان می‌دهند.

آتش‌افروز از زیردستان خود انتظار دارد که سرسپردگی جدائی ناپذیری را سرلوحه کار خود قرار دهند. برای او هیچ آخر هفته یا تعطیلاتی وجود نداشته و ندارد و این ایام را نیز برای زیردستانش تائید نمی‌کند. برای او زیردست خوب کسی است که هرگز مرخصی نگیرد. او انتظار دارد کارمندانش هرگاه که او به آنها نیاز داشت، در دسترس باشند.

برای آتش‌افروز، برنامه‌ریزی به معنای وارد شدن به یک دوره جدید حرکت سازمان نیست. برنامه‌ریزی بیان خواسته‌های اوست. دیدگاه او نسبت به برنامه‌ریزی، کاملا" با دیدگاه یک بوروکرات‌متفاوت‌است، که برنامه‌ریزی را "پیش‌بینی" و دستیابی بودجه سال بعد براساس افزایش‌درصدی نسبت به بودجه سال قبل می‌داند. اگر آتش‌افروز پیش‌بینی بودجه‌ای داشته باشد، معمولا" غیرواقعی‌است. او غالبا" نمی‌داند سال قبل چه گذشته و همواره انتظار تغییرات‌بزرگی را برای سال آینده دارد. اضافه بر این اعتقاد دارد که بیان اهداف بزرگ، راه مناسبی برای قرار دادن آتش به زیر پای زیردستان، و به فعالیت واداشتن آنها می‌باشد.

دیدگاه آتش‌افروز، درباره برنامه‌ریزی همچنین، بادیدگاه یک یکه‌تاز متفاوت است. یکه‌تاز، معمولا" نه فرصتها را می‌بیند و نه فشارها و تهدیدها را، زیرا او شدیدا" مشغول انجام کارهایی است که باید انجام گیرند. او شدیدا" گرفتار شلیک آتش است، به نحوی که درک نمی‌کند واقعا" در اطرافش‌چه می‌گذرد. از سوی دیگر آتش‌افروز، معمولا" چنان درگیر فرصت‌هاست‌که بندرت به وجود تهدیدات‌پی می‌برد. او حتی با سعی کردن در بهره‌برداری هرچه بیشتر همزمان از فرصت‌های متعدد بوجود آورنده تهدیدات زیادی برای سازمان می‌شود. همانطور که در مثلهای عامیانه‌مردم یوگسلاوی آمده است : "آنچه را که در طول روز می‌سازد، شبانه به آتش می‌کشد". بدین معنی که او قادر است با یک سری طرحهای غلط، تمام سودهایی را که با زحمات فراهم آمده است، تلف کند.

> طولانی‌ترین سفرها با قدم نابجا شروع می‌شود(۱).
>
> "چارلز کریستوفر مارک"

مدیریت باید خطرات و فرصت‌های محیط متغیر را شناسایی نماید. سپس بر روی نقاط قوت‌سازمان سرمایه‌گذاری کرده، جهت‌فائق آمدن بر مشکلات‌ناشی از نقاط ضعف، سازمان را مستحکم(۲) نماید. (بدین معنی که از فرصت‌ها بهره‌برداری کرده و در مقابل خطرات‌محافظت‌هایی را فراهم آورد.) هیچکدام از شیوه‌های مدیریت‌که تابحال ذکر شدند، این کار را انجام نمی‌دهند. یکه‌تاز، بوروکرات و آتش‌افروز

---

(۱) The longest journey starts with a single misstep

(۲) Fortify

همگی در انجام این برنامه‌ها، ناقص عمل می‌کنند.
خصوصیات یک آتش‌افروز از دید زیردستش یکبار اینگونه مطرح شده است (این طرح خلاصه بوده و نقل به معنی است):
"از به تعطیلات رفتن او و صبح‌های اول هفته متنفرم. می‌دانم که به هنگام بازگشت او، ما دیگر در پست‌های فعلی نخواهیم بود. ما همواره درحالت تغییرات پیاپی هستیم. عنوان، مقام و مسئولیت من، قبل از اینکه بتوانم سر کار مسلط شوم، تغییر می‌کند. چنانچه بخواهیم بانظریات‌او مخالفت‌کنیم، برای ما مقادیر زیادی اطلاعات، آمار و ارقام و استدلال در اثبات‌درستی نظرش‌خواهد آورد. او در شعبده‌بازی بسیار زبردست است چرا که مانند یک جادوگر، برای اثبات اینکه پروژه مورد علاقه‌اش‌بهترین است و اینکه ما قادر به فهم ارتباط پروژه جدید با قبلی نیستیم، و خطا و گناه نادانی نیز از خود ماست، شروع به رو کردن یک‌سری مدارک می‌کند. پس از آنکه لاجرم در ادامه کار و در انجام پروژه شکست‌خوردیم، تقصیر را علیرغم اصرار خود در آغاز نمودن پروژه، به گردن ما می‌گذارد و می‌گوید که منظور او را نفهمیده بودیم و درمقابل حیرت‌ما، تمام اظهاراتی راکه ما هنگام معرفی پروژه علیه آن مطرح کرده بودیم به خود ما بازگو می‌کند. بدترین چیز دراین موقع آنست که به او یادآوری شود، آنچه را که او هم‌اکنون مطرح می‌کند همان مطالبی است که قبلاً" از خودمان شنیده بوده است.
زمانیکه خودمان پروژه‌ای را پیشنهاد کنیم، او صد دلیل در اثبات‌عملی نبودن آن ارائه می‌کند. اما یک هفته بعد، همان اندیشه از طرف خودش‌مطرح می‌شود. این بار، او پروژه مذکور را از آن خود دانسته و می‌گوید که این پروژه می‌بایستی در بالاترین درجه اولویت قرار می‌گرفته است حتی مدت‌ها قبل انجام می‌شده است. چنین وانمود می‌کند که از این که قبلاً" کسی آن پروژه را ارائه نکرده، بسیار عصبانی است.
او به جمع کردن افرادی که با حس همدردی به نظریات او گوش بدهند، بسیار علاقمند است و چنانچه آنها محل را ترک کنند، او ناراحت می‌شود. او همواره باید همراه دیگران باشد، خواه منشی باشد یا معاون اجرایی . او این جمع را حتی ساعت‌ها بعد از اتمام کار حفظ می‌کند و این بهایی است که ما مجبور به پرداخت آن هستیم، چراکه با این کار نشان می‌دهیم که نظریات اور ا جدی گرفته‌ایم.
بسیاری از زیردستان او، از همسرانشان طلاق گرفته‌اند یا اینکه بزودی این کار را خواهند کرد، چراکه او وفاداری آشکار و بی‌پرده‌ای از آنها، طلب‌می‌کند.
او هرچند وقت یکبار، با پنج شش نظر جدید وارد شده، شروع به ارائه آنان به افراد کرده توضیح می‌دهد. در این حالت، ما مجبور می‌شویم که در مورد مخالفت و چگونگی آن تصمیم‌گیری کنیم. بعد از مدتی فقط دو تا از ایده‌هایش‌باقی می‌ماند که بر آنها اصرار دارد. در اینجا باید یادداشت‌هایی را ارائه نمائیم تا به او نشان داده شود که در انجام آن اندیشه‌ها کاری انجام شده است و آماده

دریافت مجموعه دیگری از نظریات او هستیم. هیچ موقع خود را بیش از حد مشتاق(۱) نشان نمی‌دهیم، چراکه به هنگام ملاقات روز بعد و طرح نظریات بازهم جدیدتر، وقتی می‌بیند که سخت‌مشغول کار خود هستیم و نمی‌توانیم با او در مورد پروژه جدید بحث کنیم، عصبانی می‌شود.

او گفتاری بسیار گیرا(۲) دارد. او حتی می‌تواند ما را با خودمان به تقابل برانگیزاند. زمانیکه ما در انجام وظیفه موفق نمی‌شویم، او به ما می‌فهماند که چطور نبوغ او را نادیده گرفته‌ایم. همیشه، این ما هستیم که بی‌زبان و بی‌دست‌و پا هستیم... چراکه نظریات او براستی ساده‌اند....

ما همواره باید با او در مورد موفقیت صحبت کنیم. اگر مشکلی را با او در میان بگذاریم، او گوش میدهد. ولی هنگامی که برای کمک‌قدم جلو بگذارد ما با ده پروژه جدید که ده برابر مشکل‌برانگیزتر(۳) از پروژه اول است دست به گریبان می‌شویم."

شخصی که در واشنگتن برای یک آتش‌افروز کار می‌کرده است (در مشاغل دولتی و در قسمت‌های مختلف) چنین اظهار نموده است: "هرگز با عقاید آتش‌افروز مخالفت نکنید. وگرنه، مطمئنا" از شما در مورد انجام آن پرس‌وجو خواهد کرد و در این حالت دیگر دست از نظریه خود خواهد کشید. برای اینکه کاری کنید تا پروژه‌ای را که به نظرتان بد می‌آید، فراموش کند، کار دیگری بجز مخالفت کردن، انجام دهید. به‌اینصورت که بنا را بر بررسی آن اندیشه و مطرح نمودن جزئیات‌طرح بگذارید. آنقدر به‌جزئیات بپردازید که او راه خود را در میان آن جزئیات‌گم کند. احتمالا" از شما خواهد خواست که دنبال مطلب را نگیرید، چراکه از جزئیات متنفر است. با این کار می‌توانید آن نظر را، همچون دور کردن جن، از ذهن او دور کنید."

یکی از دوستان من یک آتش‌افروز نمونه است. بسرعت شغل عوض می‌کند و براحتی رنجیده خاطر می‌شود، او مبارزه را دوست دارد. روزی برای بازی تنیس بیرون رفتم. همسر او، از اینکه به ما ملحق شود، خودداری کرد. همسرش گفت: "او مرا بشدت عصبی می‌کند، زیرا هر کاری کنید نمی‌توانید بازی را ببرید".

بزودی آنچه را که منظور همسرش بود دریافتم، او براستی در هنگام بازی غیرقابل تحمل بود. بازی نمی‌کرد که ببرد، و یا امتیاز کسب کند. برای او مهم آن بود که چطور به توپ ضربه بزند و اینکه هر ضربه از ضربه قبلی متفاوت باشد. بعد از اینکه توپ را به خارج زمین می‌زد می‌ایستاد و با نیشخند(۴) می‌گفت: "دیدید چه شد؟ قشنگ بود، نه؟". او با هر ضربه، کاری نو را انجام می‌داد. من آنجا بودم تا فقط جواب ضربه‌های او را بدهم. همسر او کاملا" حق داشت ما جدا از هم و بصورت منفک بازی‌های خود را انجام می‌دادیم.

در حالیکه، یک یکه‌تاز، برای کسب هر امتیاز، عرقش(۵) درمی‌آید. او معمولا" بعد از رد و بدل کردن چند ضربه و کسب هر امتیاز با فریاد نتیجه

---

(۱) Overenthusiastic (۲) Charismatic (۳) Problematic
(۴) Grin (۵) Sweat

راا علام می‌کند. زمانیکه ضربه‌ای را ازدست می‌دهد، لعنت می‌فرستد واین کار را خوب انجام می‌دهد. یک بوروکرات، براساس اصول و مقررات بازی می‌کند. او هر حرکتی را همانطور که به او آموخته شده، انجام می‌دهد. او می‌پرسد: "آیا کار را آنطور که باید، انجام دادم؟".

اصالت فردی(۱) یک آتش‌افروز مانند یک یکه‌تاز است. اما یکه‌تاز تصمیماتی را که برایش گرفته‌اند، بکار می‌گیرد، درصورتیکه یک آتش‌افروز، خودش‌تصمیمات را، آنهم برای دیگران اتخاذ می‌کند تا آن را به اجرا درآورند.

اصالت فردی یک آتش‌افروز، سبب ایجاد تمرکز در تصمیم‌گیری می‌شود. اما این تصمیم‌گیری، با یک پیچش جالب مدیریتی(۲) توام است. تصمیماتی را که یک آتش‌افروز می‌گیرد، بسیار مبهم هستند. با این وجود، او انتظار دارد که جزئیات، دقیقا" مطابق با آنچه مورد نظر اوست و او هرگز بطور کامل در مورد آن توضیح نداده، طرح‌ریزی شوند و این درحالی است که احتمالا" خود او هم نسبت به چگونگی آغاز کار، آگاهی چندانی ندارد.

از آنجائیکه آتش‌افروز، دائما" در رؤیا بسر می‌برد، همیشه طرحهایش درحال تغییر است. با این وجود انتظار دارد که تمام زیردستان او از نظریات جدیدش مطلع باشند، و اینها تماما" در حالی است که او خود نمی‌تواند توضیح درستی در مورد آن اندیشه‌ها و نظرات داشته باشد (چراکه او هرگز اندیشه‌هایش را دنبال نکرده است). این امر، باعث می‌شود که زیردستان در وضعیت بغرنجی قرار گیرند، آنها مسئولیت تصمیم‌گیری‌هایی را برعهده دارند که مؤلفه‌ها و جزئیات آن را نمی‌فهمند. این برابر است با اینکه اختیار اجرای آن تصمیمات را ندارند. البته زیردستان نمی‌توانند از زیر آن مسئولیت شانه خالی(۳) کنند. چراکه آتش‌افروز نظرش این است که عملی نشدن تصمیمات او حاکی از نبودن وفاداری است و نبودن وفاداری نیز در نظر او معادل با خیانتی(۴) بسیار بزرگ است.

بنابراین زیردست یک آتش‌افروز باید همواره تقصیر و پشیمانی(۵) خود را نشان دهد. او باید مسئولیت شکست در تکمیل کارها را پذیرفته و دلایل غیرقابل کنترلی را که باعث این موضوع شده است، تشریح کند. البته او قلبا" می‌داند که خودش‌مسئول این کاستی‌ها نیست. اگر رئیس منطقی بود، آتش‌های جدیدی را شروع نمی‌کرد، دائما" تصمیماتش را عوض نمی‌کرد و در مورد آنچه می‌خواست و موردنظرش بود بطور کامل توضیح می‌داد. در آنصورت وظایف براحتی انجام می‌شدند.

تمام این عوامل باعث‌می‌شوند که زیردستان یک آتش‌افروز دائما" درحال نزاع باشند. آنها احساسات‌خود را در جمع به یک نحو بیان می‌کنند، درحالیکه درحالت خصوصی یا روی تخت یک روانشناس، بیانی کاملا" متفاوت از خود ابراز می‌دارند.

اگرچه یکه‌تاز مثل آتش‌افروز تمام تصمیمات را خود می‌گیرد، اما برخوردش با سازمان کاملا" متفاوت است. تصمیمات او معمولا" از طبیعتی تاکتیکی

---

(۱) Individualism (۲) Interesting managerial twist
(۳) Absolve (۴) Treason (۵) Remorse

برخوردار هستند، لذا اثرش بر سازمان حداقل است. علاوه بر آن، او وظایف را واگذار میکند تا اجرا شوند، هرچند که این کار را بصورت‌ناخودآگاه می‌کند، بدین معنی که برای انجام کار توضیحی ارائه نمی‌دهد. صرفا" می‌خواهد آن وظایف انجام گیرند و بس. نتیجتا"، زیردستان کار را با عجله انجام می‌دهند. آنها مسئولیت‌را بعهده می‌گیرند و کار را انجام می‌دهند.

برخورد و طرز تلقی آتش‌افروز، نسبت به کلمه "چطور" با بوروکرات یکسان است. با این تفاوت که آتش‌افروز می‌خواهد در مورد "چطور" بداند تا بتواند فرصت‌ها و عملیات دگرگون‌کننده را انحصاری کند. یعنی می‌خواهد که ایده‌هایش‌با آخرین روش‌هایش انجام پذیرند. درصورتیکه توجه بوروکرات‌به کلمه "چطور" ریشه در علاقه او به انجام(۱) کارها و مشاهده اجرای اصولی آن "براساس‌کتاب" دارد. او در آنجا حضور دارد که از نظام موجود محافظت کند نه آنکه آنرا تغییر دهد.

آتش‌افروز عاشق تضاد(۲) است. او غالبا" باعث‌بوجود آمدن آن است، و از آن برای هدایت(۳) سازمان در راستای اقدامات مخرب(۴) خود بهره‌برداری می‌کند. بر همین اساس‌و با دلیلی مشابه، لذت‌او در تغییر مداوم است.

اگر در پی آن باشیم که در سازمان تحت مدیریت آتش‌افروز، عناصر و مؤلفه‌های خلاقیت را بیابیم، هرچه تلاش کنیم، موفق نشده و خلاف آن را خواهیم یافت. آتش‌افروز خلاقیت‌سازمان را انحصاری(۵) می‌کند. او سایر افراد خلاق را بعنوان رقبایی تلقی می‌کند که باید حذف‌شوند. سازمانی که توسط‌او مدیریت می‌شود، خلاقیت‌و ساختاری قابل انعطاف‌ندارد. این سازمان، کشتی بردگان(۶) - شامل گروهی اجیر(۷) شده احسنت‌گو- می‌باشد. آتش‌افروز، مسیر حرکت‌را تعیین می‌کند، از رنج کشیدن زیردستان خود لذت برده و درصورت موفقیت از آن بهره می‌گیرد.

آتش‌افروز، به طریقی یکه‌تاز (P---) را که پرتلاش‌به کار برای سازمان مشغول است، تائید می‌کند. اما این تائید مشروط است، زیرا یکه‌تاز فرصت‌گوش‌دادن به آتش‌افروز را که نیازمند شنونده است، ندارد. آتش‌افروز با "دنباله‌رو کبیر" که در فصل بعد مورد مطالعه قرار خواهد گرفت، بخوبی کنار می‌آید.

آتش‌افروز، یکه‌تاز و بوروکرات را به این دلیل که در نهایت سازمانی باسوء مدیریت‌را برای جانشین به ارث(۸) می‌گذارند، دوست‌دارد. با وجود یکه‌تاز (P---) زیردستی وجود نخواهد داشت که آموزش دیده باشد و بتواند کار را تحویل بگیرد و با وجود بوروکرات (--A-) زیردستان، خلاق نبوده و از خطرکردن در کار بیم دارند.

وقتی آتش‌افروز سازمان را ترک می‌کند، آنجا همچون قتلگاهی است که در آن مشتی افراد درمانده باقی باشند، بر این باورند که هرکسی بهتر از مدیر قبلی آنها می‌باشد. آنها درجستجوی آرامش و صلح و ثبات‌هستند و درنتیجه به بوروکرات ملحق می‌شوند چراکه در آن زمان سبک و سیاق او را می‌پسندند.

---

(۱) Perpetuate (۲) Conflict (۳) Prod
(۴) Frantic (۵) Monopolize (۶) Slave ship
(۷) Applauders (۸) Bequeaths

خلاصه‌ای از سبک آتش‌افروز

سبک فردی

نقش انحصاری :	کارآفرین، نوآور.
تفوق او بر دیگران:	با ارائه نظریات و پروژه‌های جدید.
رفتار غالب :	خلق پروژه‌های جدید.
تمرکز توجه:	چه چیز جدیدی برای انجام وجود دارد، و به چه طریق دیگری می‌توان آن را انجام داد.
مشخصه اصلی شخصیت:	پراشتیاق، پرتحرک، گیرا، خلاق و مهیج.
ارزشیابی خود:	وجود جو مملو از فعالیتهای بزرگ، ظهور کارائی معمولاً" به هنگام بروز بحران.
نوع شکایت:	"در اینجا کاری انجام نمی‌گیرد"، آنها اولویت‌ها را نادرست درنظر می‌گیرند"، آنها نمی‌فهمند که چه می‌خواهم، چه گفتم یا منظورم چه بود.
تصمیم‌گیری:	موقت، بدون تعهد دائمی، پیشداوری در تصمیمات، اما بدون پیگیری.
صرف وقت آزاد:	یک پروژه جدید یا بحران برای سازمان خلق می‌کند.
تمایل به استخدام:	مشوقان مزدور، افرادی که هر زمان به هر چیزی گوش می‌دهند، نه افرادی مثل خودش. او کسانی را که مشتاقانه وانمود کنند بلادرنگ جدیدترین عقاید وی را می‌پذیرند، تحسین می‌کند.

زیردستان

سبک زیردستان:	مشوقان مزدور.
ارتقاء زیردستان:	اگر بنظر برسد خطوط را مشتاقانه دنبال‌کرده و روی وظایف محوله شدیداً" کار می‌کنند.
تشویق زیردستان:	وانمود کردن به اشتغال دائمی به کار سخت.
زیردستان او را آگاه نمی‌کنند:	اینکه چرا پروژه‌ای نباید انجام شود.
سوءرفتار زیردستان:	ایجاد عذری برای انجام ندادن کاری و درنتیجه نداشتن کارایی.

مدیریت زمان، جلسات ستادی و تجارب مدیریتی

ساعات ورود و خروج او به محل کار:	بطور تصادفی.
ورود و خروج زیردستان:	قبل از او وارد و پس از او محل را ترک کنند. انتظار می‌رود در تمام ساعات نیز در دسترس باشند.
تناوب و اعلام قبلی جلسات‌ستادی:	فراوان و بدون اطلاع قبلی.
حضور در جلسات‌ستادی :	برحسب نیاز.
دستور جلسات‌ستادی:	آخرین ایده وی اولین مورد می‌باشد، و بقیه بحث‌های تکراری.
سخنگو جلسات‌ستادی:	یکی برای همه، از بالا به پائین، سؤالی نمی‌شود، هیچ موردی تجزیه و تحلیل نمی‌شود.
برنامه‌های آموزشی:	اگر موجب نشود که فردی از آخرین پروژه وی منفک گردد، قابل قبول است.
طرزتلقی نسبت‌به مدیریت‌نظام یافته:	اجتناب کرده و از آن بیم دارد، نمی‌خواهد خود را به چیزی متعهد کند.
طرزتلقی درباره تضادها:	از آن برای هدایت‌زیردستان درجهت‌خواستهای نادرست‌خود استفاده می‌کند و اغلب‌حود مقدمه آن را فراهم می‌سازد.
طرزتلقی او از تغییرات:	اگر خودش مقدمات آن را فراهم کرده باشد احساس‌کامیابی می‌کند ولی درمقابل تغییرات ایجاد شده توسط دیگران، مقاومت می‌کند.
تمرکز و نوع اطلاعات مورد نیاز:	درمورد فرصتها و تهدیدات ولی در آن سهیم نمی‌شود.
تمرکز بر خلاقیت:	در انحصار خود اوست.

طرزتلقی نسبت به سایر مدیران

تولیدکننده منحصربفرد (یکه‌تاز P---)، مشروط تائید می‌کند.
اداره‌کننده منحصربفرد (بوروکرات --A-)، هراسناک(۱) است.
کارآفرین منحصربفرد (آتش‌افروز --E-)، متنفر(۲) است.
یکپارچه‌کننده منحصربفرد (دنباله‌رو کبیر I---)، دوست‌دارد.
چوب‌خشک (----)، نادیده می‌گیرد.

(۱) Abhors
(۲) Resents

یادداشت‌ها

1- Joseph Schumpeter, Business Cycles
    (New York, McGraw-Hill, 1939)
2- Peter F. Drucker, Management: Tasks, Responsibilities, Practices
    (New York, Harper & Row, 1973)

فصل پنجم

I---: دنباله‌رو کبیر

نقش یکپارچه‌کنندگی

در فصول پیشین، با نیاز به توانمندی برای تولید، برای انجام کار P---، توانمندی به منظور اداره، سازماندهی و زمانبندی کار A--، توانمندی جهت تشخیص و بهره‌برداری از فرصتهای محیط -E--، آشنا شدیم. هنوز نمی‌توان ادعا کرد که همه اینها فرآیند مدیریتی را کامل می‌نمایند.

بسیاری از سازمانهایی که بوسیله -PAE اداره می‌شده‌اند، با مرگ و یا خروج مدیر از سازمان سقوط کرده‌اند. از آنجائیکه طول زندگی هر سازمان، بسیار بیشتر از زندگی هر کدام از افرادش می‌باشد، مدیر خوب باید گروهی از افراد را، به گونه‌ای که از ادامه کار آنان پس از خود اطمینان حاصل نماید، تعلیم دهد.

سازمانها از مدیر و افراد تشکیل(۱) شده‌اند و می‌بایستی به نیاز افراد توجه داشته باشند. بنابراین، حائز اهمیت است که مدیریت توانائی یکپارچه کردن افراد را داشته باشد. افراد را باید دور هم جمع کرده و اجازه ابراز احساسات و عقاید به آنان داده شود، که در این رابطه وجود یک تسهیل‌کننده(۲) برای رسیدن به یک توافق عمومی (۳) یا حداقل توافق(۴) ضروری بنظر می‌رسد. یکپارچه‌کننده، مدیری است که به افراد اهمیت می‌دهد و با استفاده از بینش آنان سعی در ایجاد شرایط کاری مناسب دارد. او آماده گوش‌دادن به ایده‌های افراد و یکپارچه کردن آنان می‌باشد.

یکپارچه کردن به معنای توانمندی در تولید تصمیمی است که توسط افرادی حمایت می‌شود که آن را اجرا خواهند کرد یا از آن تصمیم تأثیر می‌پذیرند. یکپارچه کردن کارآفرینی فردی را به کارآفرینی گروهی تبدیل می‌کند.

اگر مدیری یکپارچه نکند، کارآفرینی گروهی را اشاعه(۵) نداده و درغایت(۶)، مدیر تنها کسی خواهد بود که می‌داند چه باید انجام شود و چگونه در جهت انجام کار گام بردارد و او تنها فردی خواهد بود که توان شروع اقدامات را خواهد داشت.

---

(۱) Composed   (۲) Facilitator   (۳) Consensus
(۴) Compromise   (۵) Nourish   (۶) Extreme cases

> باهم بودن آغاز است، باهم ماندن پیشرفت است،
> باهم کار کردن موفقیت است.
>
> "هنری فورد اول"

سازمانی که برای استمرار موفقیت در کارهایش به یک فرد متکی باشد، در اثر ترک و یا مرگ آن فرد، بحرانی اساسی را تجربه خواهد کرد. بسیاری از شرکتها، زمانیکه بعضی از افراد کلیدی تولیدکننده، اداره‌کننده یا کارآفرین خود را قبل از آنکه روحیه کار گروهی پیرامون مراحل مؤثر کار شکل گرفته باشد ازدست بدهند، با مشکلات‌جدی مواجه می‌شوند. یکپارچه‌کردنی که تلاش گروهی خلق کند، برای عملیات بلندمدت و مؤثر هر سازمان، ضروری است.

یکپارچه‌کننده نه فقط ثبات آینده سازمانی را تامین می‌کند، بلکه از آن مهمتر، سازمان را قادر می‌سازد تا کارهای جاری خودش را بصورت مطلوب‌تری به انجام برساند.

مدیریت بطور دائم با درخواست‌های متضاد خارج از سازمان مواجه است. بعلاوه بلحاظ وجود اختلافات در شخصیت‌ها و دیدگاه‌های مدیران مختلف اصطکاک‌ها افزایش می‌یابد. آشفتگی‌های(۱) درون مدیریتی بصورتی مشروح در فصل ۱۰ مورد بحث قرار خواهد گرفت. آنچه که دراینجا اهمیت دارد، آنست که نقش (I) یا یکپارچه‌کنندگی برای مفید فایده نمودن تضادها و قابل تحمل کردن(۲) آنها، ضروری می‌باشد.

یکپارچه کردن با یافتن وجوه مشترک آنهم بصورتی عمقی و نه سطحی برای روشن کردن موارد، از طریق تجزیه و تحلیل ارزشهای مورد اختلاف، فرضها و توقعات مخالف و مغایر، صورت می‌پذیرد.

یکپارچه‌کننده (I) بدنبال دستیابی به چه سطحی از یکپارچگی است؟ آیا بدنبال یکپارچه کردن فرد با فرد، فرد با چند فرد و یا فرد با تعداد زیادی از افراد است؟ این امر به نقشهای دیگری که او درصدد ایفاء آن است بستگی دارد. مدیر یکپارچه‌کننده‌ای که درجهت نقش A (اداری) هم مرتب شده باشد، اغلب از روش یک به یک در گفتگو با افراد و جمع‌آوری داده‌ها (برای اثرگذاری بر آنان) استفاده می‌کند، و این درحالی است که جهت‌گیری اولیه او یک به چند (پویایی گروه کوچک) می‌باشد. جهت‌گیری یک به یک، ویژگی غالب (P--I) یکپارچه‌کننده مولد است.

فرد نمی‌تواند جامعه‌ای را برمبنای یکپارچه‌کنندگی فردی یکپارچه کند. نظریات و عقاید (اعتقادات) هستند که جامعه را وحدت(۳) می‌بخشند. برای

---

(۱) Turbulence
(۲) Bearable
(۳) Unify

کسانی که می‌خواهند افرادی را که با آنها تماس فردی ندارند یکپارچه کنند، وجود نقش کارآفرینی(E) اجتناب‌ناپذیر(۱) است. بنابراین می‌توان دریافت که جهت‌گیری فرد به‌جمع دارای ویژگی و وجه‌غالب‌کارآفرین-یکپارچه‌کننده است. با بکارگیری منحصرا" نقش (E) نمی‌توان جامعه‌ای را یکپارچه نمود، زیرا آتش‌افروز اندیشه‌هایی را ابداع می‌کند که صرفا" با تصورات خودش از واقعیت، منطبق است و اغلب تفرقه و تضاد را در میان افراد تحت‌نظر خود ایجاد می‌کند. آمیزه مطلوب EI است که به‌فرد قدرت رهبری بر گروهی بزرگتر، نسبت به گروه‌های با مقیاس‌کوچکتر را اعطا می‌کند. این ترکیب نقش‌ها، بطور مفصل در بخش‌ضمیمه مورد بحث قرار خواهد گرفت. در اینجا، تاکید ما برانتقال فکری(۲) یکپارچه‌کننده، ظرفیت او در اجازه نفس‌کشیدن دادن(۳) به زیردستان و توانائی او در یافتن راه‌های عملی متحدکردن افراد می‌باشد.

یک یکپارچه‌کننده موفق، قابلیت جانشینی خودش را فراهم می‌آورد. زیردستانی خواهد داشت که قابلیت جانشینی او را داشته باشند. انسجام(۴) گروه چنان خواهد بود که تقریبا" هر عضوی بتواند حرکتی را شروع نموده، برنامه‌ای را اداره کرده و نتایجی را بدست آورد. بطور مثال اگر در جنگ، زمانی که سرجوخه(۵) کشته شد، هرکدام از سربازهای آن جوخه بتواند جای او را بگیرد، نشانه آن است که سرجوخه یکپارچه‌کننده بوده است. اگر جوخه، وقتی سرجوخه کشته شد، ازهم بپاشد، نشان می‌دهد که عمل سرجوخه در یکپارچه‌کردن واحد ناکافی بوده است. هرچند ممکن است او از جنبه‌های دیگر، فرمانده توانمندی بوده باشد.

نقش یکپارچه‌کنندگی از جزئیاتی تشکیل شده که منجر به موظف‌شدن می‌گردد. یکپارچه‌کننده نسبت به دیگران حساس‌بوده (انتقال دادن افکار(۶)) و توانایی تفکر به شیوه استنتاجی را داراست (آنچه را که افراد می‌خواهند بگویند از آنچه که می‌گویند را تشخیص می‌دهد). او در رابطه به منیت(۷) خود مسئله‌ای ندارد، از اینرو می‌تواند به بررسی توقعات و مسائل و نیازهای افراد بپردازد.

نقش یکپارچه‌کننده دو بعد (منفعل و فعال) و سه جهت (فرازین(۸)، جانبی(۹) و فرودین(۱۰)) دارد.

یکپارچه‌کننده منفعل می‌تواند خودش را با یک گروه از افراد یکپارچه کند. یکپارچه‌کننده فعال می‌تواند گروهی از افراد را بین خودشان یکپارچه نماید. در مدیریت، یکپارچه‌کننده باید از نوع فعال باشد. از آنجا که الگوی PAEI با مدیریت سر و کار دارد، لذا به یکپارچه کردن بصورت فعال مربوط می‌گردد.

یکپارچه کردن فرازین، توانایی یکپارچه کردن (فعال)، یکپارچه شدن (منفعل) درکسانی است که در مقام، اختیارات، طبقات یا سایر موارد بالاتری باشند.

یکپارچه کردن جانبی، توانایی یکپارچه شدن با همتایان (منفعل) یا یکپارچه

---

(۱) Indispensable (۲) Empathy (۳) Aspiration
(۴) Cohesion (۵) Corporal (۶) Empathetic
(۷) Ego (۸) Upward (۹) Lateral
(۱۰) Downward

کردن همتایان در یک گروه انسجامی (فعال) است.

یکپارچه کردن فرودین، توانایی کار با کسانی است که طبقه آنها (رده سازمانی آنها) پائین‌تر قرار گرفته است. دروضعیت منفعل یکپارچه‌کنندگی فرودین، قابلیت پذیرفته شدن توسط زیردستان است. در وضعیت فعال، وی با تأسیس و ایجاد انسجام بین زیردستان، درجهت تأمین رهبری گام برمی‌دارد.

حالت‌یکپارچه کننده، بسته به گروهی که با آنها کار می‌کند، متفاوت‌می‌باشد. یکپارچه‌کننده‌های جانبی بسیار مؤثری وجود دارند که ممکن‌است‌بعنوان یکپارچه‌کننده فرودین ضعیف عمل کنند. آنها میل به تفاخر(۱) به‌زیردستان دارند. داشتن قابلیت یکپارچه‌کنندگی آنهم برای تمام جهات، و برای یک فرد غیرمعمول است.

گرچه نقش (I) برای انجام وظیفه کارآ در فرآیند مدیریت لازم است ولی کافی نمی‌باشد. سبک مدیریت برای شخصی که فقط قابلیت یکپارچه‌کنندگی را داراست، چه می‌باشد؟

سبک دنباله‌رو کبیر

یکپارچه‌کننده منحصربفرد، یک‌کارآفرین، یک‌تولیدکننده یا یک‌اداره‌کننده نیست. او صرفاً اشخاص‌را حول یک محور متشکل می‌کند. چنین مدیری دنباله‌رو کبیر نامیده می‌شود. زیرا او تلاش می‌کند بفهمد چه طرح یا فکری مورد پذیرش‌بیشترین افراد خواهد بود و سپس کوشش کند تا آنها را حول آن طرح و فکر متحد و متشکل گرداند. این درواقع راهبری نیست، بلکه دنباله‌روی می‌باشد.

یکپارچه‌کننده منحصربفرد از خودش فکر و اندیشه‌ای ندارد که به اجرا درآورد (بدون E) یا آنکه دستاورد خاصی را به عنوان هدف‌محسوس‌جهت‌دستیابی مدنظر ندارد (بدون P). شبیه به یک‌بوروکرات، مادامیکه قوانین به اجرا درآید، او فکر، نظر، یا توجهی به اینکه او چه چیزی و چقدر تولید و منفعت می‌کند، ندارد. دنباله‌رو کبیر، مادامیکه یک توافق عمومی، یک"جبهه مشترک"(۲) وجود دارد، بدنبال یکپارچه‌کردن آن می‌باشد. او به نظام خاصی متعهد نیست (بدون A). او هر نظامی را تا کسب توافق عمومی دنبال خواهد کرد.

یک یکپارچه‌کننده، منحصراً براساس‌روابط بین دیگران عمل می‌کند. لذا، او با محدوده‌های واحد سازمانی خود محصور نمی‌شود. یکپارچه‌کننده‌ای که نسبت به دیگران خالصانه عمل کند، علاقه دارد تا این خصوصیات‌را در هردو وجه داخل وخارج سازمان به نمایش‌بگذارد. بعبارت‌دیگر یکپارچه‌کننده‌ای که دیگران را زیر سلطه درمی‌آورد، درواقع "با افراد کارها را انجام می‌دهد." چه به افراد اهمیت‌بدهد یا ندهد.

---

(۱) Arrogant

(۲) United front

سبک مدیریت (I---) در دامنه (low - Task) و (high - social) جدول راهنمای مدیریت موتن و بیلک(۱) بصورت 0،9 نشان داده می‌شود. این جدول دو محور دارد: وظیفه و جهت‌یابی به طرف افراد. بلیک و موتن از این نمودار برای تشریح رفتار مدیریتی استفاده می‌نمایند. طبق این الگو، شخصی شبیه یکپارچه‌کننده، بی‌نهایت آماده پاسخگویی به افکار دیگران است و بدنبال کسب تائید دیگران می‌باشد. برای پرهیز از پذیرفته نشدن، از نپذیرفتن دیگران، پرهیز می‌کند. او عقاید، طرز تلقی، و ایده‌های دیگران را بر تحمیل موارد خودش به دیگران ترجیح می‌دهد.

> قانون سام ری برن(۲):
>
> اگر می‌خواهید همراه باشید، همراه بمانید.

نتیجتاً" بلیک و موتن می‌گویند "در چنین وضعیتی اگر اتهامی اظهار میگردد، بیشتر انعکاس فکر و خواسته‌های رئیس او، همتای او یا زیردستانش است که در مخالفت با ابراز اتهام و خواسته او اظهار شده است."

تشخیص یک دنباله‌رو کبیر در هر جلسه‌ای براحتی امکانپذیر است. جلسه‌ای را تصور کنید که در آن چهار نوع مدیر، یکه‌تاز (P---)، بوروکرات (-A--)، آتش‌افروز (-E--) و دنباله‌رو کبیر (I---)، حضور دارند. (-E--) بیش ازهمه حرف‌میزند. بوروکرات (-A--) مخالف او است و نشان نمی‌دهد که چرا کارها نمی‌تواند انجام پذیرد. یکه‌تاز (P---) ناآرام(۳) بوده و برای تماس تلفنی هرچند دقیقه یکبار از جلسه خارج می‌گردد، یا در قسمتهایی که ازنظر او اتلاف بشمار می‌آید، به کار خود می‌پردازد. یکپارچه‌کننده (I---) به دقت(۴) گوش می‌کند و توجه دارد چه کسی چه چیزی می‌گوید و قدرت‌در کجا قرار دارد، او بدنبال زمینه‌های بحث‌است. سعی می‌کند انگیزه‌های افراد درگیر در بحث را شناسائی کرده و تضادهای درونی را دریابد. او کمتر راه حلی ارائه می‌دهد. و براحتی اظهاراتش‌را در صورتیکه تعداد فزاینده افراد آن طور بخواهند، تغییر می‌دهد.

درصورتیکه تصمیم مورد قبولی بدست نیاید، و اگر دنباله‌رو کبیر هم رئیس جلسه باشد، محتملاً" جهت بررسی بیشتر و دقیقتر آنرا به کمیته فرعی ارجاع می‌دهد. او تصمیم را به وقت‌دیگری موکول می‌کند، زمانی که توافق عمومی یا سازشی پیرامون آن، صورت گرفته باشد.

درشرایطی که زیردستان یکه‌تاز امربرها، بوروکرات بله‌قربانگوها و آتش‌افروز مشوقان قلابی باشند، زیردستان دنباله‌رو کبیر خبرچینها و کارچاقکنها خواهند بود. وظایف آنها دادن اطلاعات روز و روانکاری می‌باشد. وظیفه آنها رسانیدن آخرین اخبار اداره به‌او است. آنها می‌بایستی دانش‌خود را درباره

---

(۱) Blake & Mouton's managerial grid
(۲) Sam Rayburn's Rule
(۳) Restless
(۴) Attentively

افراد، اوضاع، روشها و عقاید به‌روز نگهداشته و به او منتقل کنند.

چنانچه دنباله‌رو کبیر، وقت آزاد داشته باشد، آنرا صرف رسیدگی به شکایات می‌کند و سعی می‌کند شاکیان را متقاعد کند که اوضاع آنقدر که ظاهر آن نشان می‌دهد، وخیم نمی‌باشد.

یکپارچه‌کننده از تضادهای واقعی و عمیق باخبر نیست. او قابلیت مواجهه شدن با اوضاعی را که می‌بایستی با آن مواجه شود ندارد. بطور کلی بیش‌ازحد وسواس(۱) دارد.

دنباله‌رو کبیر امید دارد بتواند تضادهای سطحی(۲) را برطرف کند. یقیناً سرمنشاء این تضادها خودش نیست. این تضادها راتهدیدی بر اتحاد موجود می‌داند، آنچه که برای او بسیار حائز اهمیت است. تفسیر او از تنش‌همراه با تضاد، نادیده گرفتن او می‌باشد. سعی در آزادسازی منش دارد، خواهان اتحاد در سیستم حتی برای مدت کوتاه است‌و برای او مهم نیست‌که به چه قیمتی حاصل آید. چنین کیفیتی توسط بلیک‌و موتون نیز دیده‌شده است. آنها اظهار کرده‌اند که چنین فردی، بندرت تضاد ایجاد می‌کند، حتی هنگام بروز آن بین خود و دیگران و بین دیگران، سعی در آرام نمودن(۳) احساسات ناپسند دارد. درصورت بروز تنش بین افراد، دنباله‌رو کبیر سعی در کاهش آن دارد.

میل به برطرف‌کردن تضادها همواره مفید نمی‌باشد. برطرف‌کردن موانع و مشکلات سازمان برای کوتاه‌مدت، دلیلی برمفید واقع شدن آنان در بلندمدت ندارد. توافقی که میان عده‌ای از اعضای یک سازمان در زمان معین صورت‌گیرد، ممکن است‌منافع فوری آنها را تأمین کند، ولی به قیمت ازدست رفتن منافع کل سازمان، تمام شود. یکی از نقش‌های مدیر، درنظر داشتن منافع آینده سازمان است. علاقه دنباله‌رو کبیر به این موارد کمتر از منافع آنی حوزه مسئولیت خود می‌باشد.

بل، چنین فردی را "راضی کننده"(۴) نامیده و می‌گوید چنین فردی سخت‌تلاش‌می‌کند تا یکی را شهید دیگری نماید. او شدیداً" به پذیرش از طرف دیگران نیازمند است و بدنبال روابطی است که عاری از هرگونه تضاد باشد. بنابراین، مایل نیست‌در کارها به تنهایی تصمیم بگیرد. او بیشتر متکی به دیگران(۵) است‌بعوض آنکه بخود اتکا داشته باشد.

راضی کننده شخص‌نازنینی(۶) است‌و وظایف‌اجتماعی را بخوبی انجام می‌دهد. او به منظور پرهیز از تنهائی، از لطیفه(۷) و شوخی(۸) استفاده کرده و نسبت به دیگران مهربان بوده و همواره احساسات دیگران را مدنظر قرار می‌دهد. او، بعلت تمایل به خشنودی دیگران، عقیده‌اش را بسرعت و براحتی تغییر داده و خود را با عقاید مردم‌پسندانه هماهنگ‌می‌کند. بل، اظهارات یک راضی‌کننده در جلسه هیئت مدیره را اینچنین می‌نویسد: "من واقعاً" فکر می‌کنم باید از طریق عرضه سهام، به منابع مالی جدیدی دست یابیم." زمانی که او صحبت می‌کرد، سایرین

---

(۱) Wishy-washy (۲) Superficial conflict (۳) Soothe
(۴) Pleaser (۵) Group-reliant (۶) Nice
(۷) Humor (۸) Wit

نارضایتی خود را از این گفتار نشان می‌دادند. او تقریباً" بدون توقف به صحبت‌های خود اینگونه ادامه داد: "اما من راجع به این موضوع هم زیاد مطمئن نیستم".

راضی‌کننده، علاقه چندانی به موضوع کارآیی سازمان ندارد. روحیه افراد تحت نظرش، خوب است، گرچه او در قصدگذاری، جهت‌بخشی و جسارت‌کمبودهایی دارد. بطور کلی، سازمانی که زیرنظر چنین مدیری باشد، بطور انتخابی با محیط خود منطبق می‌گردد. بهرحال، بدلیل وجود وضعیت‌غیررسمی و فقدان توجه به کارآیی نتایج تولید شده سازمان نیز کمتر از متوسط خواهد بود.

گفته می‌شود که یک سیاستمدار، نگران انتخاب بعدی است، درحالیکه یک زمامدار نگران نسل بعدی می‌باشد. از این نظر، دنباله‌رو کبیر، یک سیاستمدار است. خطر نمی‌کند، منافع کوتاه‌مدت را فدای منافع بلند مدت نمی‌کند. زمامدار، رهبری است که الزاماً" اعمال فعلی او برای کوتاه‌مدت، مورد قبول قرار نمی‌گیرد. دستیابی به منافعی که آینده را تأمین کند، بمعنای پذیرش تعهد درقبال پروژه‌هایی است که نتایج آنها نامعلوم است. این همان خطرپذیری است، و دنباله‌رو کبیر (I---) خطر نمی‌کند.

گروه‌های منفعت‌طلب(۱)، بدور این مدیر جمع می‌شوند. زیرا او اهداف‌سازمان را برای آنان مشخص‌نمی‌کند، بلکه هدفی را درنظر می‌گیرد که در زمان مشخصی توسط شرکت‌کنندگان و در فرآیند تصمیم‌گیری، بر سر آن توافق شده است. دنباله‌روکبیر در راستای دستیابی به‌اهداف‌و منافع سازمان درحد منافع موقت‌موجود، تلاش‌نمی‌کند و اتخاذ تصمیم او هم در همین حد است. از یک طرف دنباله‌رو کبیر بر علیه توافق‌های صورت گرفته در سازمان نیز تهدیدی به حساب‌نیامده و تمایلی به تقابل با کارکنان ندارد. ازطرف‌دیگر او از اختلافات‌و درگیری‌های بوجود آمده در جریان کارها، که می‌تواند در ارتقاء سطح سازمان مفید واقع شود نیز استقبال نمی‌کند. او سعی دارد که خودش‌را با جهتی که از نقطه نظر سازمان قابل قبول است، تطبیق دهد و نسبت‌به سمت‌و سوی بهینه‌ای که می‌تواند بالاترین را درجهت‌بهره‌وری را تأمین کند، بی‌تفاوت باقی بماند. او بجای آنکه پیشنهادات خاصی در این زمینه داشته باشد، همیشه می‌پرسد: "ما در چه مورد توافق داریم" و همواره از دیگران نقل قول می‌کند: " چه کسانی اینچنین گفتند ....، چه کسانی آنچنان توافق کردند که ...".

هریک از سبک‌های مدیریتی اشاره شده در بالا، مشکلات خاص خود را داراست. یکه‌تاز، از وقت کمی که در اختیار دارد، گله می‌کند. بوروکرات، نقض شدن قوانین را تذکر می‌دهد. آتش‌افروز، از اینکه اندیشه‌ها و نظراتش بکار گرفته نمی‌شود، شکایت دارد. درصورتیکه دنباله‌رو کبیر اگر شکایتی داشته باشد، آنرا اینچنین بیان می‌کند: "کسی مرا درست‌درک نکرد".

عکس‌العمل زیردستان این مدیران هم، متفاوت‌است. کارکنان مذکور طیف‌وسیعی

---

(۱) Short-range interest groups

از روحیه‌های پرشور و حرارت تا حالت‌های بی‌تفاوتی و حتی شورشی(۱) را از خود بروز می‌دهند. گروهی از آنها که خواسته‌هایشان در سازمان تأمین می‌شود، بیشتر دنباله‌رو کبیر را می‌پذیرند. از طرف‌دیگر، چنانچه شرکت‌بسمت‌پرتگاه حرکت‌کنند (که عده کمی هم از آن باخبرند) این امر بتدریج باعث برانگیخته شدن شورش در شرکت‌میشود.

در زمان کشمکش‌قدرت در بین اعضای سازمان، دنباله‌رو کبیر مترصد است‌تا ببیند کدام طرف برنده می‌شود. سپس با نشان دادن چراغ سبز، به نفع گروه پیروز موضع گرفته و گام بعدی او یافتن وجوه مشترک با آن گروه است. دربین گروه‌های مختلف سازمان این کشمکش را می‌توان یافت. او از راه‌حل‌های جدال آمیز و پر سروصدا، حمایت نمی‌کند. بویژه هنگامی که برای این کار نیاز به کسب مجوز از گروه برتر داشته باشد.

در حوزه دنباله‌رو کبیر، کشمکش قدرت غیرموظف است. آنها زمانی که او در حال مانور دادن باشد برابرهم موضع می‌گیرند. این حالت را، با شیوه‌های دیگر مدیریتی، مقایسه کنید. در حوزه یک یکه‌تاز، کشمکش‌های قدرت بسیار ناچیز بوده و چنانچه وجود داشته باشد، او آنقدر گرفتار است که فرصت برخورد با آنها را ندارد. در قلمرو آتش‌افروز، کشمکش‌های قدرت تحت تسلط او بوده یا بسمت اجرای آخرین پروژه‌هایش جهت داده می‌شود. بالاخره یک بوروکرات، در برخورد با این کشمکشها، ابتدا از آن چشم‌پوشی می‌کند و چنانچه بطور جدی مطرح شود و حوزه کنترل او را تهدید کند، با تمام توان به مقابله باآن برمی‌خیزد. دنباله‌رو کبیر تاآنجا با این تنش‌ها پیش می‌رود(۲) که کنترل آن را دردست داشته باشد. او معمولاً پیشنهاد درازمدت، عالی و مشخصی ندارد و از پیشنهادات‌نافذ کوتاه‌مدت که قابل قبول باشد، حمایت‌می‌کند. لذا، در موقعیت‌هائیکه افراد بایکدیگر در تضاد باشند، او نقش‌خود را بعنوان مرکز متحدسازی ضروری دیده و موقعیت خود را در سازمان، بدینوسیله تثبیت می‌کند.

دنباله‌رو کبیر، واقعاً وحدت ایجاد نمی‌کند، چراکه شناخت عمیقی از اهداف عمومی که ضرورت یک وحدت بلندمدت‌را تبیین می‌کند، ندارد. لذا، وحدتی را که او برقرار می‌کند، در بلندمدت هرگز متحدکننده رفتار عمومی نمی‌باشد.

مدیریت تحت‌نظر دنباله‌رو کبیر، در بلندمدت‌خودش‌را طور دیگری نشان می‌دهد. ازآنجائیکه بسته به انتقال ساختار قدرت‌در داخل، سازمان تغییر جهت‌می‌دهد یا از کار باز می‌ماند(۳)، نبود اتحاد و سیاست بلندمدت مبتنی بر آگاهی نقصان ایجاد می‌کند. سازمان مرتب تغییر جهت می‌دهد یا در یک‌وضعیت علیرغم نیازهایش باقی می‌ماند. در هردو حالت تطابق مؤثر و برنامه‌ریزی شده با محیط امکان‌پذیر نخواهد بود.

دنباله‌رو کبیر آموزش دادن را دوست دارد، ولی بیشترین آموزشی را که ارائه می‌دهد به روابط انسانی مربوط می‌شود. علاقمند است‌بداند که چه‌کسی چه‌فکری

---

(۱) Rebellion
(۲) Thrive
(۳) Petrified

را راجع به دیگران دارد، و بدنبال آن است که شرایطی را ایجاد کند تا همه برای همه چیز توافق کنند. آموزش‌هایی هم که قابلیت‌خودش‌را در شناخت‌ماهیت‌انسان بهبود بخشد یا به او در ایجاد تشکل یکپارچه کمک نماید، می‌پسندد.

دنباله‌رو کبیر اغلب مواقع زیردستانش‌را سطحی بررسی می‌کند. به‌همین خاطر در برابر او تظاهر به مطیع و آرام بودن می‌کنند. آنها واقف هستند که او افرادی را می‌پسندد که دیگران دوستشان دارند. لذا، وضعیت موجود را پذیرفته، احساسات و نظرات واقعی خود را مخفی(۱) می‌کنند، احساس‌می‌کنند که استثمار شده‌اند. آنها بمنظور جلب توجه دنباله‌رو کبیر گاهی اوقات به اشاعه شایعاتی از قبیل خطر از بین رفتن وحدت می‌پردازند. اینگونه شایعات، نه تنها توجه دنباله‌رو کبیر را فوراً جلب می‌کند، بلکه باعث آسان‌گیری(۲) او نسبت‌به همکاران می‌شود.

اهداف یکه‌تاز و بوروکرات بسیار کوتاه مدت است. یکه‌تاز، خواهان انجام یک کار معین است، و بوروکرات، سلامت نظام را مدنظر دارد. اهداف بلندمدت را نیز می‌توان در فعالیت‌های آتش‌افروز شناسایی کرد. دنباله‌رو کبیر واقعاً هدف‌مشخصی برای سازمان ندارد. او مدام در پی کسب‌توافق عمومی بوده و رفتارش در این خصوص، نظیر آن بچه ماهی‌هایی است که در جهت جریان آب حرکت می‌کنند. و این جریان است که مسیر دنباله‌رو کبیر را تعیین می‌کند. او رهبر است زیرا در راس قرار گرفته است. حتی اگر تمامی اعضاء تغییر جهت بدهند، او این سوال را مطرح می‌کند که: "دوست دارید تا به کجا رهبریتان کنم؟".

> نقل شده است که زمان انقلاب فرانسه یک روز عصر "روبسپیر"(۳) در تریا نشسته بوده که بناگاه مشاهده می‌کند گروهی از "ژاکوبنها"(۴) درحال تظاهرات‌هستند. درهمان حال "روبسپیر" شراب‌خود را سرکشیده، بلند می‌شود و می‌گوید: "مردم من دارند می‌روند. من نیز باید بروم و ببینم آنها می‌خواهند به کجا بروند تا آنها را رهبری کنم. چون من رهبر آنها هستم."

رفتار تصمیم‌گیری در سازمان نشان‌دهنده سبک‌مدیریتی است‌که در آن بکار گرفته شده است. تصمیمات یکه‌تاز غالباً بر آگاهی‌های فنی استوار است. او در واقع علاقه‌ای ندارد تا برای اخذ تصمیم وقت زیادی صرف‌نماید، زیرا عجله دارد تا هرچه زودتر این مرحله را به اتمام رسانیده و آن را به اجرا درآورد. بوروکرات‌هم، تصمیم گیرنده توانمندی نیست. خواهان مکتوب‌بودن تصمیمات‌است، تا در مواقع مورد لزوم مسئولیت تخطی از قوانین را برعهده دیگران بیندازد.

---

(۱) Conceal
(۲) Ease out
(۳) Robespierre
(۴) Jacobins

این شیوه درست مخالف‌شیوه‌ای است که آتش‌افروز درپیش می‌گیرد. او تمایل دارد که تصمیمات حتی‌الامکان قابل انعطاف باشند. بهمین دلیل در فکر مکتوب کردن آنها نیست. او تمایل ندارد که تصمیمات ثابت، مشخص، محکم بوده ومحدود گردد. دنباله‌رو کبیر، سعی دارد حتی‌الامکان از اخذ تصمیمات‌پرهیز کند. وقتی تصمیمی اتخاذ می‌شود او در پی کسب موافقت دیگران با آن می‌باشد. بندرت شخصاً تصمیم می‌گیرد.

فرآیند مدیریت برخورد با فرصت‌ها و تهدیدهای محیطی می‌باشد. یکه‌تاز بقدری مشغول است که فرصت‌ها و تهدیدها را نمی‌بیند. آتش‌افروز بحدی با فرصت‌های قبلی درگیر است که امکان شناسایی تهدیدهای بالقوه را ندارد. افق برنامه‌ریزی یکه‌تاز اغلب تا هفته آینده است. او به اندازه‌ای با خاموش کردن آتش مواجه است‌که وقتی برای پیدا کردن علت بروز آن ندارد. آتش‌افروز هم در برابر برنامه‌ریزی مقاومت می‌کند. زیرا او را نسبت به چیزی متعهد می‌نماید. او به باز بودن راه‌ها تمایل دارد برای آنکه با صلاحدید خود بتواند تغییرات لازم را در سازمان ایجاد کند، و مسائل را مطابق میل خود پیش ببرد. برای او، برنامه‌ریزی جنبه ذهنی دارد که به موجب آن اندیشه‌ها حادث شده و دیگران را به هیجان می‌آورد. او همچنین، بدون توجه به اینکه چه چیزی ممکن است، به‌دنبال نیازها می‌باشد.

بوروکرات برنامه‌ریزی را نظامی جهت بنا نمودن مقررات خود می‌بیند. او برنامه‌ریزی را مساوی زمانبندی، هماهنگی جزئیات، برقرار کردن نقاط کنترل و راه‌اندازی سیستم گزارش‌دهی می‌داند.

دنباله‌رو کبیر برنامه‌ریزی را بعنوان ماشین یکپارچه نمودن مورد استفاده قرار می‌دهد. او آن را وسیله تبادل نظرات‌می‌داند و بدیهی است‌که در این صورت، برنامه جدید یکسری از مسائل و مشکلات‌تضادگونه بین افراد را به نمایش‌درآورده و امکان حل آنان را برای او فراهم می‌آورد. او ممکن است‌بپرسد: "رؤیای شما چیست؟ و آینده را چگونه ترسیم می‌کنید؟" و وقتی که تمایلات و آرزوهای(۱) متضاد روشن گردید، او بطور سطحی در پی یکپارچه نمودن آن باشد، زیرا کیفیت لازم را برای حل عمیق اختلافات‌ندارد.

وقتی دنباله‌رو کبیر، تشکیلات را ترک می‌کند، ممکن است یکپارچگی سطحی ایجاد شده موجود در سازمان، متزلزل(۲) گردد. مدیران میانی سازمان رابه جهت‌های متفاوتی سوق می‌دهند که تهدیدی به ازهم پاشیده شدن سازمان است. بهمین خاطر در اغلب‌موارد فردی اداری جهت‌حل معضلات در مصدر کار قرار می‌گیرد. درواقع جانشین یکپارچه نمودن افراد می‌شود، به‌توسعه توافقات‌مناسب آنهم بااشاعه قوانین مشخص جهت اجرای فوری فرامین می‌پردازد، بدون درنظر داشتن اینکه تاثیر این قوانین و فرامین بر سازمانی که در محیط متغیر قرار دارد، چه می‌باشد.

---

(۱) Aspiration
(۲) Crumble

مشخصه عمومی

علیرغم وجود اختلافات، چهار نقش مدیریتی(P---، -A--، --E- و I---)، در یک مشخصه عمومی مشترک هستند. همگی رفتار قالبی غیرمنعطف دارند. اشخاصی که این سبک‌ها را ارائه می‌کنند، در نیازهای رفتاری خود گرفتار آمده‌اند. آنان یک بعدی(۱) بوده و افکارشان دارای سمت و سویی واحد است. آنها در ذهن تصویر محدودی از آنچه هستند، آنچه باید باشند و انجام می‌دهند، دارند.

رفتار تک بعدی و غیرقابل انعطاف، برای سازمان کاربردی ندارد. چراکه موجب سوء مدیریت(۲) می‌شود. اما مهمتر اینکه انعطاف‌ناپذیری اثراتی سوء بر فرد و قابلیت انجام وظایفش در سازمان برجا می‌گذارد. هر فردی که به یکی از شیوه‌های انحصاری مدیریت عمل کند، اگر خیلی خوش‌شانس باشد، عاقبت به هیبت یک متعصب خشک(۳) یا شهید(۴) از نوع "چوب‌خشک"(----) درمی‌آید (تشریح چوب خشک در فصل بعدی می‌آید).

> برخی از قوانین مدیریتی که در این کتاب تشریح شده است همانطوریکه در قانون مشروحه ویلکرسون تشریح شده است،نشان می‌دهد که سازمان یا جامعه شامل چهار ستون اصلی استخوان‌بندی می‌باشند:
>
> استخوانهای ستون فقرات (۵) (تولیدکنندگان): کسی که به کار می‌چسبد و به انجام می‌رساند.
>
> استخوانهای مفصلی(۶) (کارآفرینان): که به هرکس وهرچیزی انگشت می‌زنند.
>
> استخوانهای جناقی(۷) (یکپارچه کنندگان): همراه نظریه‌ای راه می‌افتند ولی توقع اجرا را از دیگران دارند.
>
> استخوانهای آرواره(۸) (چوب خشک): که افرادی حراف و بدون عمل هستند.

---

(۱) Unidimensional (۲) Mismanagement (۳) Fanatic
(۴) Martyr (۵) Back bones (۶) Knucle bones
(۷) Wish bones (۸) Jaw bones

خلاصه‌ای از سبک دنباله‌رو کبیر

سبک فردی

نقش انحصاری:	یکپارچه‌کننده افراد
تفوق او به دیگران:	کسب موافقت، مصالحه.
رفتار غالب :	مصالحه و یکپارچه کردن ایده‌های افراد.
تمرکز توجه:	قبول آنچه که واقع شده است.
مشخصه اصلی شخصیت:	آرام، حساس، متمایل بسمت افراد، فهمیده، قدرشناس نسبت به اینکه رازهای سازمانی برای او گفته شود.
ارزشیابی خود:	تا چه حد به مرکز قدرت نزدیک می‌باشد.
نوع شکایت:	آنچنان که می‌بایست تلاش نمی‌کنیم.
تصمیم‌گیری:	فقط زمانی که توافق عمومی حاصل شده باشد.
صرف وقت آزاد:	به تناقضات و تضادهای جدیدی که بتواند حل نماید خواهد پرداخت، او با پخش شایعات و یا جمع‌آوری اطلاعات درجهت تاثیرگذاری بر تناقضات موجود حرکت می‌کند.
تمایل به استخدام:	ترجیح می‌دهد که افراد سر به‌زیر و مطیع و کسانی را که نمی‌خواهند نظیر خودش کانون توجهات باشند بکار می‌گیرد.

زیردستان

سبک زیردستان:	خندان و نویدبخش(۱).
ارتقاء زیردستان:	درصورتیکه همراه باشند.
تشویق زیردستان:	درصورتیکه همراه بمانند.
زیردستان او را آگاه نمی‌کنند:	احساس واقعی خود را درصورتیکه این مسئله باعث خدشه‌دار شدن توافق عمومی گردد.
سوءرفتار زیردستان:	پخش شایعات بمنظور جلب توجه.

(۱) Sunshine Spreaders

مدیر زمان، جلسات ستادی و تجارب مدیریتی

ساعت ورود و خروج او به محل کار:	مناسب، برطبق انتظار.
ورود و خروج زیردستان:	همراه او.
تناوب و اعلام قبلی جلسات ستادی:	عادی، طبق انتظار.
حضور در جلسات ستادی:	خواسته می‌شود.
دستور جلسات ستادی: آزاد،	شرکت‌کنندگان درباره هرچه بخواهند صحبت می‌کنند.
سخنگو جلسات ستادی:	هرکسی یا همه آنهائیکه در ایجاد روابط انسانی مشکلی دارند.
برنامه‌های آموزشی:	متمرکز بر روابط کارکنان.
طرزتلقی نسبت به مدیریت نظام یافته:	نسبت به آن مشکوک است، آن را دوست ندارد اگر مشکلات را بطور نهادی حل کند، چنانچه ملاحظه کند که تهدیدی برعلیه وحدتی که ایجاد نموده تولید می‌کند یا اگر او را غیرضروری نمایش دهد، با آن به‌مبارزه برخواهد خواست.
طرزتلقی درباره تضادها:	چنانچه بتواند ابزاری برای حل آن پیدا کند، آن را دوست دارد.
طرزتلقی او از تغییرات:	اگر نقش او را بعنوان حل‌کننده تضادها شناسایی کند و خدشه‌ای به هماهنگی وارد نسازد، آنرا می‌پذیرد.
تمرکز و نوع اطلاعات مورد نیاز:	درباره اینکه افراد چه موضعی دارند و کجا قرار گرفته‌اند.
تمرکز بر خلاقیت:	خود او یکپارچه می‌نماید.

طرزتلقی از سایر مدیران

تولیدکننده منحصربفرد (یکه‌تاز P···)، می‌پذیرد.
اداره‌کننده منحصربفرد (بوروکرات ··A·)، دوست ندارد.
کارآفرین منحصربفرد (آتش‌افروز ··E·)، نقش‌بازی می‌کند.
یکپارچه‌کننده منحصربفرد (دنباله‌رو کبیر ···I)، مظنون است.
چوب‌خشک (····)، دوست دارد.

یادداشت‌ها

1- P. R. Lawrence & J.W. Lorsch, New Managerial Job: The Integrator
        (Harvard Business Review 45, 1967)
2- Chris Argris, The Fusion of an Individual with the Organization
        (American Sociological Review 19, 1954)
3- Rober Blake & Jane Mouton, The Managerial Grid
        (Houston: Gulf Publishing 1964)
4- Gerald Bell, The Achievers
        (Chapel Hill, N.C.: Preston Hill, 1973)

فصل ششم

- - - - - : چوب‌خشک

> اصول پیتر:
> در سلسله مراتب اداری، هر کارمندی تمایل به رسیدن به بالاترین سطحی دارد که قابلیت انجام آن را نداشته باشد.
> نتیجه‌گیری ۱- فرصت کافی بدهید و بفرض موجود بودن رتبه کافی، هر کارمندی رشد کند تا در سطح بی‌قابلیتی خود باقی بماند.
> نتیجه‌گیری ۲- با مرور زمان همه پستها توسط کارمندی که قابلیت اجرای وظایف آن را ندارند، اشغال می‌گردد.
> از دیدگاه پیتر: در سلسله مراتب شغلی، نه تلاشهای شما و نه ارتقاء شغلی ارائه شده ازطرف سرپرستان به شما، درصورتیکه رتبه بعدی شغلی توسط فرد بی‌لیاقتی نسبت به رتبه‌اش اشغال شده باشد، نمی‌تواند به شما کمکی بکند.

سبک چوب‌خشک

هنگامیکه مدیری توانایی ایفای خوب هیچکدام از چهار نقش مدیریت را نداشته باشد چه پیش می‌آید؟ او یکپارچه‌کننده نیست، زیرا فاقد حساسیت‌های اجتماعی یا ظرفیت برقرار کردن ارتباطات می‌باشد. او کارآفرین نیست زیرا هم خلاقیت و هم توانایی خطر کردن را ندارد. او اداره‌کننده نیست بخاطر آنکه نمی‌تواند سازماندهی کند، تفویض نماید، هماهنگ کند، انگیزه ایجاد کند یا

موارد دیگری را انجام دهد که برای انجام وظایف از پیش تعیین شده مورد نیاز است. او حتی بعنوان تولید کننده هم موفق نمی‌باشد، زیرا قابلیت فنی ندارد یا نسبت به نتیجه‌گیری گرایشی ندارد.

شخصی که پست مدیریتی را اشغال کرده، اما نمی‌تواند هیچکدام از نقشهای مدیریت را ایفاء کند، یک چوب‌خشک (----) است. چوب‌خشک چگونه می‌تواند یک مدیر باشد؟ وابستگی(۱) تشریح موضوع است. اشخاص بدلیل ارتباط خانوادگی، به مناصب می‌رسند. اما چنین مواردی، از مواردی که سازمان خود باعث خلق چوب‌خشک می‌شود کمتر است. بهرحال پیش از اینکه به تحلیل چگونگی ایجاد چوب‌خشک توسط سازمان مبادرت کنیم، بشرح رفتاری او می‌پردازیم.

رفتار

چوب‌خشک شخصی است بی‌تفاوت(۲). او منتظر است تا به او گفته شود که چه بکند. او چیزی را تولید نمی‌کند. نمی‌تواند اداره کند، نمی‌تواند مانند آتش‌افروز، از خود جرقه‌ای(۳) حادث‌نماید. نمی‌تواند مانند دنباله‌رو کبیر با مراکز قدرت ارتباط برقرار کند. چنانچه اندیشه‌ای مناسب درباره مسئله‌ای داشته باشد، آن را برای خود حفظ می‌کند.

چوب‌خشک، غالباً نگران بقای خود تا زمان بازنشستگی است. هدف او، حفظ دنیای کوچکی می‌باشد که برای خود ساخته است. در اوقات‌آزاد دنبال موفقیتهایی است که با آنها برای خود اعتبار ایجاد نماید. تغییر، تهدیدی جدی برای او است. او می‌داند هرنوع تغییری موقعیت‌او را به‌خطر می‌اندازد. او برای به حداکثر رساندن شانس بقاء خود، در برابر تغییرات مقاومت ورزیده، موفقیتها را بخود نسبت‌می‌دهد و ازدست‌زدن به هرچیز جدیدی (مشاغل، پروژه‌ها و غیره) اجتناب می‌ورزد.

استخدام کردنهای چوب‌خشک بازتاب استراتژی او برای بقاست. زیردستان نه چندان باهوش و زرنگ مورد علاقه او هستند. کسانی که میزان توانائیشان کمتر از اوست. بنابراین خطر اصلی چوب‌خشک، اینست‌که چوب‌خشک‌های بیشتری را زیر دستش جمع کند. یک‌مدیر چوب‌خشک، مانع رشد و ترقی زیردستان خود می‌گردد. افرادیکه در پی رشد هستند، سازمان را ترک کرده و آنهایی که باقی می‌مانند، مانند او به چوب‌خشک تبدیل می‌شوند. بدین ترتیب، یک مدیر چوب‌خشک، باعث‌ایجاد سرطان فقدان تعادل(۴) سازمانی می‌گردد.

چوب‌خشک، شکایتی ندارد. او فکر می‌کند که شکایت ممکن است بخودش‌برگردد. بنابراین همیشه اظهار می‌کند که همه چیز به خوبی پیش‌می‌رود. به بهترین نحو درحال پیشرفت هستیم. و این درحالی است که ممکن است‌سازمان درشرف ورشکستگی باشد.

---

(۱) Nepotism
(۲) Apathetic
(۳) Sparks
(۴) Cancerous disequilibrium

چوب‌خشک آموزش‌می‌دهد ولی قلباً از این کار راضی نیست. چرا او باید جانشین خود را آموزش‌دهد؟ عجله‌ای در کار نیست، بنابراین او باید به اقدامات‌ظاهری آموزش بسنده کند.

او از تضادها که‌ممکن است‌منجر به تغییر شود، هراس‌دارد. بنابراین تلاش‌می‌کند بر تضادها سرپوش نهاده و آنها را صرفاً سوء تفاهم تشریح کند.

برنامه‌ریزی، سازماندهی و کنترل برای او الفاظی بیش نیستند، زیراکه اجرای آنها کار زیادی را می‌طلبد. از آنجا که او کارآفرین، اداره‌کننده، یکپارچه‌کننده، و تولیدکننده نیست، فرآیند مدیریت برای او صرفاً جنبه تشریفاتی(۱) دارد. او با تعصب خاصی این نقش را ایفا می‌کند. هدف، صرفاً ابقای خویش است.

زمانی چوب‌خشک احتمالاً یکی از نامدیران بوده، که هنوز نیز ویژگی غالب شخصیتی او را شکل(۲) می‌دهد. گه‌گاه در او آثار شور و حرارت یک آتش‌افروز یا حسابگری(۳) یک بوروکرات (چیزی که قبلاً بوده است) دیده می‌شود. ولی او به‌مرور زمان به چوب‌خشک تبدیل شده است. او موجودی است که زیاد سیگارکشیده و مشروب می‌خورد، سرفه می‌کند، تپق می‌زند(۴) و من و من می‌کند، با علامت تائید(۵) سر خود را تکان داده و در مکالمات‌به مناسبت‌عملکرد گذشته و حال و برنامه‌های آینده‌اش سخن می‌گوید. این هم در حالی است‌که شنونده انتظار زیادی از او ندارد.

او بسیار ملایم، موافق، خوش مشرب، دوست‌داشتنی بوده و تهدیدکننده نیست. مشابه یک عموی پیر مورد قبول افراد بوده و دیگران او را تحمل نموده و اذیت نمی‌کنند، این درحالی است که سازمان در حال زیان دیدن است.

چوب‌خشک، معمولاً از شبکه اطلاعاتی دور بوده، اگر به آن دسترسی پیدا کند، محکم به‌آن چسبیده(۶) و به هرترتیبی که امکان داشته باشد ازآن استفاده می‌کند. ممکن است این اطلاعات ربطی به اوضاع نداشته باشد، ولی از آنجائیکه زنده بودن و جفتک‌پرانی(۷) او را به سازمان نشان می‌دهد، مورد استفاده قرار می‌دهد.

> قوانین بورن(۸):
>
> اولین قانون: هنگام تصدی، اندیشه کن(۹).
>
> دومین قانون: هنگام سختی، تفویض‌کن.
>
> سومین قانون: هنگام تردید، تامل کن(۱۰).
>
> "توماس ل. مارتین"

(۱) Ritual
(۲) Evinces
(۳) Meticulous
(۴) Hum
(۵) Nod
(۶) Cherishes
(۷) Kicking
(۸) Boren's law
(۹) Pander
(۱۰) Mumble

بل شیوه شخصیتی را که آنرا "اجتناب‌کننده(۱)" می‌نامد، چنین تعریف و تشریح می‌کند.

"اجتناب‌کننده" که نظیر چوب‌خشک است، ازتصمیم‌گیری خودداری کرده و دیگران را به انتخاب کارها و به انجام رساندن اهداف وادار می‌سازد. درصورت‌امکان، او اموری را انتخاب‌خواهد کرد که اهدافی معین داشته و اجرای آنها نسبتاً" ساده باشد. اجتناب‌کننده ظرفیت کمی در برابر انتقاد و بی‌احترامی دارد. از این رو، انرژی زیادی را برای احتراز از مشکلات صرف می‌کند.

قواعد رنگ‌نکار(۲) برای اجتناب از تصمیم‌گیری:
قاعده ۱: اگر می‌توانی از انجام تصمیمی اجتناب کنی، این کار را بکن.
قاعده ۲: اگر می‌توانی از انجام تصمیمی اجتناب کنی، دراین کار تاخیر نکن.
قاعده ۳: اگر می‌توانی کسی را پیدا کنی که‌از تصمیم‌گیری جلوگیری کند، در این راه ممانعت‌نکن.
قاعده ۴: اگر نمی‌توانی کسی را برای جلوگیری از تصمیم پیدا کنی، کمیته‌ای را تعیین کن.

سازمانی که توسط یک‌اجتناب‌کننده مدیریت‌شود به کوچکتر شدن(۳) تمایل دارد. به عوض تطبیق با نیازهای موردی، آنها را نادیده می‌گیرد، از این رو تماسش با جهان خارج قطع می‌شود. طبق نظر بل، "قرار گرفتن تحت رهبری چنین مدیری، منجر به محو شدن تشکیلات‌می‌گردد." بدترین اتفاقی که ممکن است‌بروز نماید، وجود یک‌چوب خشک در راس سازمان می‌باشد . این بدان معناست که کل سازمان درحال مردن است. گرچه چنین مدیریتی گاهی اوقات‌سعی می‌کند خود را یک محافظه‌کار وانمود(۴) کند، لیکن درواقع درشرف‌احتضار(۵) است. سازمان ممکن است مدیری پیر و خسته داشته باشد که نخواهد کار یا تولید کند. او دیگر بدنبال تغییر نیست، و به آنچه که در گذشته انجام داده راضی است.

اطلیت‌ها (۶)

چگونه شخص به چوب‌خشک تبدیل می‌شود؟ شخصی که هرکدام از شیوه‌های انحصاری را داراست، بدلیل انعطاف‌ناپذیری و یک بعدی بودن می‌تواند به یک چوب‌خشک تبدیل شود. دارا بودن مشخصه یک بعدی، او و سازمانش را تحلیل(۷) می‌برد.

برای مثال، یکه‌تاز (---P) را درنظر بگیرید. غالب‌افرادی که تولید می‌کنند،

(۱) Avoider (۲) Rangnekar's Rules (۳) Shrink
(۴) Disguise (۵) Moriburn (۶) Origins
(۷) Burns up

بازده متوسطی را برای تلاش خود ارائه می‌کنند، اما بعضی بنظر می‌رسد که فوق تولیدکنندگان هستند. دلالان املاک، "فروشندگان موفق" خود را چنین توصیف‌میکنند: "او یک‌پیشتاز فوق‌العاده است. می‌رود و می‌رود و می‌رود. هیچگاه در دفتر کارش نیست، ترجیحا" بیرون است و خانه‌ها را به مشتریان جدیدش نشان می‌دهد یا منازلی را برای فروش پیدا می‌کند. درعرض سه ماه تا یک سال پس از ورود به این دفتر، فروشنده درجه یک شده است. مقادیر قابل توجهی پول کسب می‌کند!"، اما پس‌از دوسال چنین فروشنده‌ای از دور خارج می‌شود. ستاره‌اش افول می‌کند، و به یک فروشنده متوسط تبدیل می‌شود، یا حتی بدتر، به یک چوب‌خشک تبدیل می‌گردد.

شخص ممکن است بدلایل گوناگون P خود را ازدست بدهد. یک دلیل معمول آن فرسودگی روانی(۱) است، لیکن تغییر ناگهانی در تکنولوژی محصول تولیدی نیز می‌تواند فرد یکه‌تاز(P---) را به یک چوب‌خشک (----) تبدیل کند.

بعلاوه اینکه از P--- سه چهارم چوب‌خشک است. هنگامیکه عامل P را نیز از دست بدهد بطور تمام عیار چوب‌خشک خواهد شد.

یک P--- بقدری درگیر فروش است که هیچ فرصتی برای دیدن تصویر کلی ندارد. او تغییرات‌بازار را درک نمی‌کند، او توجهی به روند صنعت ندارد، بویژه ملاحظه‌ای در خصوص‌پروراندن(۲) مشتریانی که سالهای آینده بسوی او باز خواهند گشت، نمی‌کند. نهایتا"، مزیتهای حرفه‌ای او و توانایی فروش‌او، ازبین می‌رود(۳). برای او بطور فزاینده‌ای ایجاد نتایجی راکه بطورعادی حاصل می‌کرد، مشکل‌تر می‌شود. لذا، او هرچه بیشتر کار می‌کند، کمتر متوجه محیط کارش‌می‌شود. فرآیند تا جائیکه ازپا بیفتد، ادامه می‌یابد. این پدیده آنقدر گسترده است که خیلی از دلالان املاک می‌گویند، فروشندگان نسبتا" خوب‌دفترنشین را به افراد خارق‌العاده ترجیح می‌دهند.

از آنجائیکه یکه‌تاز همیشه بطرز قابل ملاحظه‌ای علاقمند به کسب نتایج کوتاه‌مدت‌است، فرصتی برای آموزش‌دیگران ندارد. بدتر اینکه، برای آموختن خودش هم هیچ وقتی ندارد. با گذشت زمان او به چوب‌خشک از رده خارج تبدیل می‌شود. غالبا" گفته می‌شود، چنین شخصی دارای ۲۰ سال تجربه از آن نوع تجربیات‌یکساله‌ای است که برای ۲۰ سال پیاپی تکرار شده است. زمانی که تمام آنچه راکه فرد انجام می‌دهد تکرار تجربیاتی باشد که سالیان قبل جمع کرده است، نشان می‌دهد زمان بی‌مصرف‌شدن او فرا رسیده است.

کیفیت غم‌انگیزی در سرنوشت یکه‌تازی که به چوب‌خشک مبدل می‌شود وجود دارد. یکه‌تاز فردی سخت‌کوش است. او زندگی‌اش را وقف شرکت می‌کند و معمولا" خانواده‌اش را نادیده می‌گیرد. بدلیل نگرش کوتاه‌مدت، بقدری مشغول "اجرا" است‌که فرصتی برای آموختن چیزهای جدید درجهت پیشرفت خود ندارد. سالها بعد، او هنوز بسختی کار می‌کند، اما حاصل کار آن نیست که بایستی باشد. او بی‌مصرف شده است. هنگامی که زمان اخراج افراد غیرفعال فرارسد، یکه‌تازها ممکن است

(۱) Exhaustion
(۲) Cultivating
(۳) Dissipates

اولین‌هایی باشند که می‌روند. و او معمولا" درک نمی‌کند که چرا سازمان از او قدرشناسی نمی‌کند.

مسائل مشابهی درمقابل --A- قرار دارد. بجای گرایش به حصول نتیجه A منحصر بفرد در ابتدا توجهش را به کنترل معطوف‌می‌کند. او همچنین دید کلی را نسبت‌به موضوعات از دست می‌دهد. تلاشهای او برای کنترل سیستم موجود بقدری غیرمنعطف می‌کند که تغییری عمده در نظام، او را درهم می‌شکند. یک تغییر غیرمنتظره در شرایط تجاری داخلی یا خارجی، --A- را به ----- تنزل خواهد داد. ضایع شدن از A تأثیرات گسترده‌تری نسبت به P ازخود بجای می‌گذارد. قسمت تحت نظر یک‌A بزرگ بدجوری گیر می‌افتد و درست همانطوریکه برای موتوربا زمانبندی ضعیف اتفاق می‌افتد، بناگاه از حرکت باز می‌ایستد، جائی نمی‌رود، هیچکاری نمی‌کند.

چنین وضعیتی غالبا" موقعی پیش می‌آید که کامپیوتری جدید به دپارتمان یک بوروکرات عرضه شود. زمانی که کتاب قدیمی که بوروکرات با آن مدیریت می‌کرد دور انداخته شود، او نمی‌تواند خود را تطبیق دهد، او به یک‌چوب‌خشک تبدیل شده یا بی‌مصرف‌می‌شود. توانایی A ممکن است‌هنگامی که "آنها مقررات‌را تغییر دهند" ازبین برود. شرکتها یکی می‌شوند یا تملک‌می‌گردند. غالبا" در چنین شرایطی، حسابداران یا مدیرانی که نمی‌توانند شیوه‌های جدید را فراگیرند حذف می‌شوند.

آتش‌افروز (-E--) نوعا" به چوب‌خشک شدن تمایل(۱) دارد، زیرا بیش‌ازحد خود را توسعه می‌دهد. قبل از اینکه او را بشناسید، او همه‌جا هست و هیچ جا نیست. نهایتا" او از نقدینگی یا سرمایه مورد نیاز کار تهی خواهد شد. سپس سازمانش ورشکسته شده یا توسط شرکتهای دیگر خریداری می‌شود. اگر اموال آتش‌افروز خریداری شود، خریدار "او را از نظر دور نگاه می‌دارد". او برای سالیان به یک رایزن یا مشاور تبدیل می‌شود. درواقع توان آغاز کار جدید را ازدست خواهد داد.

آتش‌افروز همچنین ممکن است‌بدلیل تغییرات مداوم جهت‌حرکت "چرخهایش‌ازهم در بروند" و به یک‌چوب‌خشک تبدیل شود. در آن هنگام، آتش‌افروز ممکن است‌دچار سوء ظن(۲) شود. از طرفی، زیردستانش همگی به او می‌گویند که دارند با شدت کار می‌کنند، و بنظر می‌رسد که واقعا" هم بشدت‌کار می‌کنند. ولی برنامه‌ها و دستوراتش به اجراء در نمی‌آیند. باور می‌کند که دو واقعیت وجود دارد: اینچه را می‌بیند و آنچه که تردید دارد. وقتیکه چنین اتفاقی بیافتد او اعتماد به نفسش‌را ازدست داده، مضمحل می‌شود.

دنباله‌رو کبیر (I---) زمانی که افراد گوش‌کردن به‌او را متوقف کنند، در زنده نگهداشتن هدفی که بدنبالش‌است شکست بخورد، افراد از دنبال کردن روش قدیمی او خسته شوند، یا تضادها، چنان بزرگ شوند که نتواند بااقدامات معمولی سطحی خود بر آنها فائق آید، هیچ می‌شود. همچنین درصورتیکه نشود افراد جدید را به عضویت "گروه" درآورد یا دنباله‌رو کبیر در یکپارچه کردن آنان شکست بخورد.

---

(۱) Prone

(۲) Incessant

یک دنباله‌رو کبیر (I---) ممکن است بدلیل ظهور یک رهبر معنوی‌تر در سازمان نیز تبدیل به یک چوب‌خشک (----) شود. مردم دیگر از دنباله‌رو کبیر تبعیت نکرده و او به یک مقلد ساده تبدیل شود.

همگی، P---، -A--، --E- و I---، سه چهارم چوب‌خشک هستند. توانایی این افراد به اندازه کافی گسترده و منعطف‌نیست که به آنها اجازه تطبیق با شرایط جدید را بدهد. آنها قابلیت خود را در تولید کردن، اداره کردن، کارآفرینی یا یکپارچه کردن از دست داده و مستهلک می‌شوند.

گرچه پدیده نابودن شدن در حالتهای زیادی اتفاق می‌افتد، لیکن در عمومی‌ترین شکل خود توسط رالف آبلون(۱) به روشنی شرح داده شده است. "وقتی که موقعیت استثنائی برخورد انسان با زمان پیش آید، ناچار(۲) شرایط رو به وخامت(۳) می‌گذارد زیرا که زمان تغییر می‌کند، ولی انسان تمایلی به تغییر ندارد. دیر یا زود انسان به یک ضد زمان(۴) تبدیل می‌شود، زیرا او شرایط مناسب را تشخیص نمی‌دهد. او نمی‌تواند به اندازه تغییر کند، لذا نمی‌پذیرد که زمان تغییر کرده است. او به دنیا پشت می‌کند زیرا نمی‌تواند خود را با زمانه قفل نماید."

از این رو، تغییر نیز می‌تواند چوب‌خشک تولید کند، و بمرور زمان این چوب خشک وسعت‌می‌یابد. از آنجائیکه چوب‌خشک شکایت نمی‌کند "سرطان رو به‌رشد"، ممکن است تا زمانی که بسیار دیر شده باشد، توجه را جلب نکند. اگر سازمانها برای جلوگیری از پاشیدگی (با نرخ جبرانی تغییرات) در زمینه آموزش و توسعه سرمایه گذاری نکنند، موجب‌توسعه شرایط سرطانی شوند (در شرایط ذرات‌غیرفعال و درحال گسترش) و نهایتا" موجب مرگ خود را فراهم آورند.

هنگامی که یک چوب‌خشک از سازمانی حذف می‌شود (او معمولا" خودش ترک نمی‌کند، بلکه درحین کار می‌میرد، اخراج یا بازنشسته می‌شود)، کمبودش‌احساس نمی‌شود، زیرا معمولا" زمانی ترک‌می‌کند که سازمان نیز مرده باشد. هیچ فعالیت هدفدار، خلاقیت، یکپارچگی در کارکنان دیده نمی‌شود.

P---، -A--، --E- و I--- ممکن است تبدیل به چوب‌خشک (----) شوند. اما خطر واقعی چنین مدیرانی درجای دیگری است. سه چهارم چوب‌خشک یک چوب‌خشک تمام عیار را بوجود می‌آورد. امربرهایی که برای یکه‌تاز کار می‌کنند، بله‌قربان‌گوهایی که برای بوروکرات کار می‌کنند تبدیل به چوب‌خشک می‌شوند. مشوقان‌قلابی که برای آتش‌افروز کار می‌کنند نهایتا" می‌آموزند که بهتر است از خواسته‌هایشان دست کشیده و در سایه او زندگی کنند. آنها می‌آموزند که "کم کار کنند لیکن بسیار سروصدا راه بیندازند"، آنها به چوب‌خشک بدل می‌شوند.

زیردستان دنباله‌رو کبیر نیز تبدیل به چوب‌خشک می‌شوند. آنها نمی‌دانند که چه کاری را می‌بایستی واقعا" انجام دهند. آنها از بازیهای سیاسی آزرده و خسته می‌شوند، بنابراین تسلیم شده و به سادگی دنباله‌رو می‌شوند. به کجا، هیچ جا، زیرا دنباله‌رو کبیر هیچ جهتی را تعیین نکرده است.

---

(۱) Ralph Ablon
(۲) Inevitably
(۳) Deteriorate
(۴) Anachronism

خلاصه‌ای از سبک چوب خشک

سبک فردی

نقش انحصاری:	هیچ کاری را خوب انجام نمی‌دهد.
تفوق او بر دیگران:	دوری جستن از دردسر.
رفتار غالب:	در انتظار اینکه به‌او بگویند بعداً چه کند.
تمرکز توجه:	هیچ تاکید خاصی ندارد، جز در مورد بقای خودش.
مشخصه اصلی شخصیت:	مطیع، صمیمی، بیخطر، تسلیم و موافق.
ارزشیابی خود:	چه مقدار در بقای خود در سازمان موفق بوده، تا چه حد مورد قبول دیگران است.
نوع شکایت:	هیچ.
تصمیم‌گیری:	اجتناب می‌شود.
صرف وقت آزاد:	موفقیتهایی راکه از طریق آنها می‌تواند کسب اعتبار کند جستجو کرده، دستاوردهایی را که می‌تواند به خود نسبت دهد مستند می‌کند.
تمایل به استخدام:	افراد نه‌چندان باهوشی راکه خطرساز نباشند، سایر چوب‌خشک‌ها، کسانی‌که پیشرفتی نمی‌کنند، کسانی نظیر خودش.

زیردستان

سبک زیردستان:	چوب‌خشک یا گذرا.
ارتقاء زیردستان:	اگر کاری نکنند، اگر حرکتی ایجاد ننمایند یا بدنبال ترفیعی نباشند. معمولاً ارتقاء نمی‌یابند، او مسیرهای پیشرفت‌را سد کرده است.
تشویق زیردستان:	هرچیزی که به ابهت او اضافه نماید.
زیردستان او را آگاه نمی‌کنند:	کلیه اخبار، معمولاً نادیده گرفته می‌شود.
سوءرفتار زیردستان:	انجام ندادن کار زیاد در هیچ مورد، تحرک جزئی، بدون نتیجه‌گیری، جابجایی زیاد، خروج در هر فرصت ممکن.

مدیریت زمان، جلسات‌ستادی و تجربیات مدیریتی

ساعات ورود و خروج او به محل کار:	به فراخور آنکه بخایش ایجاد می‌کند.
ورود و خروج زیردستان:	هرطور که دوست دارند.
تناوب و اعلام قبلی جلسات ستادی:	منظم، اما بندرت.
حضور در جلسات‌ستادی:	نرخ بالای غیبت.
دستور جلسات ستادی:	موفقیتهای نامرتبط گذشته.
سخنگو در جلسات‌ستادی:	یکی صحبت می‌کند، هیچ کدام و یا شاید معدودی گوش می‌کنند.
برنامه‌های آموزشی:	حرکت، بدون ابزار.
طرزتلقی نسبت‌به مدیریت نظام‌یافته:	تظاهر، بدون واقعیت.
طرزتلقی در باره تضادها:	از آن می‌ترسد همانگونه که از تغییر واهمه دارد، آن را یک‌سوء تفاهم سادد جلوه می‌دهد.
تمرکز و نوع اطلاعات مورد نیاز:	هر آنچه که بدست‌آورد، دیگران رادر آن سهیم نمی‌کند.
تمرکز بر خلاقیت :	هیچ.

طرز تلقی از سایر مدیران

تولیدکننده منحصربفرد (یکه‌تاز P---)، استفاده می‌کند، بکار می‌گیرد.
اداره‌کننده منحصربفرد (بوروکرات -A--)، تطبیق می‌دهد.
کارآفرین منحصربفرد (آتش‌افروز -E--)، شدیدا" می‌ترسد.
یکپارچه‌کننده منحصربفرد (دنباله‌رو کبیر I---)، دوستش دارد.
چوب‌خشک (----)، با او راحت است.

یادداشت‌ها

1- Gerald Bell, The Achievers
(Chapel hill, N.C.: Preston Hill, 1973)

فصل هفتم

PAEI: مدیر کتاب درسی

مدیر کتاب درسی (PAEI)

یک مدیر کامل چگونه رفتار می‌کند؟ مدیر کتاب درسی PAEI مولد نتایج است، یک اداره‌کننده، یک کارآفرین و یک یکپارچه‌کننده عالی می‌باشد. او کار را نظام یافته شروع می‌کند و تا پایان با یکپارچه‌کردن منابع انسانی ادامه می‌دهد. تفویض می‌کند، و مستمرا" و نظام یافته بازار، تسهیلات تولیدی، منابع مالی و انسانی سازمانش را توسعه می‌دهد. برخلاف یکه‌تاز، خود را با بررسی چگونگی اقدامات انجام شده توسط گروهی که مدیریتشان را برعهده دارد، ارزیابی می‌کند.

هر وقت که فرصت اجازه دهد، به آنچه که گفته شده و آنچه که گفته نشده به دقت گوش فرا می‌دهد. او به ضرورت تغییر آگاه است. محتاطانه، به اختیار، و بطرزی نظام یافته، تغییرات برنامه‌ریزی شده را ارائه می‌کند. او واهمه‌ای از بکارگیری زیردستان باهوش و مبارز ندارد، در جستجوی توانها بوده و قابلیت شناسایی آن را دارد. او به اندازه کافی اتکاء بنفس و خودشناسی دارد تا به کسانی که مثل او عمل می‌کنند احترام بگذارد، از انتقاد اظهار نگرانی نمی‌کند، درعوض انتقاد سازنده را پیشنهاد می‌نماید. او نظام یافته آموزش می‌دهد. با دستیابی به‌توافق آراء از طریق ارتقاء آرزوها و توقعات افراد با توسل به شعور اجتماعی آنان، تضادها را سیاستمدارانه حل و فصل می‌کند. او درعین حالی که تحلیلگر، عملگرا و حساس است، ولی احساساتی عمل نمی‌کند. در جستجوی نتیجه است، اما نه به قیمت از دست رفتن فرآیند. او طالب حداکثر یکپارچگی فرآیندهاست، اما نه به بهای دستیابی به نتایج لازم کوتاه‌مدت. او اطلاعات را انحصاری نکرده و آنرا بعنوان منبع قدرت مورد استفاده قرار نمی‌دهد. زیردستانش واهمه‌ای از گزارش شکستها به او ندارند، آنها می‌دانند که او منطقی بوده و حمایتشان می‌کند. او شکست‌ها را با توان مدیریتی‌اش ارتقاء داده و خلاقیت‌های سازنده را تشویق می‌کند. سازمان او از یکپارچگی خوبی برخوردار بوده، دارای ساختاری هدفگراست، بطوریکه اعضایش با یکدیگر همکاری کرده، همدیگر و

قضاوت مدیرانشان را کاملاً پذیرا هستند. هیچگونه رفتار غیر موظف از سوی بخشی از زیردستانش بسادگی سر نمی‌زند.

آیا تابحال مدیری را با صفات فوق‌الذکر دیده‌اید؟ آیا هیچگاه قادر به ایفای نقش یک PAEI بوده‌اید؟

من PAEI را مدیر کتاب‌درسی می‌نامم زیرا فقط می‌توان او را در کتب درسی پیدا کرد. در اینجا، آنچه بایستی تصریح شود اینستکه هیچکس مثل یک PAEI رفتار نمی‌کند. کتب‌درسی که راجع به مدیریت بحث می‌کنند، درواقع انسانی را که وجود ندارد فرض‌می‌گیرند.

> بیشتر ما بر این عقیده‌ایم که سایرین بی‌لیاقت هستند.
>
> "رابرت. ب. آندروا"

Mc Clelland معتقد است که سه نیاز اصلی شخصیتی وجود دارد: نیاز به موفقیت(۱)، نیاز به قدرت(۲) و نیاز به وابستگی(۳).

به اعتقاد Mc Clelland، افراد به همان اندازه نیاز شدیدشان به موفقیت و تمایل شدیدشان به پیروزی ترس از شکست و تمایل به مبارزه‌جوئی دارند. آنها اهداف مشکلی را برای خود درنظر می‌گیرند. نگرش واقع‌بینانه‌ای در مورد خطر کردن دارند. ترجیح می‌دهند برای انجام کار مسئولیت شخصی را اساس قرار دهند، تمایل به دریافت پاسخ سریع و مشخص‌دارند، خستگی‌ناپذیرند، دوست دارند ساعات طولانی کار کنند، از شکست بیهوده نگران نیستند، و دوست دارند خودشان نمایش را اجرا کنند.

"نیاز به قدرت" با اعمال نفوذ و کنترل همبستگی دارد. افراد شدیداً نیازمند به قدرت، در جستجوی موقعیت رهبری هستند. آنها خوش‌صحبت هستند، غالباً منطقی، نیرومند، صریح(۴)، کله‌شق، و متقاضی هستند، و دوستدار درس‌دادن و سخنرانی کردن برای عموم می‌باشند.

"نیاز به وابستگی" در کسانی دیده می‌شود که دوست دارند محبوب باشند و از طرد شدن اجتناب می‌کنند. آنها محتملاً در رابطه تنگاتنگ باحفظ روابط دلپذیر اجتماعی بوده، و از احساس صمیمیت(۵) و تفاهم لذت می‌برند. آنها هنگام بروز مشکلات برای دیگران حاضر به دلداری دادن(۶) و کمک کردن به آنان هستند و از عکس‌العمل دوستانه آنها لذت‌می‌برند.

می‌توان اینگونه فرض‌کرد که افراد با "نیاز به موفقیت" شدید، نظیر ---P رفتار می‌کنند، یعنی می‌توان، نیاز به حصول نتیجه را با نیاز به موفقیت معادل دانست. بطور مشابه، "نیاز به قدرت" با نقش‌اداره‌کنندگی، و "نیاز به وابستگی" با نقش‌یکپارچگی همبستگی دارند.

---

(۱) Need for achievement (n/Ach)
(۲) Need for power (n/Pwr)
(۳) Need for affiliation (n/Aff)
(۴) Out spoken
(۵) Intimacy
(۶) Console

در گذشته Mc Clelland تصویری را ارائه می‌داد که "نیاز به موفقیت" قویترین پیش‌بینی عملکرد و موفقیت مدیریت بود. هرچند اخیرا" در مقاله‌ای که به اتفاق دیوید بارون هام تالیف کرده، به نتایج متفاوتی دست یافته است.

"درحالیکه اینطور به نظر می‌رسد که هرکسی می‌بایستی به موفقیت نیاز داشته باشد. درواقع، هنگامیکه روانشناسان انگیزه موفقیت را تعریف و اندازه‌گیری می‌نمایند، به این منتهی می‌شود که افراد رفتار ویژه‌ای رابروز می‌دهند که ضرورتا" به مدیریت خوب منتهی نمی‌شود.

از یک سو، بدلیل اینکه بر بهبودبخشی فردی، به انجام بهتر کارها توسط خودشان تمرکز دارند، افراد صاحب انگیزه موفقیت می‌خواهند تا کارها را خودشان انجام دهند. از سوی دیگر، بازخور قوی کوتاه‌مدت از عملکردشان می‌خواهند تا نشان دهند، بچه خوبی عمل می‌کنند. یک مدیر، بویژه در سازمانی بزرگ و پیچیده، هنوز نمی‌تواند تمامی وظایف لازم برای موفقیت را به تنهایی انجام دهد. او باید دیگران را برای انجام امور در سازمان مدیریت کند. گرچه، نتیجه کار زیردستانش ممکن است نسبت به وضعیتی که اگر همه کارها را خودش انجام دهد دیرتر و نامشخص‌تر بدست آید.

بنظر می‌رسد کار مدیر، کسی را می‌خواهد که بتواند بر دیگران نفوذ کند تا کسی که کارها را بنحو احسن انجام دهد. آنگاه به بیان انگیزشی، بایستی توقع داشته باشیم که یک مدیر موفق دارای "نیاز به‌قدرت" بیشتری نسبت به "نیاز به‌موفقیت" باشد.

این مطالب کاملا" آشنا بنظر می‌رسند، اینطور نیست ؟ دراین مقاله مک‌کلیلند عقیده انحصاری قبلی خود را مبنی بر اینکه "نیاز به موفقیت" وسیله‌ای برای مشخص‌کردن یک مدیر خوب است، رد می‌کند. فرد با "نیاز به موفقیت" منحصر بفرد به یک یکه‌تاز تبدیل می‌شود.

اینک مک‌کلیلند اظهار می‌کند که فردی با "نیاز به قدرت" که نهادگراست مدیری است بهتر نسبت به کسی که "نیاز به موفقیت" دارد. بر مبنای ضوابط ما چنین فردی یک PA?I است، کسی که مقررات را در جهت منافع سازمان و نه برای بزرگنمایی(۱) خودش‌بکار می‌گیرد.

باید زمان مطالعه کتب‌درسی مختلفی که به توصیف مدیران پرداخته‌اند، تامل کرده و اندیشید: در واقعیت چه تعدادی از مدیران با چنین توصیفهایی مطابقت دارند؟ کتب‌درسی می‌گویند که از یک مدیر خوب انتظار می‌رود شخصیت دوست‌داشتنی داشته باشد. که حداقل بندرت اتفاق می‌افتد. همچنین بنظر می‌رسد بایستی مطلع، مبتکر و منطقی، موفقیت‌گرا، مردمدار و سازمانگرا، سریع‌الانتقال(۲)، قادر به تخلیص(۳)، همچنین متوجه به جزئیات، حساس به نیازهای افراد، متوجه به‌نیازهای سازمانی، و بهمین ترتیب، الی آخر باشد.

بنظر می‌رسد چنین توصیفی از زندگی واقعی استخراج نشده باشد، بلکه از

(۱) Aggrandizement

(۲) Intuitive

(۳) Abstraction

بدنبال تکامل بودن بدست آمده است، یعنی به ما می‌گوید "چه بایستی باشیم" بجای اینکه بگوید "چه می‌توانیم باشیم".

بنظر می‌رسد که PAEI در واقعیت وجود نداشته باشد. اگر فرد وظیفه‌گرا در مدل بلیک و ماتون یک PE بوده، و فرد مردمدار یک AE باشد، چه تعدادی از مردم موفق می‌شوند به نرخ ۹/۹ دست یابند؟

هرسی(۱) و بلانکارد(۲) خصوصیات یک مدیر خوب را بیان می‌کنند، و می‌گویند کسانی که این خصوصیات را دارا هستند، بسیار کم می‌باشند. روانشناسان و مدارس بازرگانی سعی در خلق افراد PAEI دارند. لیکن بنظر می‌رسد که تلاشی بیهوده باشد. آنچه که می‌تواند توسط آموزش انجام پذیرد، اینستکه زنگارها را از مشخصات PAEI بزداید.

> من فکر میکنم که اعتقاد به نبوغ(۳) بسیار خطرناک است. من معتقدم که بسیار بسیار بندرت چنین چیزی وجود خواهد داشت. درصورت موجود بودن، چه نقاشی باشد چه موزیک یاهر چیز دیگر، در حاصل کار شخصی یا فردی انسان جلوه‌گر می‌شود. مطمئنا" چنین چیزی در یک شرکت وجود نخواهد داشت. شرکت اگر به آنچه که هر فرد می‌تواند انجام دهد وابسته شود، بطور خارق‌العاده‌ای محدود می‌شود، حتی اگر فرض‌کنیم که فرد بغایت‌بالیاقتی مد نظر قرار گرفته باشد.
>
> "رالف آبلون"

هیچ فردی بتنهایی نمی‌تواند واجد کلیه خصوصیاتی باشد که برای یک مدیریت مؤثر نیاز است. مدیر مؤثر، مدیر بدون خطا، PAEI وجود ندارد. جستجو در مورد افرادی که کلیه کیفیات، ویژگی‌ها، نیازها، و شیوه‌های رفتاری مورد نیاز یک‌مدیر موفق را داشته باشند، محکوم به شکست است. محکوم به شکست‌است زیرا بسیاری از ویژگیهای شخصیتی لازم است تا کلیه نقشهای مدیریتی را مساوی و بخوبی ایفا کند، که برخی از این ویژگی‌ها ناسازگار هستند.

پیتر دراکر(۴) چنین شناسائی کرده است.

او می‌گوید: "مشخصه ویژه مدیریت رده بالا تنوع قابلیت‌ها و طبیعت‌ها را می‌طلبد. نیازمند داشتن ظرفیت تحلیل کردن، تفکر کردن، ارزیابی کردن گزینه‌ها، و هماهنگ کردن عقاید متفاوت است. نیازمند دارا بودن ظرفیت اقدام سریع و قاطع برای نشان دادن شجاعت و جرات ذاتی می‌باشد. همچنین لازم است تا بموقع ایده‌ها، مفاهیم، محاسبات، و ارقام مختصر راکسب نماید. می‌بایستی آگاهی انسانی، انتقال افکار را درک نموده، و رویهمرفته نسبت به افراد علاقه و

---

(۱) Hersey
(۲) Blanchard
(۳) Genius
(۴) Peter Drucker

احترام قلبی
داشته باشد. برخی وظایف نیازمند آنست که فرد با خودش و بتنهائی کار انجام دهد. مابقی وظایفی نظیر مراسم عمومی هستند که در بیرون انجام می‌شود، و نیازمند توجه جمعی و توافقی است (مانند وظایف سیاستمداران).

براساس نظر دراکر "وظایف مدیریت سطوح بالا" حداقل به چهار دسته از افراد مختلف نیاز دارد. دراکر این چهار مشخصه را تحت عناوین "مرد فکر(۱)"، "مرد عمل(۲)، "مردمدار(۳)" و "مرد پیشرو(۴)" تعریف می‌کند. این عناوین به روشنی با سبک‌های مدل PAEI قابل مقایسه می‌باشند. دراکر ناسازگاری مابین مشخصه‌های مورد نیاز این چهار نوع انسان را تشخیص می‌دهد، بهمین دلیل می‌گوید که "این چهار مشخصه ذاتی تقریبا" هیچگاه در یک فرد یافت نمی‌شوند".

گرچه دراکر در مورد نیازهای ذاتی(۵) مدیریت سطح بالا صحبت می‌کند، اما چنین احساسی وجود دارد که همان نیازها در مورد کلیه موقعیتهای مدیریتی در هر سازمانی صادق می‌باشد. برای مثال: مدیران می‌بایستی آگاه باشند (P)، قدرت‌اداره کردن داشته باشند (A)، انعطاف‌پذیر، سازگار، و نوآور باشند (E)، و بخوبی با مردم ارتباط برقرار کنند (I). معدودی از مدیران همه این خصوصیات را دارا هستند. مدیریت‌در هر سطحی بایستی بطور همزمان و بطور کامل بین محیط داخلی و خارجی، تکنولوژی و مردم ارتباط برقرار کند. که این موارد باعث می‌شود تا مدیر کتاب‌درسی برای کلیه سطوح مدیریت‌الزامی باشد.

> قانون لرداکتون
>
> قدرت به فساد تمایل دارد و قدرت مطلق فساد ببار می‌آورد.
>
> "توماس. ل. مارتین"

اعمال رهبری توسط فردی که شیوه‌ای غیرموظف را بکار می‌گیرد، می‌تواند سازمان را بسادگی به‌مسیری غلط هدایت کند. ژول راس(۶) و مایکل کامی(۷) اظهار می‌کنند: حاکمیت تک نفره است که یک‌سازمان بزرگ را به شکست می‌کشاند. موفقیتهای اولیه در بسیاری از مجموعه‌ها(۸) بخاطر حاکمیت تک‌نفره اتفاق افتاده، به خاطر رئیسی که به دانائیش بر کلیه امور اعتقاده داشته است. اضمحلال مجموعه‌ها بسیار سریع و دردناک اتفاق می‌افتاد. راس‌و کامی آن شکستها را به بسیاری از همان فاکتورهایی که باعث موفقیت اولیه بوده است، نسبت می‌دهند. تحولی در جهت‌بروز سبکی بلندمدت انجام نپذیرفته و هیچ فردی هم نمی‌تواند همه چیز باشد.

یک فرد نمی‌تواند در ایفای همه نقشهای PAEI موفق باشد. زیرا، همانطوریکه

(۱) Thought man (۲) Action man (۳) People man
(۴) Front man (۵) Temperamental (۶) Joel Ross
(۷) Michael Kami (۸) Conglomerates

توجه داده شد، این نقشها مستلزم وجود تضاد درونی در ویژگیهای شخصیتی می‌باشد. A و E در تضادند زیرا A محافظه‌کار و طالب کنترل است، درحالیکه E به تغییر تمایل دارد. P و E درتضادند زیرا P دارای افق دید کوتاهی است که طالب نتایج کوتاه‌مدت‌می‌باشد، درحالیکه E طالب وقت برای توسعه است و به نتایج بلندمدت می‌نگرد. E و I در تضادند زیرا، E بایستی سخن بگوید، درحالیکه I بایستی گوش فرا دهد. معدودی از افراد می‌توانند بطور مؤثر هم صحبت کنند و هم گوش دهند، یعنی اینکه بخوبی ارتباط برقرار کنند.

این چهار نقش منحصرا" دو جانبه نیستند، بلکه از دوطرف ممانعت(۱) ایجاد می‌کنند. توانایی بکارگیری مؤثر یکی از چهار شیوه مدیریت محتملا" مانع از اجرای دیگری می‌شود.

از این رو تولیدکننده‌ای که دوست دارد درگیر اجرای وظائف باشد، از وقتی که برای اداره کردن صرف می‌کند احساس خوشایندی ندارد(۲). برای مثال، بسیاری از کارگردانان هنری ترجیح می‌دهند خودشان کار را انجام دهند بجای اینکه دیگران را برای این کار به استخدام درآورند. مهندسین معمار ارشد ممکن است از اداره کردن، واگذاری پروژه‌های جدید و تشویق دیگران به طراحی، کاری که خودشان عاشق انجام دادنش‌هستند، ناراحت باشند. بطور مشابه، تصدی ریاست‌دانشکده در دانشگاه برای کسانی که عاشق تحقیق باشند یک خسران شخصی محسوب می‌شود.

از سوی دیگر، آنهایی که اداره امور را دوست دارند هنگامیکه تعهدشان پایان می‌پذیرد نگران بازگشت به وضعیت قبلی هستند. آنها پس از تجربه خوبی که از مدیریت بر دیگران کسب کرده‌اند برای بازگشت به تحقیقات می‌بایستی دوران سختی را پشت سر بگذارند.

اداره‌کننده‌ای که بدلیل حفاظت ازنظام، مابه‌ازاء خدمات(۳) کسب‌می‌کرده، احساس‌می‌کند با تغییر، مورد تهدید قرار گرفته و دیگر نمی‌تواند وظیفه‌اش‌را بخوبی یک‌کارآفرین به انجام برساند. کارآفرین خلاق دوست ندارد بوسیله نظام مهار(۴) شود. و یک‌یکپارچه‌کننده مردمدار هم با شروع به تغییرات احساس‌ناراحتی می‌کند، زیرا ممکن است زیردستانش‌تمایلی به پذیرش آن نداشته باشند.

بنابراین بسیار غیرمحتمل است که فردی تمامی خصوصیاتی را دارا باشد که برای موفق شدن در چهار نقش لازم است.

درحالیکه مدیر کارآی کاملی وجود ندارد، تمرکز بر طرقی که رهبران منفرد را در اداره سازمان توانا سازد کاری عبث و بیهوده است. مطالعه ویژگی‌های رهبر، نشان می‌دهد که آنها خصوصیات مکمل زیردستان را نادیده می‌گیرند.

آنچه که می‌بایستی بدنبالش باشیم گروه‌های مدیریتی است. از آنجا که هیچ شخصی به تنهایی نمی‌تواند یک PAEI باشد، آنرا بایستی توسط ترکیبی از افراد، یک "ترکیب مدیریتی"(۵) ، خلق کرد. این مخلوط از افرادی تشکیل شده که

---

(۱) Inhibitive (۲) Resents (۳) Rewarded
(۴) Harnessed (۵) Managerial mix

یا PAEI نبوده و انسانهای عادی می‌باشند.

واقعیتی که شخص، یک PAEI نمی‌باشد، به این معنی نیست که او یک نامدیر است. تفاوت بین مدیر و نامدیر یک درجه است. فردی با هیچ خط (-) در کد شخصیتی خود، به نشانه فردی است که توانایی اجرای کلیه چهار نقش مدیریتی را دارد، گرچه نتواند در هر چهار مورد تفوق حاصل نماید. او بالقوه مدیر خوب و مفیدی است، بدون آنکه یک PAEI باشد. بنابراین، افرادی مورد نیاز هستند که بتوانند همه نقشها را به اجرا درآورند، گرچه با درجات متفاوتی از موفقیت، و همچنین بخوبی با دیگران بعنوان بخشی از گروه مدیریتی کار کنند (به فصل ۹ توجه فرمائید).

ایفای نقش شخص، به سازمان، آن کاری که بایستی مدیریت شود و شرایطی که مغلوب کند، بستگی دارد. به‌توانائیهای انجام کار توسط سایر اعضای ترکیب مدیریتی نیز بستگی خواهد داشت. هرفرد بایستی در مراحل مختلف توسعه سازمان در انتظار باشد تا نیازهای مختلفی بوجود آیند. چگونگی تغییر رفتار سازمانی و در طول زمان در فصل ۸ بحث شده است.

خلاصه‌ای از سبک مدیر کتاب‌درسی

سبک فردی

نقش انحصاری:	کلیه نقشها - تولیدکننده، اداره‌کننده، کارآفرین، و یکپارچه‌کننده.
توفق بر دیگران:	فراهم کردن تسهیلات رشد فردی و سازمانی.
رفتار غالب:	پیشتاز، نوآور، یکپارچه‌کننده، تفویض‌کننده از روی نظم توسعه‌دهنده خود و سازمان، پیش‌بینی‌کننده و تطبیق‌دهنده.
تمرکز توجه:	بقاء درازمدت سازمان.
مشخصه اصلی شخصیت:	پخته(۱)، مدعی(۲)، خودجوش، متکی به نفس، منعطف، تحلیلگر، عملگرا، دارای ارتباطات خوب، حساس نسبت به نیازهای دیگر افراد و توانا به یکپارچه نمودن این نیازها با ضروریات سازمان.
ارزشیابی خود:	میزان موفقیت سازمان در درازمدت و چگونگی انجام کار گروهی با آن.
نوع شکایت:	شکایت کردن را تقبیح کرده، پیشنهادات سازنده را تشویق می‌کند.
تصمیم‌گیری:	مشارکتی(۳)، استراتژیک، تسهیم شده، طرفدار فعالیت.
صرف وقت آزاد:	قبل از اقدام گوش فرا می‌دهد و فکر می‌کند، برای آینده برنامه‌ریزی می‌کند.
تمایل به استخدام:	افراد مولد، سازمان را پیش‌برند، همکاری کنند، همچون عضو یک گروه عمل کنند، افرادی نظیر خودش.

زیردستان

سبک زیردستان:	متفاوت، لیکن همگی عضو گروه هستند.
ارتقاء زیردستان:	کیفیت مدیریت داشته باشند، نتیجه را با برنامه‌ریزی و سازماندهی کار خلق کنند، خلاق و سازنده انتقاد باشند، عضو مفید گروه

(۱) Mature (۲) Assertive
(۳) Participative

	باشند.
تشویق زیردستان:	فرآیند و نتایجی که با سازمان کسب کنند.
زیردستان او را آگاه نمی‌کنند:	هیچ واهمه‌ای از گزارش کردن موضوعات ندارند، حتی درباره شکست‌ها.
سوء رفتار زیردستان:	به سادگی دیده شده و با آن برخورد سازنده می‌شود.

مدیریت زمان، جلسات ستادی، و تجربیات مدیریتی

ساعات ورود و خروج او به محل کار:	بطور منظم و هرگاه که ضرورت ایفاد در تصمیم‌گیری ایجاب کند.
ورود و خروج زیردستان:	متناسب با ضرورت آن کاری که در شرف انجام می‌باشد.
تناوب و اعلام قبلی جلسات ستادی:	منظم یا فی‌البداهه، براساس نیاز.
حضور در جلسات ستادی:	توسط کسانی که موضوعی برای ایفاد کردن در حل مسائل دارند یا بتوانند از آموختن درباره حل مشکلات بهره‌مند شوند.
دستور جلسات ستادی:	استراتژیک، برنامه‌ریزی کنشی.
سخنگو جلسات ستادی:	هرکسی که بخشی مرتبط و حائز اهمیت با موضوع داشته باشد، دیگران شنونده‌اند.
برنامه‌های آموزشی:	آموختن از یکدیگر.
طرز تلقی نسبت به مدیریت نظام یافته:	بخوبی ارزش‌های آن را می‌شناسد و بکار می‌گیرد.
طرز تلقی درباره تضادها:	تلاشی سیاستمدارانه‌ای برای حل آنان، بطریقی سازنده.
طرز تلقی او از تغییرات:	آن را محتاطانه، گزینشی، و سیستماتیک عرضه می‌کند.
تمرکز و نوع اطلاعات مورد نیاز:	آنانیکه موقع نیاز وجود داشته باشد، دیگران را نیز در هر زمانی که ممکن باشد در آن سهیم می‌کند.
تمرکز بر خلاقیت:	سازنده، عمل‌گرا، فعالیت‌های خلاقانه تشویق می‌شوند.

طرزتلقی از سایر مدیران

طرزتلقی نسبت به انواع نامدیران
(P---,-A--,--E-,---I,----,PA--,P-E-,P--I,PAE-,P-EI,-AE-,-A-I,-AEI,--EI) :
توسعه می‌دهد یا تغییر می‌دهد.
طرزتلقی نسبت به انواع مدیران
(Paei,pAei,paEi,paeI,paei,PAei,PaEi, PaeI,PAEi,PAeI,PAEI,pAeI,paEI و غیره):
تقویت کرده و یکپارچه می‌کند.

یادداشت‌ها

۱- مؤلفین دیگری که مخالف قانونمندی فردی هستند عبارتند از:
هارولد-ج-لویت، روانشناسی مدیریت (شیکاگو - نشریه دانشگاه شیکاگو، ۱۹۶۴)، صفحه ۹۹-۲۹۷، ژول-ای-راس و مایکل-ج-کامی، مدیریتی شرکت در بحران، چرا قدرت افول می‌کند (انگل وود کلیفس، ان-جی: پرنتیس هال، ۱۹۷۳)، و پیتر-اف -دراکر، مدیر کارآ، چاپ اول. (نیویورک : هارپر و رو، ۱۹۶۷).

2- David Mc Clelland, The Achieving Society (Princeton, N.J.: Van Nostrand, 1961)

3- John W. Atkinson, An Introduction to Motivation (Princeton, N.J.: Van Nostrand, 1964)

4- David Mc Clelland, Two Faces of Power (Princeton, N.J.: General Learning Press, 1973)

5- Richard E. Boyatzis, Affiliation Motivation.

6- David Mc Clelland & David H. Burnham, Power Is a Great Motivator (Harvard Business Review, 54, 1976)

7- Robert Blake & Jane Mouton, The Managerial Grid (Houston: Gulf Publishing, 1964)

8- Paul Hersey & K. H. Blanchard, Management of Organization (Englewood Cliff, N.J.: Prentice Hall, 1972)

9- Peter F. Drucker, Management: Tasks, Responsibilities, Practices (New York: Haper & Row, 1973)

10- Joel Ross& Michael Kami, Corporate Management in Crisis : Why the Mighty Fall (Englewood Cliff, N.J.: Prentice Hall, 1973)

فصل هشتم

سبک‌های سازمانی

دوره عمر سازمانی

paEi	نامزدی(۱)	ایجاد
Paei	تولد	طفولیت
PaEi	کودکی	رشد سریع
pAEi	نوجوانی	بلوغ
PAEi	پختگی	تکامل
PAeI	میانسالی	ثبات
pAeI	سالهای برزخ	اشرافیت
-A-i	بازنشستگی	بوروکراسی اولیه
-A--	پیری(۲)	بوروکراسی
----	ورشکستگی	مرگ

گذرگاه‌های سازمانی(۳)

تاکنون، سبک‌های مدیریت و اثرات آن بر زیردستان و سازمانها شرح داده شد. در این فصل، راجع به سبک‌های سازمانی بحث می‌شود. هر سازمانی دارای سبک می‌باشد اگر تحت شرایط یکسان به ترتیبی مشابه عمل نماید. بطور مثال، مراجعین به یک‌سازمان بوروکراسی می‌دانند که نباید انتظار تصمیمی را بغیراز در

---

(۱) Courtship
(۲) Senility
(۳) Passages

درازمدت داشته باشند، و دیگراینکه پرونده‌سازی(۱) بی‌پایان است.

مردم، محصولات، بازارها، و حتی جوامع دارای دوره‌های عمر هستند. آنها متولد می‌شوند، رشد می‌کنند، بالغ شده وارد دوران پیری می‌شوند، و می‌میرند. درهر دوره، فاز یا گذرگاه از عمرشان نیز دارای الگوی رفتاری یا سبک مشخصی هستند. رفتار سازمانها با استفاده از مدل PAEI تشریح خواهد شد. (به شکل ۱ توجه نمائید).

دوره ایجاد (paEi)

در دوره ایجاد هنوز سازمانی وجود ندارد. بنیانگذاران اساساً در رؤیای آنچه که ممکن است انجام دهند به سر می‌برند. هیجان وجود دارد، قولهایی داده می‌شود که ممکن است بعدها مشخص شود، غیرمسئولانه و بدون توجه کافی به واقعیتها انجام شده است. هیجان و فعالیت عصیان‌زده(۲) همراه می‌شوند. این احساس‌بوجود می‌آید که بنیانگذاران به خلسه(۳) فرو رفته‌اند. بنظر می‌رسد که آنها دنبال حصاری می‌گردند تا به عظمت آنچه می‌رود تا بوجود آید، پی ببرند. به نظر می‌رسد آنها عاشق ایده‌های خود شده‌اند - خودشان را هیپنوتیزم(۴) کرده‌اند.

شکل ۱ : PAEI در دوره عمر سازمانی

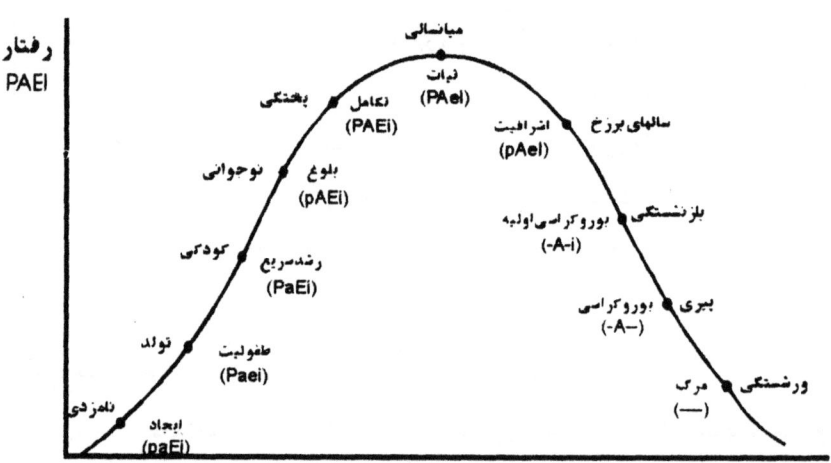

پیری
(زمان ,سهم‌بازار ,عملکردساختارسازمانی) f = رشدوپیری سازمانی

---

(۱) Red tape
(۲) Frantic
(۳) Trance
(۴) Hypnotizing

چنین بنظر می‌رسد که فرآیند "فروش ایده" به دیگران عملا" باعث تقویت تعهد بنیانگذاران به آن می‌شود. چنانچه بنیانگذاران بخواهند سازمانی را از ابتدا بسازند انرژی، عشق و تعهد به ایده از عناصر اجتناب ناپذیر بشمار می‌رود. درست مانند خلبانی که پیش از برخاستن، موتورهای خود را درحالیکه ثابت ایستاده است سرعت می‌دهد، تا اعتماد عظیمی را برای آینده ایجاد نماید.

هنگامی که افراد برای ایجاد یک سازمان جدید ایده‌ای را ارائه می‌دهند، "میزان پایبندی(۱)" آنها بایستی مورد آزمایش قرار گیرد. تا چه اندازه نسبت به آن تعهد صادق هستند؟ آیا تعهد آنها مبتنی بر تفکر منطقی هزینه - منفعت است؟ یا احساسی، و براساس ارزش است؟ که دراینصورت تعصب آلود(۲) است. هرچه وظیفه سنگین‌تر باشد، به تعهد شدیدتری نیاز می‌باشد. مشکلات تأسیس یک سازمان را می‌توان با میزان پیچیدگی سرهم کردن آن، سرعت بازخورهای مثبت حاصله از آن (چه مدت لازم است تا نتایج مثبت موردنظر ظاهر شوند؟) و درجه نوآوری مورد نیاز آن، (چه مقدار از منابع موجود بایستی قربانی(۳) شوند؟) ارزیابی نمود. آنچه که موجب تولد یک سازمان می‌شود تنها ایده اولیه‌اش نبوده، بلکه به دنبال آن به تعهد نیازمند می‌باشد، چنین تعهدی بایستی در دراز مدت با مشکلات سازمان تناسب‌داشته باشد. در صورت فقدان وجود چنین تناسبی، "درد زایمان" تحمل می‌شود ولی سازمانی ازدست رفته تحویل می‌گردد.

برخی ایده‌ها هرگز موجب تولد سازمان نمی‌شود. تعهد متعاقب اولین آزمون واقعی بحران ازهم گسیخته می‌شود. تعهد را می‌توان با قرار دادن آن تحت شرایطی که به فداکاری عظیمی نیازمند باشد، آزمایش کرد. یکی از رؤسای دوره تحصیلات تکمیلی دانشکده مدیریت در UCLA یادداشتی با مضمون زیر روی در اتاقش‌نصب کرده بود: " هشدار: من شما را در بکارگیری ایده‌های خودتان به شراکت می‌گیرم." این یادداشت بخودی خود موجب شد تا بسیاری از اعضای خلاق هیئت علمی را درحالیکه پیشنهادی در دست‌داشتند از پشت در برگرداند.

سازمان طفولیت (Paei)

نشانه‌های متعددی وجود دارند که خبر از تولد یک سازمان می‌دهند. لیست دستمزدهائی که بایستی به آن ترتیب اثر داده شود، مکانی که اجاره شده است، یا بنیانگذاری که از کار قبلی خود استعفاء کرده است.

هیچ تولدی بدون درد نیست. تعهد به‌آزمایش‌گذارده می‌شود و فداکاری‌های واقعی بایستی صورت پذیرد. هنگامی که نهایتا" اتفاق افتاد تغییری قطعی درشیوه رفتاری بوجود می‌آید. شور(۴) خلق ایده‌های جدید و هیجان اجرای آنها فروکش می‌کند. نقش کارآفرین (E) بسرعت کاهش یافته و نقش تولیدکننده (P، مولد نتایج) جایگزین آن می‌شود. دراین دوره از عمر سازمان، فکر کردن بحساب نمی‌آید،

---

(۱) Noise level
(۲) Fanatical
(۳) Slaughtered
(۴) Frenzy

آنچه که به اجرا در آید حائز اهمیت می‌باشد. سؤالی که بنیانگذار با آن روبروست یا او از کارکنانش‌می‌پرسد اینستکه "چه کرده‌اید؟" آیا چیزی فروختید، تولید کردید، یا کاری را به انجام رساندید. "برای فکر کردن وقت‌ندارم"، نیز شکایت معمول مدیر سازمان طفولیت است. "خیلی کارها هست که بایستی انجام دهم".

در سازمان طفولیت اثر چندانی از سیاستگذاری، سیستمها، روشها یا حتی بودجه‌بندی دیده نمی‌شود. کل سیستمهای مدیریت ممکن است برپشت یک پاکت قدیمی در جیب جلیقه بنیانگذار نوشته شده باشد. غالب پرسنل این سازمان، ازجمله مدیرعامل درحال انجام فروش هستند. جلسات معدودی با کارکنان برگزار می‌گردد. سازمان به‌شدت متمرکز اداره می‌شود و بخوبی باعبارت نمایش‌تک‌نفره قابل توصیف می‌باشد.

سازمان طفولیت با سرعت تمام به پیش می‌رود، بدون آنکه نقاط قوت و ضعف خود را بشناسد. شبیه کودکی که بجای لمس کردن ضربه می‌زند، هنوز نمی‌داند چه میزان نیرو بایستی بکار برد. به همین ترتیب، در سازمان طفولیت تعهدات زایدی ایجاد می‌شود با این باور اشتباه که می‌توان آنها را به انجام رسانید. بعدها اعضایش درک می‌کنند که زمانبندی‌ها از پیش پر شده و مجبورند که تاریخ تحویلها را به تعویق بیندازند. حتی اگر محصولی بموقع تحویل شود، ممکن است قطعاتی از قلم افتاده باشد یا دستورالعمل حفظ و نگهداری همراه نباشد. گرچه سازمان به شکایات مشتریانش پاسخ خواهد داد، ولی به قیمت سرکار آمدن کارکنان در پایان هفته و تعطیلات.

سازمان طفولیت بسیار شخصی است. همه افراد با نام کوچک شناخته می‌شوند و بندرت رتبه‌بندی وجود دارد. سازمان هیچگونه سیستمی برای استخدام و یا ارزیابی عملکرد ندارد. افراد وقتی که بتوانند بر استخدام کنندگان اثر بگذارند برای استخدام مورد نیاز می‌باشند. ازآنها خواسته می‌شود بلافاصله کارشان را شروع کنند، چرا که سازمان طفولیت در بکارگیری نیروهای کمکی‌اش دیر اقدام می‌کند: نیروهایی را که دیروز می‌خواسته فردا بکار می‌گیرد. افراد پیشرفت می‌کنند، در صورتیکه کارشان نتیجه‌بخش باشد یا اینکه بدانند چگونه به رؤسایشان فشار وارد کنند.

چنین سازمانی مشابه یک طفل است: هراز چند گاهی احتیاج به "شیر" (سرمایه در گردش) دارد. همچنین بشدت آسیب‌پذیر است. معمولاً" عمق مدیریتی ندارد، یعنی اگر بنیانگذار بمیرد هیچ کس دیگری قادر به هدایت کار نخواهد بود. هیچگونه گزارش پیشرفت کار یا تجربه ثبت‌شده‌ای وجود ندارد، لذا هر اشتباهی در طراحی محصول، فروش، خدمات، یا برنامه‌ریزی مالی می‌تواند نتایج فاجعه‌باری بدنبال داشته باشد. وقوع چنین اشتباهی بسیار محتمل است زیرا سازمان سرمایه عملیاتی ناکافی(۱) داشته و توان بکارگیری نیروهای مکملی که بتوانند تصمیمات

(۱) Shoe string operation

اقتصادی متوازنی را اتخاذ نمایند ندارد. گروه مکمل لازم نیست تا از مدیران تشکیل شده باشد. برای سازمان طفولیت گروه می‌تواند توسط مدیر عامل (PaEi) و منشی (pAeI) تشکیل شده و مؤثر واقع شود.

سازمان نمی‌تواند برای همیشه در دوره طفولیت باقی بماند. برای زنده نگهداشتن سازمان طفولیت بیش از برگشت اقتصادی به زمان و احساسات نیاز می‌باشد. سرانجام "حس غرور مالکیت(۱)" زیر نور تند واقعیات پژمرده می‌شود. بنیانگذار/مالک خسته و تسلیم می‌شود. در این حالت مرگ سازمان برخلاف حالات قبلی سریع و ناگهانی نخواهد بود، بلکه تبدیل به یک فرآیند طولانی می‌شود که ویژگی آن کاهش‌تدریجی حس تعهد به سازمان است و از طریق افزایش‌مستمر شکایات در مورد سوء عملکرد سازمان پدیدار می‌شود.

سازمان طفولیت چنان درگیر فعالیت است که مدیرانش شانس کمی برای تفکر و تحلیل دیدگاه‌ها و تشخیص فرصتهای رشد و توسعه را پیدا می‌کنند. آنها تمایل دارند فرصتهای بلند مدت را بدلیل فشار ناشی از روش‌های کوتاه‌مدت نادیده بگیرند. اگر چنین سازمانی نتواند به دوره بعدی وارد شود - یعنی که رؤیاها و آرزوها نتوانند سازمان را بجلو برانند - بسادگی نابود خواهد شد. بسیاری از مؤسسات‌کوچک که قادر به آینده نگری نیستند ورشکست می‌شوند، یا در همان مقیاس کوچک‌باقی مانده و بشدت تلاش می‌کنند اما به جایی نمی‌رسند. آنهائی هم که باقی می‌مانند احتمالا" از سوی مالک خود تغذیه و حمایت می‌شوند، یعنی اگر مالک در استخدام بود برداشت مالی بیشتری می‌داشت، درواقع بهای حس غرور مالکیت خود را می‌پردازد.

آنچه که سازمان طفولیت را زنده نگهمیدارد وقف کامل بنیانگذار به‌آن است. رفتار "زیر بال و پر نگهداشتن(۲)" غالبا" موجب می‌شود تا سازمان طفولیت بر تهدیداتی که به موجودیتش‌می‌شود غلبه کند. هرچند که این جانفشانی و فداکاری ممکن است‌بعدها به مانعی در راه رشد سازمانی تبدیل شود. بنیانگذار ممکن است از این که رشد سازمان بشکلی خارج از کنترل او درآمده رنجیده شده، و تلاش او در حفظ کنترل ممکن است‌موجب نابودی سازمان شود. توان رشد بیشتر را از آن سلب‌کند.

وجود روح کارآفرینی(E) برای رشد سازمان طفولیت ضرورت حیاتی دارد. باظهور E، ممکن است سازمان پا به‌دوره بعدی توسعه بگذارد. یعنی اگر مدیران سازمان طفولیت‌بتوانند خود را از فعالیتهای روزمره آزاد کرده و دوباره به‌خیال پردازی روآورند، افقهای کارآفرینی پدیدار می‌شود. به **کجا** می‌رویم؟ چه کاری روی محصول ما می‌تواند انجام شود؟ اهداف ما کدامند؟ چطور می‌توانیم خودمان را با رقبا مقایسه کنیم؟ تاکجا می‌توانیم انتظار پیشرفت داشته باشیم؟

پیدایش E مستلزم ریسک‌پذیری و بینش عمیق است. برخی سازمانها هرگز توان خود را نمی‌شناسند، در چنین حالتی فرصتها بشکلی که مدیران بتوانند بسادگی آنها

---

(۱) Pride of ownership

(۲) Hovering hen

را تشخیص دهند رخ نمی‌نمایانند. آنها ممکن است به اندازه‌ای سرگرم تله موش گذاشتن در زیر زمین باشند که از فرصتهای موجود در سطح خیابان آگاهی نیابند. در چنین حالتی شخصی که درگیر اجرا نبوده و دارای بینش عمیقی است، بایستی عملاً تصمیم‌گیرندگان را از وجود فرصتها آگاه نماید. این فرآیند توسعه دیدگاه‌ها بسیار دردناک است. چراکه سازمان طفولیت بی‌اندازه به برنامه‌های کوتاه‌مدت گرایش دارد. بعبارت دیگر، سازمانی که در توسعه افقهای کارآفرینی موفق بوده و به پیگیری آن تمایل دارد می‌بایستی به یک PaEi یا سازمان رشد سریع تبدیل شود.

دوره رشد سریع (PaEi)

این دوره به بچه‌ای قابل تشبیه است که نهایتاً هم می‌بیند و هم دیدش‌را میزان می‌کند. تمام جهان پیش چشم او روشن می‌شود همه‌چیز به مشابه فرصت‌بنظرش می‌رسد. تنها در مرور وقایع گذشته است که مدیران درمی‌یابند بعضی از این فرصتها تهدیدهایی بوده‌اند که می‌بایستی از آنها اجتناب می‌شده است.

سازمان رشد سریع همان جهت‌گیری مولد (P) در سازمان طفولیت‌را داراست، اما با افق دید وسیعتر. او بسرعت پیش رفته و غالباً تصمیمات را بدون تجربه و احساس اتخاذ می‌کند، بطوریکه ممکن است تمامی آنچه را که در طول یکسال با سختی(۱) کسب کرده است یک شبه ازدست بدهد. به تکرار وقایعی نظیر ویتنام تمایل دارد. ورود آسان ولی خروج بسیار دشوار.

تقریباً هر فرصتی یک اولویت بنظر می‌آید. در جلسه‌ای از مدیران یک سازمان رشد سریع خواسته شد تا اولویتهای سازمانی را براساس تشخیص فردی خود لیست کنند وقتی که پیشنهادات کنار هم گذاشته شد ۱۷۳ اولویت متفاوت دیده می‌شد.

در سازمان رشد سریع فضا بسیار فشرده است چراکه سازمان بسرعت درحال رشد است. سازمان رشد سریع ممکن است دارای مجموعه کاملی از افراد با توانائی‌ها و سیستمهای انگیزشی متفاوتی باشد. از آنجا که هیچ نظام یا سیاست مدونی وجود ندارد، کارکنان در زمانهای مختلف تحت قراردادهای متفاوتی بکار گرفته می‌شوند. برخی بسیار با کفایت و برخی ممکن است مفت‌خور(۲) باشند، اما سازمان رشد سریع فرصت یا علاقه‌ای برای شناسائی و طرد عناصر نالایق ندارد. آموزش هم بندرت دیده می‌شود.

در سازمان رشد سریع، افراد در مسئولیت‌ها سهیمند. همه با هم کار می‌کنند، و تخصص ویژه مختصری وجود دارد. در چنین سازمانی، مدیر در عین حال رئیس خرید، فروشنده، و طراح هم هست. فروشندگان نیز گاهی کار خرید را انجام می‌دهند، و حسابدار بصورت پاره‌وقت نقش مدیر اداری را بازی می‌کند.

---

(۱) Painstakingly

(۲) Hangers-on

در سازمان رشد سریع، بازاریابی معادل فروش است. اساسا" هیچگونه استراتژی بازاریابی وجود ندارد. سازمان متناوبا" درحال شیرجه رفتن(۱) بسوی فرصتهای جدید و امتحان آنها میباشد. بااین همه، محدوده علائق سازمان رشد سریع کوتاه است. مدیران از کاری به کار دیگر میپرند و تلاش میکنند به همه کارها دست بزنند. در صورتی که سازمان بر کاری متمرکز نگردد، ممکن است به ورشکستگی سوق داده شود. ازطرف دیگر اگر برای آنچه که نبایستی انجام دهد در مقابل چه کار دیگری باید انجام شود سیاستگذاری نکرده، و خطی را مستقل از بنیانگذارش دنبال ننماید، به سرنوشتی دچار میشود که به تله‌بنیانگذار(۲) شناخته میشود.

تله‌بنیانگذار: درحالیکه تعهد مادرگونه بنیانگذار از ضروریات بقای طفل یا سازمان است، این موضوع بعد از دوره رشد سریع کارآیی خود را ازدست میدهد. آغوش‌محبت موجب خفگی(۳) تشکیلات میشود. بنیانگذار ازاینکه سیاستها را از فرد مستقل ساخته و رهبری‌اش را نهادی کند یعنی که سیستمها، روشها، و سیاستهائی را مستقل از قضاوت شخصی بنا نهد امتناع میورزد. برای اجتناب از تله‌بنیانگذار، اهمیت نقش اداره کردن(A) بایستی در سازمان افزایش یابد. (به شکل ۲ توجه نمایید).

شکل ۲: مرگ‌زودرس

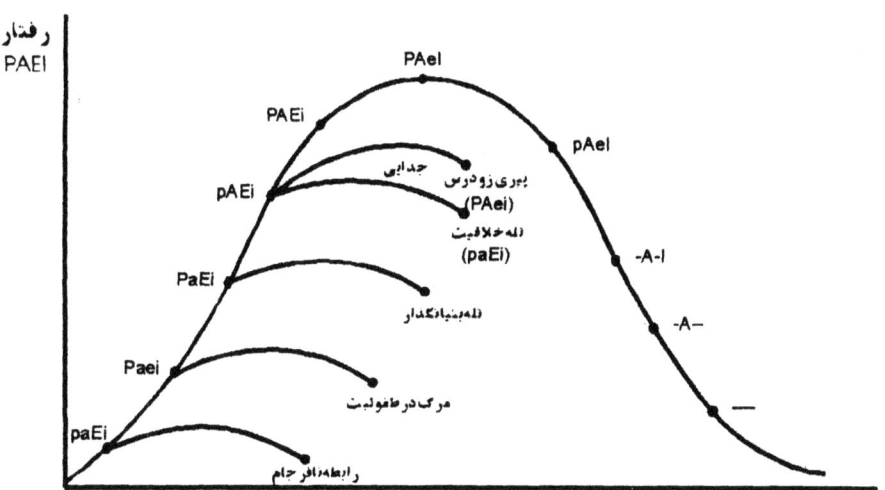

(۱- شرایط موجود / شرایط مطلوب) f = رشدوپیری سازمان

---

(۱) Plunges (۲) Founder's trap
(۳) Strangle hold

سازمان دوره بلوغ (PAEI)

هنگامی که اهمیت نقش‌اداره‌کنندگی(A) افزایش می‌یابد، زمان بیشتری صرف جلسات‌برنامه‌ریزی و هماهنگی می‌شود. کامپیوتری نصب می‌شود، یک مشاور یا اداره‌کننده حقوق‌بگیر استخدام می‌شود، برنامه‌های آموزشی توسعه داده می‌شود، و خطمشی‌هائی تدوین می‌شوند . تمامی اینها هزینه‌بر بوده و فرصت‌را در کوتاه‌مدت از حصول نتیجه (P) سلب می‌کند. مدیریت رده بالا ممکن است‌کاهش در P را نپذیرد. در چنین حالتی، فضای سازمان تغییر کرده و بطور معکوس‌به روحیه کارآفرینی (E) تاثیر می‌گذارد، علاقه افراد به رشد به یاس بدل می‌گردد. آنها زمانی راکه بایستی صرف‌برنامه‌ریزی "چگونگی" شود خرج "چرا"ها می‌کنند.

زمانی که رشد A به بهای E انجام شود، پیری زودرس(۱) بروز می‌کند. سازمان دید خود را ازدست می‌دهد. درحالیکه در بلوغ سالم، رشد A به بهای P صورت‌می‌گیرد. بعبارت دیگر، مدیریت آگاهانه تصمیم می‌گیرد که یکسال را صرف تقویت‌موقعیت(۲) یا سازماندهی خود کند. نتیجه می‌تواند چنین باشد ، زمانی که صرف‌فروش‌می‌شد، حالا صرف سازماندهی شود. اما در عین حال، اهداف بلندمدت فراموش‌نمی‌شوند.

سازمان بلوغ مملو ازتضادهاست. بایستی تعهد ایجاد نموده و ثبات پیدا کند. در چنین حالتی باید چه سبکی را دنبال کند؟ باید چه مقیاس و سیاستهای دستمزدی داشته باشد؟ بایستی چه معیارهای ترقی و سیستمهای انگیزشی(۳) برقرار کند؟ درواقع سازمان بتدریج غیرشخصی می‌گردد، که پذیرش آن برای بعضی افراد مشکل است.

در سازمان بلوغ بی‌ثباتی(۴) موجب سردرگمی(۵) می‌شود. قوانین و سیاستهایی وجود دارند، اما اینها غالبا" برای تازه واردین بکار برده می‌شوند. دسته‌بندی(۶) وجود دارد، افراد ارشد نسبت به تازه‌واردین تردید دارند. تازه‌واردین هم برای نفوذ در گروه قدیمی با مشکل مواجه هستند، زیرا "زمانی که واقعا" مشکل وجود داشت آنها حضور نداشتند."

سازمان بلوغ بخشی از اثربخشی و بهره‌وری خود را ازدست می‌دهد زیرا هم و غم خود را مصروف سازماندهی، نهادی کردن و سیستماتیک نمودن امور می‌کند. شکایت معمول اینستکه افراد بجای فروش تمام اوقات روزانه خود را در جلسات صرف می‌کنند.

با اینحال هر سازمانی برای رشد بیشتر بایستی خودرا سازماندهی کرده و نهادسازی نماید (هرچه بیشتر غیرشخصی شود). سازمان رشد نخواهد کرد اگر نتواند برای خود سیستمی ایجاد کند، یا درصورت آشفتگی(۷) افراد زیادی را ازدست بدهد. در این صورت احتمال دارد به دوره رشد سریع رجعت‌کند و یا حتی ممکن

(۱) Premature aging
(۲) Entrenching
(۳) Incentive
(۴) Inconsistencies
(۵) Riddled
(۶) Cliques
(۷) Confusion

است به‌یک‌سازمان کوچک تثبیت شده دوره طفولیت (اگر درهم نپیچد) تبدیل شود.

اتخاذ تصمیم برای کند کردن آهنگ[۱] نرخ رشد به منظور دستیابی در درازمدت به یک‌فلات‌جدید بسیار دشوار است. اگر سازمان بر اساس‌اشتراک چندنفره باشد، دسته‌بندی‌ها گسترش یافته و تضادها پدیدار می‌شوند. گروه با گرایش P علاقمند است که جلسات بی‌پایان متوقف شده، صرف‌هزینه‌های مشاوران خاتمه یافته، و همگی به سرکار برگردند. می‌گویند "آنچه که واقعا" در کارمان بحساب‌می‌آید فروش‌است، نه‌اینکه چه نوع کامپیوتری در اختیار دارید یا تا چه حد دستورات‌سیاستگذاری‌تان کامل است". گروه دیگر مخالفت‌می‌کنند و مدعی می‌شوند که سرمایه گذاری در خصوص سیستمهای سازمانی و بالاسری برای رشد درازمدت‌سازمان ضروری است.

اگر سازمان بلوغ براساس اشتراک چندنفره باشد، زمانی که امکان جدایی آنها بوجود آید، تعهد اولیه‌ای را که در دوران ایجاد شکل داده بودند درجریان نبرد روزانه (برای بقاء) مصرف کرده و حتی به صفر می‌رسانند. زمان تحلیل وقایع گذشته[۲] فرا می‌رسد. در مورد اینکه آیا فعالیتهای حال و آینده برآورنده انتظارات زندگی آنهااز یکدیگر و سازمان می‌باشد، تجدید ارزیابی صورت می‌پذیرد.

شرکاء حضور در خط اول جبهه را تجربه می‌کنند، جبهه خود را انتخاب می‌کنند. اگر جدایشی بین شرکاء بوجود آید گروهی با خصوصیات PAei، محافظه‌کارانه با مسیری کمتر جاه‌طلبانه ادامه می‌دهد. دیگران به‌صورت کارآفرینانی راضی نشده[۳] (paEi)، که دنبال فرصت دیگری هستند تا همه‌چیز را از نو شروع کنند، تشکل می‌یابند.

اگر سازمان از بلوغ بدون ازدست دادن روحیه والای (E) گذر کند، ممکن است وارد دوره تکامل از عمر خود شود (بخش بعدی این فصل چگونگی باقی ماندن در چنین رشد سالمی را توضیح می‌دهد.)

سازمان دوره تکامل (PAEi)

سازمان تکامل اهداف سالیانه خود را دانسته، و به حصول نتیجه (P) گرایش دارد. مضافا"، دارای برنامه و روش‌کاری است برای دستیابی به کارایی و تکرار عملیات‌موفق(A). در عین حال، آگاهی خود را به آنچه که در بیرون می‌گذرد از دست‌نداده، و فرصتها و تهدیدها را می‌شناسد. همچنین دارای اهداف و استراتژی‌های بلندمدت است. درحالیکه در سازمان رشد سریع نرخ رشد فروش و سود نامنظم[۴] است، این نرخها در سازمان تکامل پایدار و قابل پیش‌بینی هستند. هرکسی می‌داند که پیش‌بینی‌های فصلی تحقق خواهد یافت، و عملکرد آنها استانداردها را برای صنعت برقرار می‌سازد.

---

(۱) Cool-off
(۲) Retrospective
(۳) Unfulfilled entrepreneurs
(۴) Helter-skelter

فرآیند پیری: باقی ماندن در دوره تکامل قابل اطمینان نیست. این موضوع به اشتیاق(۱) مدیریت رده بالا بستگی دارد. اشتیاق مدیریت رده بالایی که اتخاذ تصمیمات استراتژیک آنها بر سبک سازمان اثر می‌گذارد (باعث پیر شدن می‌شوند). اگر مدیریت به بیش از آنچه که کسب کرده است مشتاق باشد، رشد هنوز محتمل خواهد بود. درصورتیکه این گروه مدیریت بر وضع موجود رضایت داشته باشد، اشتیاق نمی‌تواند منبع انرژی برای تغییر باشد زیرا:

نرخ اشتیاق = ۱ - (شرایط مطلوب \شرایط مورد توقع)

سطح اشتیاق اساسا" توسط چهار عامل تحت تأثیر قرار می‌گیرد: (۱) سن فکری افرادی که در موقعیت قدرت استراتژیکی قرار دارند (۲) سهم بازار مرتبط، (۳) عملکرد ساختار سازمانی، (شکل ۳ را ببینید)، (۴) نوع سبک رهبری سازمان.

سن فکری: در سن مشخصی که برای افراد متفاوت یکسان نمی‌باشد، افراد به باقیمانده سالهای عمرشان توجه می‌کنند و ترجیح می‌دهند از آن به بعد بعوض ساختن تعهدات به لذت بردن از زندگی بپردازند. این حالت فکری اغلب با سن همبستگی دارد.

فرض بر این است که افراد جوان تمایل دارند که زمان و انرژی خود را صرف بنانمودن چیزی کنند، زیرا شرایط مطلوب آنها با شرایط موجود فرق دارد. افراد مسن‌تر می‌پذیرند که با وضع موجود سرکنند و آن را بمنزله وضعیت مطلوب‌ببینند.

شکل ۳: گذرگاه‌های سازمانی

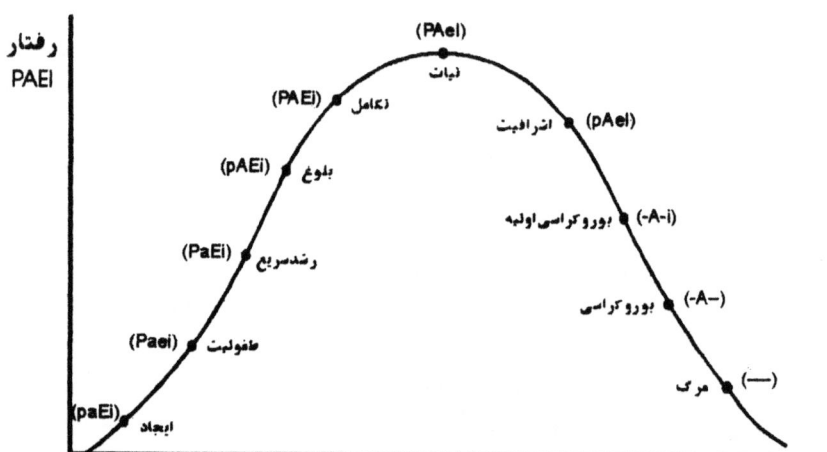

(سن فکری ,سهم بازار مرتبط عملکرد ساختار سازمانی) f = رشد و پیری سازمانی

---

(۱) Aspiration

سهم بازار. زمانیکه سازمان وارد دوره‌ای شود که رشد بیشتری از ابعاد اقتصادی، سیاسی یا قانونی را عملی نداند، وضعیت موجود بعنوان مطلوب پذیرفته می‌شود.

عملکرد ساختار سازمانی: در مراحل رشد سازمان از طفولیت به تکامل، افراد، محصولات، بازارها و قسمتهای جدیدی افزوده می‌شوند. معمولا" این اتفاق با عنایت به عوامل تاکتیکی بجای استراتژیک و تحت فشار صورت می‌پذیرد. نتیجه نهایی ساختار سازمانی لخت(۱) و سردرگم خواهد بود که اختیار و سلسله مراتب مبهمی بهمراه دارد. سازمان نیازهای بازار یا تکنولوژی را منعکس نمی‌کند. بطور مثال، شرکتی با سطح فروش ۲۰۰ میلیون دلار، کانادا را به دو بخش تقسیم کرده و بایستی به‌دو نقطه در آمریکا گزارش‌دهد (زیرا ۳۰ سال پیش‌بازار کانادا به این صورت تقسیم شده بود) یا شاخه مکزیک شرکت دیگری به لوئیزیانا آمریکا گزارش‌می‌دهد (زیرا پرواز از آن نقطه نزدیک‌تر است). این مثالها منحصر بفرد نیستند.

هنگامیکه سازمانی چنین لخت شد، آرزوهایش(۲) کاهش یافته و دوره زورگوئی به سمت داخل شکل می‌گیرد. وقتی آرزوها برای دوره‌ای بلندمدت کاهش یافت، نقش‌کارآفرینی(E) نیز کاهش می‌یابد.

با کاهش در کارآفرینی، نقش یکپارچه‌کنندگی (I) افزایش می‌یابد. تا این دوره یکپارچه‌کنندگی می‌توانست زیاد نباشد. هنگامیکه سازمان درشرف رشد وتغییر بود، بامشکلات توسعه درنبرد بسرمی‌برد، و دردنیا بدنبال جهت‌گیری و نقش‌آفرینی بود، افراد مختلف هم در رابطه با اینکه چه کاری و در چه زمانی بایستی انجام شود، عقاید نسبتا" محکم ولی متفاوتی را ارائه می‌کردند. لذا، درتضاد باهم قرار داشتند. اما این تضاد بی‌خاصیت نبود زیرا حاصل آن رشد بود، که درنتیجه سرمایه‌گذاری روحی را توجیه می‌کرد. زمانیکه E کاهش‌می‌یابد، ضرورت‌و حس علاقه به‌رشد و تغییر نزول می‌کند، زمانیکه سازمان شروع می‌کند ازنتایج حاصل از تلاشهای گذشته لذت ببرد، آنگاه ممکن است بتواند جهت‌گیری داخلی برای توسعه روابط بین کارکنان راپذیرا شود. وآن زمانی است که سازمان به‌پختگی رسیده است.

میانسالی: سازمان ثبات (PAeI)

با کاهش نقش کارآفرینی (E)، سازمان پا به سال می‌گذارد. هنوز نتیجه‌گرا و دارای سازماندهی مناسب است. نسبت به دوره‌های قبل نیز تضاد کمتری وجود دارد. کاهش در E به I اجازه رشد می‌دهد. کمتر موردی برای درگیری وجود داشته و تهدید کمتری از جانب همکاران مهاجم دیده می‌شود. در چنین سازمانی تاکید برآنچه که در گذشته انجام شده است افزایش می‌یابد. تااین مقطع زمانی و بطور معمول سازمان به موقعیتی با ثبات در بازار دست‌یافته است. این موجبی است

---

(۱) Ponderous

(۲) Aspiration

بر توسعه حس امنیت که در درازمدت هم ممکن است ازبین برود. خلاقیت و اضطرار هراز چندگاهی مورد توجه قرار می‌گیرد، اما دوامی ندارد. فرمانبری اشاعه پیدا می‌کند و محافظه‌کاری جا می‌افتد، تا آنچه که با مشقت فراهم شده است در معرض‌خطر قرار نگیرد.

در سازمان ثبات، افراد به خلاف گذشته غالبا" وقت خود را در دفتر و با یکدیگر، بعوض جوابگوئی به مشتریان یا فروشندگان صرف می‌کنند. فقدان توافقهائی که قبلا" بسیار سروصدا ایجاد می‌کرد، حالا با یک تبسم گوسفندواره وبا ذکر عبارت "واقعا" موضوع مهمی نیست" می‌گذرد. دیگر اضطرار، وجود ندارد. افراد دوست‌دارند جلسه را برای ساعتی دیگر ادامه دهند. زمانی که جلسه جدیدی اعلام می‌شود. از مخالفینی که تا پیش‌از این آشکارا سروصدا ایجاد می‌کردند (از کجا زمان برای حضور درجلسه دیگر فراهم کنیم؟) دیگر صدائی شنیده نمی‌شود. جو(۱) رسمی‌تر می‌شود. عقاید جدید شنیده می‌شوند، لیکن هیجانی وجود ندارد.

در دوره ثبات‌تغییرات متعددی صورت می‌پذیرد. یکی از آنها تغییر بودجه است. منابع تحقیقاتی بخاطر صرف هزینه‌های توسعه کاهش می‌یابد. به‌همین ترتیب بودجه تحقیقات بازاریابی بخاطر افزایش سودآوری سازمان کاهش می‌یابد. توسعه مدیریت نیز با آموزش مدیریت جایگزین می‌شود.

تفکر سودآوری کوتاه‌مدت غالب می‌شود. از این رو، تغییر بعدی انتقال قدرت در داخل سازمان خواهد بود. کارکنان امور مالی نسبت به پرسنل بازاریابی و مهندسی(تحقیق و توسعه) اهمیت بیشتری پیدا می‌کنند. برگشت سرمایه هدف پرکردن کیسه‌ها می‌شود. ارزیابی جایگزین تفکر بنیادین ساده‌نگر می‌شود. سازمان دست به ریسک نمی‌زند و انگیزه‌ای برای حفظ موضع خود نیز ندارد.

سازمان هنوز درحال رشد است، لیکن عوامل نزول از پیش پدیدار شده‌اند، روحیه کارآفرینی (E) بمرور کاهش(۲) یافته است.

> زمانی که رشد متوقف شود، مردن فرا می‌رسد.
>
> چارلزگو (۳)

سالهای برزخ(۴): سازمان اشرافیت (pAeI)

کاهش در روحیه کارآفرینی (E) تاثیرات درازمدتی از خود بجای می‌گذارد: نهایتا" نقش P، جهت‌گیری در دستیابی به اهداف و حصول نتیجه، کاهش می‌یابد. ازدست رفتن آینده‌نگری افراد موجب می‌شود تا تحرک لازم برای دستیابی به اهداف کوتاه‌مدت نیز آسیب ببیند. نتایج حاصل می‌شود، اما منبسط(۵) نمی‌شود.

---

(۱) Climate (۲) Dwindled (۳) Charles Gow
(۴) Twilight (۵) Stretching

نتیجه‌گیری مطمئن در کوتاه‌مدت غالب می‌شود، و تخم میانه‌روی(۱) کاشته می‌شود.

کاهش در گرایش به‌سمت نتیجه‌گیری(P) موجب بروز شیوه جدیدی در رفتار سازمانی می‌شود. جو سازمان اشرافیت رو به کهنگی(۲) است. آنچه که در این سازمان به حساب می‌آید "آن نیست که چه انجام داده‌اید و چرا انجام داده‌اید، بلکه چگونه آن را انجام داده‌اید. تا زمانی که از نظرها پنهان بوده و منشاء هیچ تغییری نباشید ماندنی هستید، حتی بدون توجه به اینکه چه دستاوردی داشته‌اید ترقی هم خواهید کرد".

سازمانهای اشرافیت به لحاظ نحوه لباس پوشیدن مدیران، نحوه سخنرانی آنها، موضوعاتی که سخن می‌گویند، چگونگی مخاطب قرار دادن یکدیگر، و محل ملاقاتهایشان، نسبت به سازمان‌های دیگر قابل شناسایی می‌باشند.

لباس مدیران: در سازمان طفولیت لباس مفهوم خاصی ندارد. بقول یکی از مدیران "تازمانیکه منشاء اثر مفیدی هستید می‌توانید پیراهن خود را حتی وارونه بپوشید، آیا کسی اهمیت می‌دهد؟" در سازمان رشد سریع کراوات و ژاکت خودنمایی می‌کند ولی هنوز نیازی به آنها نیست. زمانیکه سازمان اشرافیت می‌شود، مدیران لباسی نظیر لباس‌مراسم تدفین یا جشن عروسی لباس‌به‌تن می‌کنند. بنظر می‌رسد که سعی دارند با صرف هزینه بیشتر برای لباس بر دیگران پیشی بگیرند. لباسهای سه تکه مناسبترند، و هرچه تیره‌تر بهتر.

مخاطب قراردادن یکدیگر: در سازمان طفولیت افراد همدیگر را معمولاً" به اسم کوچک صدا می‌زنند. در دوره بلوغ با عناوین غیررسمی یکدیگر را خطاب می‌کنند. در سازمان اشرافیت منحصراً" نام خانوادگی بکار برده می‌شود. درجلسات "آقای چنین و چنان" مورد استفاده قرار می‌گیرد حتی اگر افراد سالها باشد که یکدیگر را می‌شناسند و در خارج جلسه هم همدیگر را با نام کوچک صدا زنند.

در سازمان اشرافیت، شکل ظاهری اهمیت دارد. قوانین ناگفته و نانوشته‌ای در باب اینکه چگونه و چه‌وقت‌بایستی کسی را خطاب کرد وجود دارد. رسم‌هایی(۳) هم وجود دارد: چه‌کسی می‌تواند به کدام دستشوئی برود یا سر کدام میز غذا بخورد. آسانسورهای متفاوتی جهت استفاده باربرها و مدیران وجود دارد.

نحوه سخنرانی: در دوره ایجاد افراد راجع به آنچه که فکر و احساس می‌کنند مبهم(۴) سخن می‌گویند. آنها تکرار می‌کنند اما در مغایرت بامطالب قبلی، بسادگی دلخور(۵) شده، احساساتشان را آشکار می‌سازند. در سازمان طفولیت نحوه سخنرانی کوتاه و صریح، حتی به‌نوعی تهاجمی و در عین صداقت است. خروج تیزوتندی است از دوره رویائی ایجاد. در دوره بلوغ سخنرانی ترکیبی از دو شکل صریح و احساسی است، پر از تناقض‌ها، لیکن مستبدانه(۶) است.

در سازمان تکامل افراد برای آنچه که می‌گویند اهمیت قائلند، به آهستگی صحبت کرده و وزن و اثر سخن خود را می‌سنجند. آنها بطور انتخابی از وسایل نمایشی کمک می‌گیرند. زمانیکه سازمان به اشرافیت می‌رسد، اصل برانتقال

---

(۱) Mediocrity (۲) Stale (۳) Rituals
(۴) Vaguely (۵) Annoyed (۶) Opinionated

"قربان، آقای بافینگتن معاون ارشد گزارش می‌دهد، او اجازه می‌خواهد تا جلو آمده و شناخته شود."

Drawing by Lorenz; © 1976
The New Yorker Magazine, Inc.

گذاشته می‌شود، وسایل ارتباطی(۱) نیز خود پیغام می‌شود. مدیران بیش از اندازه از وسایل نمایشی استفاده می‌کنند، و افراد از جلسات سخنرانی آنها جیم (۲) می‌شوند. مدیران از منفی در منفی‌های بی سروته استفاده می‌کنند. افراد با گوش‌کردن به صحبت‌هایشان، حیران می‌مانند که واقعاً" آنها می‌خواهند چه بگویند، محتوای سخنان اغلب از ایماء و اشاره و اظهارنظرهای در لفافه تشکیل شده است.

جامعه‌ای از افرادی که به هم نان قرض می‌دهند تشکیل شده است، که موقعیت آنها شبیه وضعیتی است که "باوجود حضوردشمن در دروازه شهر" در شهر خبری نیست. در سازمان اشرافیت، حتی حضور ابرها در افق و بارش اولین قطرات باران هیچ احساس اضطراری ایجاد نمی‌کند. برعکس چنین سازمانی به گونه‌ای رفتار می‌کند که انگار مشکلات موقتی هستند. "تمامی این مشکلات دیر یا زود رفع می‌شوند". این پدیده را می‌توان عارضه(۳) Finzi-Contini نامید.

Finzi-Contini عنوان فیلمی است که در آن یک خانواده یهودی ایتالیایی را درست قبل از جنگ جهانی دوم به تصویر می‌کشد. زمانی که فاشیست‌ها شروع به آزار و اذیت یهودی‌ها کرده بودند، خانواده Finzi-Continis حاضر نبودند باور کنند

---

(۱) Medium   (۲) Hedge
(۳) Syndrome

که یک اتفاق جدی درحال وقوع است. آنها می‌گفتند "ما مدت زیادی است که در اینجا بوده‌ایم" آنها به ما احتیاج دارند. ما یکی از شاخص‌ترین خانواده‌های ایتالیا هستیم". در پشت دیوار بلند محل اقامتشان به بازی تنیس و صرف غذا در غذاخوری مزین به چلچراغها ادامه می‌دادند (که فعالیت معمولیشان بوده است). در عین حال که هریک از اعضای خانواده عمیقاً نگران بودند، نگرانی خود را بطور جمعی بیان نمی‌کردند. آنها با دلخوش داشتن به گذشته و مشوش‌نکردن وضع موجود فلج شده بودند.

سازمان تجاری اشرافیت نیز رفتار مشابهی از خود بروز می‌دهد. قبل از هرچیز، معمولاً دارای ساختمانهای زیبا و گرانقیمت با فضای غیرقابل استفاده‌ای هستند. اشخاص منفرداً برای شرکت و آینده‌اش نگران هستند، اما در جلسات رسمی هیچگونه تردیدی از خود نشان نمی‌دهند.

وقتی فردی در جمع مدیران حاضر شده و تهدیدات رقابتی را یادآور می‌شود آنها دوست دارند پاسخ دهند: "نگران نباشید به اندازه کافی اینجا بوده‌ایم. آنها به ما احتیاج دارند. ما دارای اسم، رسم، یک دانش فنی هستیم". اما منفرداً آنها با مشاورین هم عقیده‌اند که: شرایط بد است و یک کسی(معمولاً شخصی غیر از گلایه کننده) بایستی کاری انجام دهد. در سازمانی مدیرانش به صراحت می‌گفتند "ما از رقابت خوشمان نمی‌آید. ترجیح می‌دهیم وظیفه خود را انجام دهیم." معنی این حرف آن است که فردا نیز آنچه را که در گذشته انجام می‌گرفته تکرار می‌کنند.

محل جلسات: درحالیکه سازمان طفولیت در محدوده یک اتاق کوچک فعالیت می‌کند، و در سازمان رشد سریع فضای کافی برای نشستن کارکنان وجود ندارد، در سازمان اشرافیت فضا به حد وفور موجود است. دفتر مدیر عامل بزرگ، دارای میز کنفرانس، مبلمان و صندلیهای متعدد است. ورودی ساختمان بسیار وسیع بوده و راهروهای پهن کاملاً فرش‌شده می‌باشد، اتاقهای متعدد جلسات از دیگر مشخصات آن است.

اتاق هیئت مدیره نیز از مشخصات اشرافیت است. در یک سازمان طفولیت هیئت‌مدیره در هر جایی و هر زمانی تشکیل جلسه می‌دهند. گاهی در تاکسی در مسیر شرکت یا موقع صرف صبحانه. در سازمان رشد سریع جلسه در دفتر مدیر عامل، وگرد میز او تشکیل می‌شود. در سازمان بلوغ جلسه در اتاقهای مختلف، راهروها، یا محلهای دیگر، بسته به گروه شرکت‌کننده تشکیل می‌گردد. بهرحال در سازمان تکامل اتاق مشخصی برای جلسه وجود دارد. چراغها پرنورند و میزها بشکل U چیده شده‌اند. تابلوهای متحرک جلسه قبلی هنوز بر روی دیوار باقی هستند. تا حدودی نامنظم اما زنده است. زمانی که سازمان به اشرافیت می‌رسد، اتاق هیئت‌مدیره به پرده‌های سنگین مجهز می‌گردد. چراغها در ارتفاع کمی قرار داشته، میزهای طویل با صندلی‌های نرم و راحت در اطراف آن دیده می‌شوند. نقاشی تمام رخ بنیانگذاران

در معرض‌دید حضار قرار می‌گیرد. اوضاع کاملا" رسمی است بنحویکه به شخص اجازه طرح اعتراض داده نمی‌شود. درحالیکه در خارج از اتاق افراد نگران شرایط بازار بوده‌اند، در داخل اتاق لحن صحبتشان تغییر می‌کند. گزارشها داده شده‌اند، هیچ پرسش نگران کننده‌ای پرسیده نمی‌شود. کار طبق معمول ادامه می‌یابد.

سازمان اشرافیت معمولا" بانی تشکلهای صنعتی بوده و غالبا" تنها سازمان‌هائی هستند که بواقع به‌توافقهای صنعتی احترام می‌گذارند. رقیب مهاجم تازه‌وارد اگرچه در شرف تسخیر کامل بازار می‌باشد، ولی بعلت گستاخی‌اش تحقیر می‌شود.

سازمانی که فاقد (چه) (P) نتیجه‌گرا یا (چرا) (E) کارآفرین‌گرا باشد بتدریج درآمد و بازارش را ازدست می‌دهد. بودجه‌اش را بجای تخصیص برای نقش‌های P و E و در تحقیقات بازار و تحقیق و توسعه، به نقش‌های A و I یعنی کنترل بیشتر سیستمها، کامپیوترهای بزرگتر و بهتر و برنامه‌های آموزشی بیشتر (نسبت به برنامه‌های توسعه‌ای) اختصاص می‌دهد.

برای بهبود وضعیت (درآمد)(۱)، یک سازمان اشرافیت اقدام به جراحی پلاستیک(۲) چهره می‌نماید. قیمت محصولاتش را افزایش می‌دهد. در کوتاه‌مدت درآمدش افزایش می‌یابد، اما در درازمدت تعداد فروش کاهش می‌یابد. در آن هنگام بمنظور حفظ درآمد قابل قبول، قیمتها مجددا" افزایش داده می‌شوند. بقول یک‌مدیر منزجر "آنها سگ را با دم خودش سیر می‌کنند(۳)".

<u>تملک کردن و شدن(۴):</u> سازمان اشرافیت نقدینگی قابل توجهی دارد. درخواستی برای سرمایه‌گذاری منابع داخلی وجود ندارد. در فضای سازمانی پذیرش وضع موجود بعنوان مطلوب قویتر از آرزوهای افراد می‌باشد. لذا، بندرت‌اقدامی که توام با پذیرش خطر باشد مطرح می‌گردد. باتوجه به نقدینگی قابل توجه آن، سازمان اشرافیت در جستجوی رشد از راههایی بجز حل مشکلات درونی است. ممکن است به خرید شرکت‌های درحال رشد اقدام نماید، غالبا" شرکتهای رشد سریع، "آینده روشنی دارند و خیلی هم گران نیستند."

ممکن است بطریق عکس نیز اتفاق بیفتد. بسیار محتمل است که سازمان اشرافیت، با وجود سرمایه کلان هدف تصاحب شدن سازمان رشد سریع قرار گیرد، سازمانی که اشتهائی بی‌پایان دارد.

در هر دو حالت "ازدواج" بسادگی صورت نمی‌پذیرد. زمانی که شرکت رشد سریع توسط سازمان اشرافیت خریداری می‌شود، متعاقبا" ممکن است احساس خفگی(۵) کند. آنچه که موجب حرکت و قدرتش بوده، انعطاف‌پذیری‌اش و قدرت تصمیم‌گیری‌اش‌بوده است. بسیاری از تصمیمات بسرعت اتخاذ می‌شده است، و جای بحثی وجود نداشته است. در سازمان اشرافیت وضعیت درست برعکس است. در آنجا بودجه‌بندی بشکل مشخص‌در زمان تعیین شده با جزئیات معین درخواست‌می‌شود، تمام آن چیزهائی که گروه رشد سریع موجب‌از حرکت افتادن(۶) می‌شمارد.

---

(۱) Revenue
(۲) Face lift
(۳) They feed the dog with its own tail
(۴) Mergers and Acquisitions
(۵) Suffocated
(۶) Stifling

هنگامیکه سازمان رشد سریع یک شرکت اشرافیت را تملک می‌کند درست مثل اینست که یک ماهی کوچک بالنی(۱) را بلعیده باشد. هضم آن مدت زیادی طول می‌کشد. سازمان رشد سریع خود را مواجه با همه مشکلات سازمان اشرافیت‌می‌بیند. دوشیدن سرمایه از شرکتهای اشرافیت موجب تکامل آنها نمی‌شود، بلکه باعث تسریع در زوال می‌شود. سازمان رشد سریع امواج ناگهانی و نیرومندی جهت‌تغییرات ایجاد میکند، که بعضا" موجب می‌شود شرکت اشرافیت از ترس فلج شود، این خود جذب‌را مشکلتر می‌کند. سازمان رشد سریع ممکن است شتاب رشد خود را در مرحله‌ای که در تلاش برای هضم آخرین بخش طعمه خود است ازدست بدهد. اگر شرکت اشرافیت‌خیلی پیر بوده و سازمان رشد سریع بسادگی قادر به حل مشکلات اساسی ناشی از کهولت آن نباشد، سازمان اشرافیت تمامی وقت مدیران سازمان رشد سریع را می‌گیرد که ممکن است به سقوط هردو موجب شود.

غالبا" آنهایی که از درون در تلاش برای اصلاح سازمان اشرافیت هستند این کار را بقیمت عمرشان می‌پردازند. نهایتا" سازمان اگرچه از تلاشهایشان منتفع می‌شود ولی آنها را به ترک صحنه مجبور می‌کند. لذا، کارکنان خلاقی را که سازمان برای بقایش به آنها احتیاج دارد، ازدست می‌دهد یا بی‌خاصیت و مائیوس‌می‌نماید.

بازنشستگی: بوروکراسی اولیه (pA-1)

فقدان کارآفرین (E) در سازمان ثبات به کاهش تولید (P) در سازمان اشرافیت منجر می‌شود. اگر سازمان اشرافیت هیچ اقدام قابل توجهی در این مورد نکند، تمامی E آن ازبین رفته و P قابل توجهی نیز در آن باقی نمی‌ماند. سازمان وارد دوره بوروکراسی اولیه می‌شود.(pA-i)

در این دوره محصولات از مد افتاده‌اند. مشتریان این را می‌دانند، فروشندگان از آن مطلعند، حتی رئیس‌سازمان از آن باخبر است، اما هیچکس کاری دراین زمینه انجام نمی‌دهد. شکایات بایگانی می‌شوند. جلسات لازم هم برگزار نمی‌شوند یا بسیار کوتاه و بی‌خاصیت هستند. همه منتظر اخراج اولین نفر هستند. بسیاری افراد برای حفظ سرشان از سازمان خارج می‌شوند. آنها که بدلیل نیافتن موقعیت جذابتر نمی‌توانند سازمان را ترک کنند جداشدگان را به وظیفه‌نشناسی متهم می‌کنند.

تقدیر(۲) چنین است، اما در همین زمان شرکت شروع می‌کند به خرج کردن. بدتر آنکه پول صرف مقاصدی بدون فایده اقتصادی می‌شود، مدال طلا برای پیشرفتها و موفقیتهای بی‌ارزش یا حضور در سمینارهای ناموفق در هتلهای لوکس. شرکت حتی ممکن است دست به ساخت بنای جدید گران و غیرضروری بزنند. مدیران به قالب‌می‌پردازند به رغم اینکه شاید بر محتوا اثر گذارند.

اگر کارآفرینی (E) و تولید (P) برای مدت کافی کم باشد - بدین معنی که

(۱) Whale

(۲) Sense of doom

برای یک دوره طولانی علاقه‌ای به تغییر و هدف‌گرایی نباشد- بزک ظاهری سازمان با افزایش قیمت، نتیجه‌ای منفی دربرخواهد داشت. بالاخره، روز محاسبه(۱) فرا می‌رسد: تقاضا جمع و جو(۲) شده و افزایش قیمتها سبب کاهش درآمد کلی می‌شود، درآمدها و سهم بازار بطور مستمر نزول می‌کنند. در آن هنگام، نان قرض دادن‌های دو جانبه ازبین می‌رود و خنجرها از رو بسته می‌شوند، نبرد برای بقای شخصی آغاز می‌شود.

یک متغیر اصلی برای تمیزدادن سازمانهای اشرافیت از سازمانهای بوروکراسی اولیه وجود دارد: فقدان بصیرت مدیریتی(۳). در سازمانهای اشرافیت آرامش قبل از طوفان وجود دارد، افراد لبخند بر لب داشته، دوستانه برخورد می‌کنند، با احتیاط با یکدیگر رفتار می‌نمایند. هنگامیکه در بوروکراسی اولیه نهایتا" نتایج سوء ظاهر شوند، بجای مقابله با رقبا، مدیران شروع به درگیری با یکدیگر می‌کنند، دیگر هیچ احتیاطی وجود نداشته و فقط مشت لخت بکار گرفته می‌شود. مراسم قربانی کردن انسانها آغاز می‌شود، عده‌ای بایستی مورد سرزنش واقع شده، مانند گوسفند قربانی شوند. بنابراین هرسال یا هرچند فصل یکبار عده‌ای بخاطر شرایط بد شرکت‌مورد سرزنش‌قرار گرفته و اخراج می‌شوند. فقدان بصیرت، گویای این حقیقت است‌که هیچکس‌واقعا" نمی‌داند چه کسی برای سرزنش بعدی انتخاب خواهد شد. لذا آنها با سوءظن به یکدیگر نگاه می‌کنند. بمنظور بقاء، افراد توضیحات غیرمنطقی برای آنچه که درحال وقوع است سرهم می‌کنند. برای مثال، اگر مدیر فروش تصمیم بگیرد تخفیف‌بدهد، مدیران دیگر سعی نمی‌کنند با توجه به شرایط رقابتی آن مورد را با عبارات‌منطقی توصیف کنند، آنها این موضوع رابه یک استراتژی "ماکیاولی" از سوی مدیر فروش‌بعوض قسمت بازاریابی نسبت می‌دهند، تا بی‌اعتبار کردن و فقدان قدرت‌رقابتی معاون بازاریابی را نشان دهند، و غیره و غیره.

این رفتار به تاکید(۴) بر زوال می‌انجامد. مدیران باهم درگیر می‌شوند، تمام وقت خود را صرف مسائل داخلی می‌کنند، به تشکیل دار و دسته و ائتلاف(۵) گروه‌هائی که دائما" درحال تغییرند می‌پردازند. قابلیت‌های خلاقیتی آنها به سمت خلق محصولات استراتژی بازاریابی بهتر هدایت نمی‌شود، بلکه صرف اطمینان از بقاء شخصی آنهم از طریق حذف و بی‌اعتبار کردن دیگران می‌گردد. لذا، عملکرد آنها بیشتر نزول کرده، و موجب سوء ظن بیشتر آنها می‌شود. از آنجا که افراد خوب، ترسیده‌اند، یا اخراج می‌شوند یا سازمان را ترک می‌کنند. این فرآیند بصورت یک دوره باطل(۶) ادامه می‌یابد که نتیجه نهایی آن بوروکراسی مطلق خواهد بود.

---

(۱) Reckoning (۲) Inelastic (۳) Managerial paranoia
(۴) Accentuates (۵) Coalition (۶) Vicious Cycle

ضعف پیری: بوروکراسی (۸--۰)

در بوروکراسی اولیه، بخاطر وجود i کوچک اگر کسی شخص مناسب را بشناسد می‌تواند تا حدی کاری را به انجام رساند. در بوروکراسی کامل کمتر کار باارزشی صورت می‌پذیرد. سازمان مانند یک صفحه گرامافون خط دار پی در پی یک‌عبارت را تکرار می‌کند. پاسخ معمول به هر سؤالی اینستکه "صبر کنید" یا "کسی بزودی شما را مطلع خواهد کرد"، ولی درواقع هیچ پاسخی وجود ندارد. این مدیران موارد بسیار جالبی برای بررسی هستند. آنها با خیلی چیزها موافقت می‌کنند اما هیچ اتفاقی نمی‌افتد هیچگونه هدف‌گرایی، تمایل به تغییر، و کارگروهی دیده نمی‌شود - فقط سیستمها، قالبها، روشها و مقررات وجود دارند.

یکی از مشخصه‌های بارز بوروکراسی پرستش نوشته‌شده‌هاست. وقتیکه مشتری یا مدیری چیزی بخواهد یا پیشنهادی را مطرح کند، پاسخ معمول اینست که "درباره آن به‌من بنویس ".

بهرحال، نوشتن نامه به سازمان بوروکراسی اتلاف وقت، کاغذ و تمبر است. معمولا" بایگانی می‌شود. در فایل‌های یک نمونه از این سازمانها، نامه شدیداللحنی وجود داشت که "اگر بسرعت به شکایت نویسنده توجه نشود مورد به دادگاه ارجاع خواهد شد". روی نامه، مهر "در تاریخ ...دریافت شد" خورده و سپس بایگانی شده بود. در پاسخ به این سؤال که‌چرا پاسخ آن داده نشده است، کارمند بایگانی اظهار داشت که برخی اطلاعات مورد لزوم را کم داشته است.

سازمان بوروکراسی دارای بی‌سازمانی است. هرگونه تلاش مشتریان برای حصول نتیجه منجر به درخواست مدرک دیگر می‌شود. سازمان بوروکراسی همه چیزهای لازم را از پیش نمی‌خواهد تا ارباب رجوع آنها را بطور کامل ازقبل آماده نماید. سازمان بوروکراسی بجای رو کردن کامل دست خود، هر زمان ورقی را نشان می‌دهد.

این رفتار از آنجا ناشی می‌شود که در سازمان بوروکراسی هیچکس نمی‌داند چه کاری بایستی انجام شود. هر فرد فقط بخشی از اطلاعات لازم را دراختیار دارد، و از ارباب رجوع انتظار می‌رود که تمامی این قطعات را کنار هم بچیند. کارکنان سیاستهای حقوق و دستمزد را نمی‌دانند، فروشندگان از استراتژی بازاریابی بی‌اطلاعند، کارکنان بازاریابی از برنامه شرکت بی‌خبرند، پرسنل مالی نمی‌دانند چه فروشی مورد انتظار است، تولید نمی‌داند محصول با چه کیفیتی بایستی تولید شود، مشتریان نمی‌دانند چه واحدی برخورد مؤثری با مشکلشان خواهد نمود. واحد خدمات‌مشتریان اغلب از یک تلفنچی که وظیفه‌اش گوش‌کردن باشد تشکیل شده است، ثبت‌کردن شکایات، و پاسخگویی به آنها از طریق نامه‌های به‌این مضمون می‌باشد که: "ما نهایت‌تلاش خود را خواهیم کرد تا...".

سازمان سعی می‌کند تا خود را از محیط اطراف ایزوله سازد. با دنیای خارج از طریق مجرایی باریک مثل یک خط تلفن ارتباط برقرار می‌کند. بدین ترتیب

جهت برقراری ارتباط شخص بایستی ساعتها و روزها وقت صرف کند. اگر کسی شخصا" به سازمان مراجعه کند، از او درخواست می‌شود که در ابتدا به پنجره‌ای که ساعات کمی از روز باز است مراجعه کند. فرد ممکن است ناچار شود روز خود را در نوبت صرف کند تا مشخص شود به‌کجا بایستی برود. اگر با سازمان مکاتبه کند ماهها طول می‌کشد تا پاسخی دریافت کند. نهایتا" هم همانطوریکه به کرات مشاهده شده، نامه‌ای در جواب دریافت می‌شود که بدرستی به اصل موضوع نپرداخته است. اکثر اوقات همین نیز رخ نمی‌دهد، مکاتبات و پرونده مربوطه براحتی گم می‌شوند.

جهت انجام کار در چنین سازمانی، ارباب رجوع بایستی دوندگی زیادی بکند. او باید از این اداره به آن اداره برود تا پاسخ چه، کجا و چه‌وقت را دریافت کند. بنظر می‌رسد که "سیستم عصبی(۱)" سازمان ازهم گسیخته است. دست چپ از دست راست خبر ندارد. واحدی درخواست واحد دیگر را عودت می‌دهد. "آنها در هر زمان ورقی را نشان می‌دهند، و هیچگاه تمامی دست خود را رو نمی‌کنند." ارباب‌رجوع سردرگم، گیج و ناامید می‌شود.

وقتی که بعضی از اعضای بدن یک انسان پیر درست عمل نمی‌کنند، چه کاری صورت می‌گیرد؟ معمولا" تحت مراقبت (بیمارستان) قرار می‌گیرد، به او دستگاه‌های مختلفی که نقش اعضای فعال را بازی می‌کنند وصل می‌شود، مثل کلیه مصنوعی. بنظر می‌رسد مشابه همین کار بایستی در مورد سازمان بوروکراسی صورت گیرد.

سازمانهای تجاری که ناچارند با سازمانهای بوروکراسی سروکار داشته باشند، معمولا" واحد ویژه‌ای تدارک می‌بینند که وظیفه تمام وقتش ایجاد سیستمهای کنارگذر است. این واحدها بنامهای مختلفی شناخته می‌شوند: در برخی سازمانها به آنها مشخصا" "ارتباط با دولت" گفته می‌شود. در برخی دیگر به "روابط عمومی" تغییر نام داده شده‌اند. این واحدها ارتباط اجزاء داخلی مؤسسات دولتی را که با هم کار می‌کنند پیدا کرده و سپس مسئولیت‌های آنان را تفکیک می‌کنند. A با معاون وزارتخانه Y کار می‌کند، خانم B با مدیر دفتر Z، و غیره. ازآنجا که Y و B ممکن است توافق نداشته باشند یا ندانند که چه‌کاری بایستی در ارتباط باهم انجام دهند، A و B تصمیم می‌گیرند که چه می‌خواهند و ترتیبی می‌دهند که Y و Z به آن عمل کنند. سازمانهای تجاری سالانه میلیونها دلار خرج می‌کنند، صرفا" برای اینکه بدانند مؤسسات دولتی چه، چه‌وقت و چگونه آن را می‌خواهند.

بوروکراسی‌ها با به‌انحصار گرفتن فعالیتهای مشخص زنده می‌مانند، مراجعین گرفتاری که توسط قانون مجبور به خرید خدمات، و خلق سیستمهای کنارگذر می‌شوند، این سازمانه را حمایت می‌کنند. "قطع حمایت(۲)" باعث از کار افتادن تعداد زیادی از این بوروکراسیها خواهد شد، شورش پرداخت‌کنندگان مالیات در سال ۱۹۷۸ نیز یکی از راه‌های انجام این کار بوده است. (توجه: پیش‌بینی نمی‌شود که قطع مالیات به اداره کردن "سالم" مؤسسات دولتی منجر شود. بلکه، اینکار

(۱) Nervous system

(۲) Pulling the plug

موجب‌تسریع در مرگ برخی از آنها خواهد شد).

سلامتی یک بوروکراسی پیشرفته بسیار ظریف است. آنچه که در ظاهر ممکن است هیولای خطرناکی بنظر آید شاید بسادگی از بین برود. بوروکراسی‌هایی که درمقابل تغییر بسیار سخت بنظر می‌رسند درواقع از درون پوسیده‌(۱)، و در مرز ورشکستگی(۲) قرار دارند. هر تغییر ناگهانی ممکن است موجب نابودی آنها شود. بوروکراسی‌هایی که مجبورند یکشبه تجدید سازمان کنند اغلب موفق به انجام عمل نمی‌شوند. برای مثال، کامپیوتر جدید، ممکن است سیستم بوروکراسی را به چرخش بیندازد. سیستم قدیم به فعالیت خود ادامه می‌دهد گویی که هیچ اتفاقی نیفتاده است، و درمقابل آن سیستم جدید کامپیوتری است که کسی به آن توجهی ندارد.

سازمان بوروکراسی ممکن است از یک خواب مرگ‌آور(۳) طولانی جان سالم بدر برد. این امر زمانی اتفاق می‌افتد که بتواند بصورت منفک از محیط خارج به فعالیت ادامه دهد. مثال چنین سازمانهایی انحصارها و مؤسسات دولتی هستند. اتحادیه‌ها یا فشارهای سیاسی ممکن است موجب زنده نگهداشتن آنها باشد، زیرا کسی جرات ندارد سازمانی را که اشتغال ایجاد می‌کند حذف نماید. این کار موجب طولانی شدن حیات مصنوعی و پرخرج سازمان می‌شود. مرگ ممکن است سالها به تاخیر افتد.

ورشکستگی: مرگ (----)

بارزترین مشخصه مرگ سازمانی درد شدید حاصل از شکست است. آنها که بقدر کافی برای ترک سازمان قوی بودند مدتها پیش این کار را کرده‌اند. آنهایی که مانده‌اند، افراد ضعیف، بی‌اطلاع و تازه‌واردین هستند. از همه مهمتر، اینها کسانی هستند که انتخاب دیگری نداشته‌اند.

برخی از اعضای سازمان ممکن است "روزهای خوب گذشته" را به یاد آورند و سعی کنند دلایل شکست شرکت را تحلیل کنند، بعضی دیگر صرفا "نیروی مخالف خارجی را به آن نسبت می‌دهند، مثل دولت، کارگران، یا رقیب نترس(۴). اما با کمی تعمق، افراد درک‌می‌کنند که سازمان مدت مدیدی است که در شرف مرگ می‌باشد.

---

(۱) Rotten to the care

(۲) Brink of bankrupcy

(۳) Coma

(۴) Unscrupulous Competitor

تجزیه و تحلیل و راه علاج

تا مراحل پختگی(۱) و ثبات، سازمان دراثر گشتاور حرکت می‌کنند (منطقه A در شکل ۴). در حالیکه در نزولش (منطقه B) با اینرسی به حرکت ادامه می‌دهد.

قبل از ثبات، بعضی از عوامل تغییر داخلی ممکن است موجب تسهیل در توسعه سازمان شوند. از ثبات به بعد (سطح B) دخالت عامل خارجی ضروری است. این توصیه به این خاطر عنوان می‌شود که هدایت گشتاور راحتتر از تغییر در اینرسی است. تا پختگی، سازمان درحال رشد است و تلاش در جهت تغییر لزوماً" تهدیدی تلقی نمی‌شود. ارتباطات معمولاً" باز است، و فرد تازه پذیرفته شده می‌تواند اقداماتی درجهت سهولت تغییر انجام دهد. علاوه بر آن قبل از ثبات (منطقه A) تفکر همگرا(۲) الزامی می‌باشد تا شخص آموزش‌دیده بتواند بدون ایجاد نوسانات زیاد و تهدید به موقعیت دیگری اقدام نماید. بعد از ثبات لازم است که تفکر واگرا(۳) حاصل گردد ("چه‌کار دیگری می‌تواند انجام شود؟"). تسهیل‌کننده بایستی میل به تغییر را با افزایش اختلاف بین توقع و انتظار ایجاد کند. او بایستی این کار را با تغییر در آگاهی جمعی سازمان یا حداقل با شروع در گروه مدیران رده بالا انجام دهد. این بمعنی ایجاد امواج است. در چنین سازمانی مشاور،

شکل ۴: همان در مقابل اینرسی

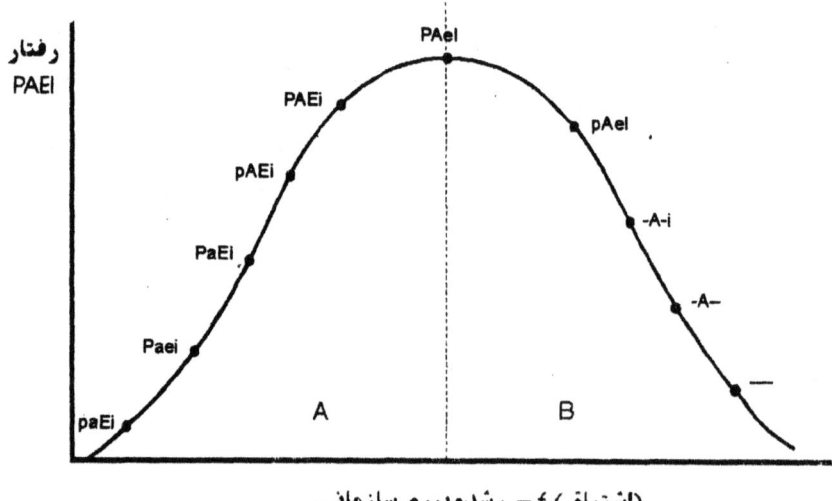

(اشتیاق) f = رشدوپیری سازمانی

(۱) Maturity
(۲) Convergent
(۳) Divergent

بایستی یک "پرخاشگر(۱)" باشد. اگر او داخلی باشد برای ساکت کردنش، بسادگی توسط همقطاران یا رؤسایش در تنگنا قرار گرفته یا اخراج می‌شود.

تا ثبات (منطقه A)، بطور نسبی، هر چیزی مجاز است مگر اینکه مشخصاً" منع شده باشد بعد از ثبات (منطقه B)، بطور نسبی، همه‌چیز ممنوع است مگر اینکه مشخصاً" مجاز اعلام شده باشد. رشد بر روی منحنی عمر سازمان در منطقه B مستلزم حضور عامل مستقل، بلندمدت و مطمئن برای تغییر از خارج می‌باشد.

درمان(۲)

ایجاد

در این دوره بهترین درمان آزمون واقعیت‌هاست (به شکل ۵ توجه نمائید). مواجه شدن(۳) فرد صاحب ایده با حقایق دشوار زندگی و بررسی کردن درجه فداکاری. اگر شخصی به‌اندازه کافی طالب آن باشد، هیچ چیز غیرممکن نیست. گرچه، آن نیز می‌بایستی از نظر رفتاری آزمایش شود.

شکل ۵: درمان

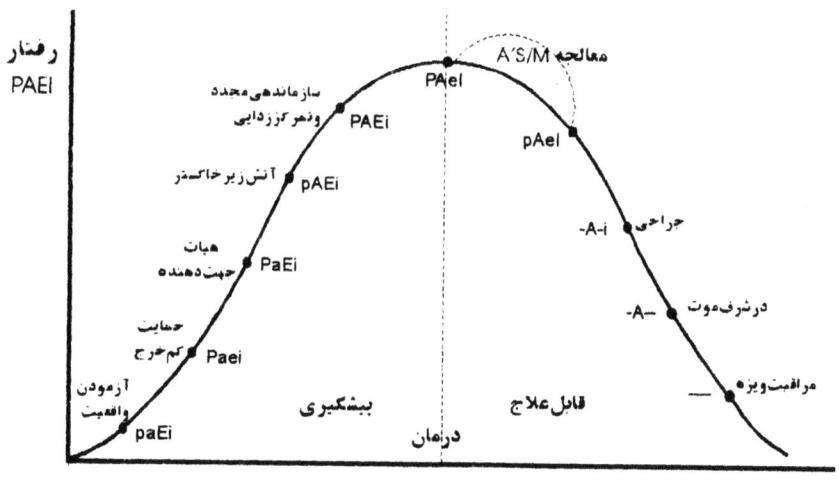

---

(۱) Insultant
(۲) Treatment
(۳) Confronting

طفولیت

سازمان طفولیت هیچ منبعی برای پرداخت به هیئت‌مدیره یا استخدام مشاورین خارج از سازمان ندارد. از اینرو، هیئت مشاوری مرکب از فرد حقوقی، حسابدار، دوستان و حتی کارکنان می‌توانند بسیاری از دانش فنی(۱) مورد نیاز را تامین کنند. این نبایستی هیئت‌مدیره باشد، زیرا ممکن است تعهدات بنیانگذار را خدشه‌دار کند، که برای بقای یک سازمان طفولیت ضروری است. این همان تعهدی است که کاملا" با درجه آزادی فرد مرتبط است.

رشد سریع

سازمان رشد سریع به یک هیئت مدیره قوی، فعال، هدایت‌کننده، و خارج از تشکیلات نیازمند است. تا افکار گروه‌ها را بهم نزدیک و رشد سریع چنین سازمانی را تسریع نماید. این مقدمه‌ای خوب و ضروری برای خروج از رهبری فردی و نهادی نمودن برخی سیاستها و برنامه‌ها در سازمان است. (غالبا" بنیانگذار سازمان رشد سریع از وجود هیئت مدیره قوی خارجی اظهار نارضایتی می‌کنند. که ممکن است اولین نشانه‌های گیر افتادن در دام تله بنیانگذار باشد).

بلوغ

درمان قابل توصیه در این دوره، برخلاف نگرش سنتی برای مواجهه با تضاد، عبارتست از دور نگهداشتن سازمان از بکارگیری درمان با توجه به افراد داخلی (برای مثال انجام نپذیرفتن آموزش‌های حساسیت) و بجای آن تمرکز کردن بر وظائف دردست. لذا، هنگامیکه شرکاء همدیگر را تحمل نمی‌کنند و مشاوری دعوت‌می‌شود، او بایستی درخواستهای آنان را نادیده گرفته و براساس‌ادعاهای(۲) متقابل آنان قضاوت‌ننماید. او ترجیحا" بایستی جلسات‌برنامه‌ریزی را برای تجزیه و تحلیل تهدیدها و فرصتها، و طراحی اهداف و استراتژی‌های آینده تسهیل نماید. سطح جدیدی از تعهد به نیازهای سازمان ایجاد نماید، و دوره ایجاد را به شکل متفاوتی تکرار کند. هرچه اجزاء برنامه آینده روشنتر باشد، سیستمهای اداری سریعتر مستقر شده و روابط درون سازمانی مستحکم‌تر خواهد شد. این بدین معنا نیست که شرکاء همانگونه که در گذشته بوده است با یکدیگر بخوبی همکاری خواهند کرد، لیکن شرایط قابل تحملی ایجاد خواهد شد. در کوتاه‌مدت دوستی وجود نخواهد داشت، لیکن خصومتی نیز درکار نخواهد بود. هنگامیکه آینده روشن باشد، آمیخته شدن رشد فرد همراه با روابط پویای مابین افراد موجب ارتقاء تعهدات افراد درون سازمان می‌شود.

---

(۱) Know-how

(۲) Accusations

تکامل

سازمان تکامل معمولا" بدنبال راه‌حلهای خارجی نیست. درجمع مدیران آکاداد چنین نیازی احساس نمی‌شود. احساس می‌کنند که بسیارخوب عمل می‌کنند. هرچند این احساس یک تله است، زیرا دوره تکامل آغازی است بر خاتمه عمر شرکت. هدف صرفا" رسیدن به تکامل نیست بلکه بقاء در آن است، و این امر نیز به لوازمی برای جلوگیری از پیری نیازمند است. برای این نیز به استمرار در گرایش به کارآفرینی (E) ضروری است.

فرآیند جوانی مجدد:

توصیه تمرکززدایی

برای جلوگیری از پیری سازمانی، سازمان بایستی مادامیکه در دوره تکامل است به تمرکززدایی اقدام نماید. در دوره بوروکراسی اولیه، تمرکززدایی غالبا" برای سازمانی که عادت به خلاقیت و تغییر ندارد نیازمند صرف انرژی زیادتری است. لذا، منحنی عمر جدیدی می‌بایستی قبل از شروع نزول سازمان (در دوره تکامل) آغاز شود. این فرآیند بایستی مستمرا" خودرا تکرار نماید. نمودار این الگو ممکن است شبیه شکل ۶ باشد.

هنگامی که سازمانی تمرکززدایی شد، انتظار می‌رود در سطوح پایین‌تر سلسله مراتب آن رهبری نمایان شود، که شامل بکارگیری توانایی در ابتکار (E)، و انگیزش و ایجاد تحرک مستقل در زیردستان برای پیگیری این ابتکارات می‌باشد (I). لذا تمرکززدایی بطور تجربی موجب توسعه E و I خواهد شد. بنابراین، معالجه سازمان تکامل، عبارت از تجدید سازمان برای تمرکززدایی‌های بعدی می‌باشد. موارد جدید (بازارها، محصولات، مراکز سود) به نمودار سازمان که می‌توانند توجه لازم را جلب کنند، اضافه می‌شوند.

نمودار سازمانی صحیح بایستی یک "خانواده توسعه یافته" را که مشخصا" در آن سازمانهای اشرافیت، تکامل و طفولیت قابل تشخیص باشد نشان دهد. مدل PAEI بخوبی با مدل گروه مشاورین بوستون، گره می‌خورد. که در آن سازمان اشرافیت بمشابه یک گاو شیرده، و به همین ترتیب (شکل ۷ را ببینید) می‌باشد.

بنابراین، پیشنهاد اینست که متناوبا" نمودار سازمانی، بازار و فعالیتهای تکنولوژیک سازمان بازنگری شوند: آیا اخیرا" چیزی ابداع شده که لازم باشد شناسایی شده که برای شروع فعالیت تجاری مورد توجه قرار گیرد؟ آیا سازمان طفولیتی وجود دارد که به اندازه کافی رشد کرده باشد تا بصورت یک مرکز سود روی پای خود بایستد؟

شکل ٦ : سازمان‌دهی مجدد و تمرکززدایی

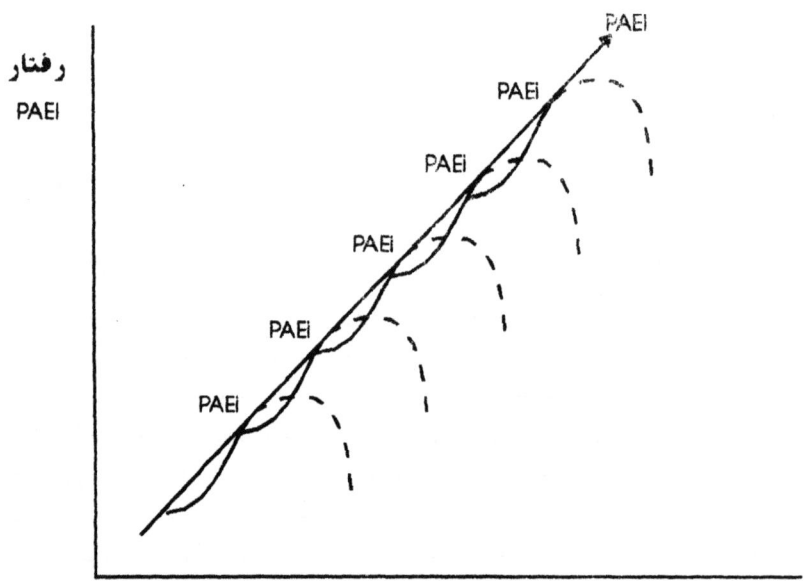

بعنوان یک قاعده، باید دقت نمود تا سازمان طفولیت به سازمان رشدسریع، و سازمان رشدسریع به سازمان اشرافیت گزارش‌نکنند - پدیده‌ای(۱) که به "آمیختگی نامشروع(۲) سازمانی" شناخته می‌شود. زیرا آنچه که برای یکی رفتار وظیفه‌ای تلقی می‌شود ممکن است برای دیگری خفقان‌آور(۳) باشد. روش‌اندازه‌گیری درجه موفقیت برای هر واحد سازمانی نیز متفاوت بوده و به محل قرارگیری آن بر روی دوره عمر بستگی دارد.

با برنامه‌ریزی بلندمدت، همانطور که در شکل ۶ ارائه گردیده، می‌توان به آن رشدی که برای سازمان ممکن است، دست یافته، فعالیتهای آینده‌اش (بازارها، تکنولوژی‌ها و غیره) را تنظیم کرده و نمودار سازمانی را بدست‌آورد. درآن حالت، PAEI (تمام نقش‌ها با حروف درشت) قابل دستیابی خواهد بود (شکل ۶ را ببینید). نقش E و I در دوره برنامه‌ریزی کوتاه‌مدت‌ناسازگارند. کارآفرینی و کار

---

(۱) Phenomenon (۲) Incest
(۳) Suffocating

شکل ۷: نمودار سازمانی

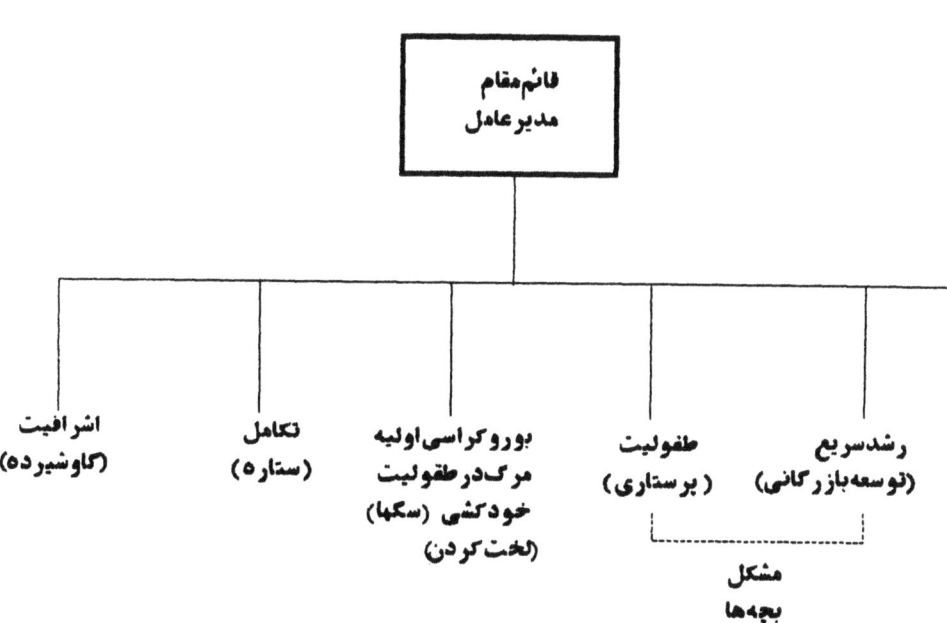

گروهی با هم غریبند، زیرا کارآفرینان طبیعتاً تکرو(۱) هستند. بنابراین، حتی در دوره تکامل، I با حروف کوچک نمایان می‌شود. با برنامه‌ریزی بلندمدت، کارآفرینان منفرد می‌توانند گرد یک طرح مشخص‌جمع شده و کار گروهی با تکیه بر خلاقیت‌های فردی آغاز شود.

سازمانی که بدون اقدام به تمرکززدایی مایل به رشد باشد، باید از شیوه تملک‌کردن و شدن(۲) تبعیت کند. اینها روش‌های معمول در سازمان اشرافیت است. آنها ایده‌ای را بروز نمی‌دهند و محصولات و بازارشان را توسعه نمی‌دهند. لذا، سازمان‌های دیگر را می‌خرند. چنین تملک کردن وشدنی منتهی به تمرکززدایی نمی‌شود، بلکه سازمان با تنوع بیش‌ازاندازه تکنولوژیکی(حضور در بازارهای زیاد و بطور همزمان)، خود را با خطر مرگ‌سریع مواجه می‌کنند.

تملک‌کردنی که با نوعی تمرکززدایی همراه نباشد، بدلیل نیاز به کنترل ممکن است منجر به تمرکز بیشتر شود، که بمعنای بوروکراسی بیشتر سازمانی است. برای اجتناب از ضعف در کسب نتیجه، سازمان نیاز بیشتری به تملک‌کردن خواهد داشت که موجب بوروکراسی شدیدتر در سازمان متمرکز خواهد شد، و الی آخر. دوره باطل(۳) بوجود می‌آید.

---

(۱) Individualisitic (۲) Merges and Acquisitions
(۳) Vicious Cycle

تمرکززدایی بایستی بصورت فرآیندی متناوب و تکراری باشد. اگر سازمانی بخواهد در درازمدت موفق باقی بماند، بایستی زمانی که به دوره تکامل رسید تمرکززدایی را شروع نماید. سازمان در این دوره برای اداره صحیح به ترکیب مدیریتی احتیاج دارد. برای دستیابی به این ترکیب، مدیرانی با سبک‌های متمایز موردنیاز می‌باشند. زیرا در هر دوره، سازمان ممکن است شیوه خاص خود را توسعه دهد که بکارگیری روشهای مشخص مدیریتی دیگری را اجازه ندهد.

معالجه سازمان ثبات و اشرافیت

سازمانهای اشرافیت به مداخله خارج از سازمانی نیاز دارند. آن را معالجه برای جلوگیری از جراحی می‌نامیم، زمانیکه مدیریت اخراج شده و تغییر ناگهانی در مسئولیت‌ها اعلام شده باشد. جراحی ضرورت ندارد، زیرا سازمان اشرافیت هنوز دارای نقدینگی قابل توجهی است، برای جوانی مجدد هم فرصت دارد، بدون نیاز به برخورد شدیدی که فقط در شرایط فشار زمانی و اقتصادی ضروری می‌باشد.

برای جوانسازی سازمانهای اشرافیت، روشی بنام A'S/M با درجات متفاوتی از موفقیت در بیش از ۵۰ سازمان در جهان بکار گرفته شده است. روش درمان A'S/M اساساً به تغییر آگاهی سازمانی از طریق تغییر در اهداف آن توجه دارد. افق دید را وسیعتر می‌کند درحالیکه بطور همزمان برای مدیریت ابزار کار گروهی برای ایجاد احساس موفقیت در تغییر فراهم می‌آورد. احساس عدم نیاز به کمک را که از مشخصه‌های سازمانهای رو به زوال است معکوس می‌کند.

بعنوان یک فرآیند، بایستی بر عوارض ناشی از Finzi-Contini غلبه نمود. درطول یک جلسه تشخیص، مدیران با واقعیات یک رفتار سازنده مواجه می‌شوند. آنها جلسه را با یک برنامه اجرایی برای حل مشکلات خاتمه می‌دهند، چیزی که هیچکس بتنهایی قادر به حل آن نبوده است، با کمک یکدیگر آن را انجام می‌دهند، زیرا آنها این مشکلات را با اهمیتی بحرانی درک کرده‌اند.

با گشودن درها بروی انتقادات سازنده(۱) و کار گروهی، سازمان از حالت واکنشی(۲) به وضعیت کنشی(۳) در رفتار بدل می‌شود، که منجر به رسیدن به دوره تکامل دوره عمر سازمانی خود می‌شود. (برای توضیح بیشتر، به کتاب "دوره عمر سازمان" مراجعه شود).

درمان بوروکراسی اولیه

"غیبت کردن و بدگویی(۴)" از خصوصیات این دوره است که به جراحی فوری احتیاج می‌باشد. تعداد زیادی از کارکنانی که دیدگاه منفی دارند، فضا را مسموم می‌کنند، آنهایی که کلاً غیرفعال هستند بایستی جایگزین شوند. این جراحی بایستی یکباره و خیلی محتاطانه انجام پذیرد. اگر جراحی‌های متعددی بطور متوالی انجام

---

(۱) Constructive Criticism   (۲) Reactive
(۳) Proactive   (۴) Backbiting

شود ممکن است سازمان را فلج کند. وجود فقدان اطمینان و سوءظن مدیریت که در این مراحل از دوره عمر بسیار قوی است، ممکن است توسعه یابد، بعبارت دیگر معالجه ممکن است موضوع را تقویت کند بجای اینکه اختلال عصبی را درمان نماید.

بعد از جراحی، روش‌درمانی که برای سازمان اشرافیت اظهار گردید، بایستی بکار برده شود، بافرق اینکه نرخ مداخله (میزان درمان) خیلی بیشتر است. مداخله ماهیانه یکبار برای سازمانهای اشرافیت کفایت است، درحالیکه بوروکراسی اولیه به مداخله ماهیانه سه بار نیاز دارد.

بوروکراسی و ورشکستگی

هیچ تجربه‌ای در معالجه سازمانهای این دوره وجود ندارد.

گرفتاری‌های(۱) محتمل

یک مدل مناسب بایستی تجویزی غیرقابل درک(۲) داشته باشد. بعضی از این موارد در زیر پیشنهاد شده‌اند.

درمان با تفویض

مکرراً" شنیده می‌شود که مشکل اصلی اینست که بنیانگذار تفویض نمی‌کند. اگر بنیانگذار در سازمان رشدسریع تفویض نکند، تله بنیانگذار بروز خواهد نمود. اما درمان به سادگی قابل اعمال نیست. اگر سازمان در دوره طفولیت باشد(که در آن بنیانگذار شدیدتر از دوره رشد سریع کار می‌کند)، تفویض نه‌تنها برای بنیانگذار خوشایند(۳) نیست بلکه برای سلامتی سازمان نیز خطرناک است.

تفویض، درمان خوشایندی نیست زیرا فداکاری نامحدود جهت خلق کارکنان، بنیانگذار را در حرکت نگهمیدارد. در این دوره از عمر سازمان، درخواست از بنیانگذار برای تفویض مسئولیتها ممکن است تهدیدی برای او بوده و او را از سازمان بیگانه نموده، و به کاهش تعهد او منجر شود. بعلاوه اینکه تفویض تصمیمات‌برنامه‌ریزی نشده بسیار دشوار است. تصمیماتی که پیش‌نیازشان الساعه خلق شده باشد. تفویض این تصمیمات با تمرکززدایی معادل است، که برای سازمان طفولیت‌بمعنی انتقال کنترل از بنیانگذار به غیر می‌باشد. این کار تقریباً" غیر ممکن است‌چراکه سازمان عمق مدیریتی ندارد. نوعاً" بنیانگذار مشاوری را که تجویز تفویض‌می‌کند با لحن عصبانی مورد سؤال قرار می‌دهد که: "تفویض ؟ بسیار خوب اما به چه‌کسی؟"

تفویض عملیات بنیانگذار بایستی در مراحل پیشرفته رشدسریع سازمان آغاز

---

(۱) Pitfalls
(۲) Counterintuitive prescriptions
(۳) Unpalatable

شود، زمانیکه کارهای زیادی برای انجام توسط دیگران وجود دارد. بنیانگذار نبایستی احساس کند که با تفویض، تمامی مزه کارش را (کنترل) واگذار می‌کند. بعلاوه در ورود به مراحل دوره بلوغ، سیستمهای اداری در شرف برنامه‌ریزی شدن می‌باشند و برنامه‌ریزی در جریان است. آنچه که سازمان رشد سریع سالم به آن نیازمند است سیاستگذاری می‌باشد - چه کارهایی نباید انجام شود - که درواقع معادل(۱) برنامه‌نویسی در تصمیمات است. هرچه تصمیمات برنامه نویسی شده‌تر باشد، تفویض بدون اینکه کنترل ازدست خارج شود، راحتتر صورت می‌پذیرد.

بنابراین، توصیه تفویض‌به مدیران فعال سازمان کوچک می‌بایستی متناسب با محل قرارگیری سازمان بر روی دوره عمر صورت پذیرد. اگر بخواهیم درمان موفق باشد زمانبندی بسیار حائز اهمیت(۲) و حیاتی است.

جراحی زمانبندی شده و غیرضروری

جراحی، تغییر مدیریت رده بالا - سریعترین راه برای ایجاد تغییر است، اما درعین حال دردناکترین و خطرناکترین شیوه درمان است. این شیوه اغلب بکار گرفته می‌شود زیرا می‌تواند در زمانی کوتاه انجام شده و بسیار پرمنفعت (ازدید مشاور) باشد. متأسفانه "جراحان سازمانی" به‌اندازه کافی باقی نمی‌مانند تا نتایج جراحي خود را ببینند یا مسئولیت مشکلات بعد از جراحی را تقبل کنند.

آنچه که یک جراح را م[illegible]ق می‌سازد این نیست که چقدر سریع قطع می‌کند، بلکه مقدار کنترل بر مسائلی اس[illegible] که بدن ضعیف و شکننده ممکن است بعداز جراحی با آن مواجه شود. بسیاری از مشاورینی که ساختار سازمانی جدیدی را پیشنهاد می‌کنند، درواقع به‌پرکردن پستهای سازمانی کمک می‌کنند، حق‌الزحمه خود را دریافت کرده، و فکر می‌کنند وظیفه‌شان تمام شده است، درواقع کارشان را کامل انجام نداده‌اند. هنگامیکه ساختار جدید به اجرا گذاشته می‌شود، درد واقعی تطبیق شروع می‌شود. این درد ممکن است حاد(۳) باشد اما مدیران از شکایت‌کردن امتناع می‌کنند. آنها از این می‌ترسند که اگر به برخی مشکلات اشاره کنند، جراحی دیگری ضرورت پیدا کند. آنها ترجیح می‌دهند بی‌سروصدا آنرا تحمل(۴) کنند بعوض‌اینکه خودشان را در معرض جراحی دیگری قرار دهند.

زمانیکه تغییر سازمانی برای حصول موفقیت درازمدت‌امری اجتناب‌ناپذیر(۵) باشد (شکل ۶ را ببینید)، و درصورتیکه قرار باشد انجام آن در زمانی نامناسب صورت‌پذیرد، ممکن است موجب برگشت بیماری شده، و سازمان هم به قبول آن راضی نباشد. اگر جراحی دردناک و غیرمؤثر بوده و بعنوان تنها راه علاج بکار گرفته شود، سازمان ممکن است بدلیل پیشگیری(۶) زیربار آن نرود. بویژه زمانیکه مساله هنوز آشکار نشده است. غالباً مافقط هنگامی که با یک بحران مواجه می‌شویم، اقدام به تجدید سازمان می‌کنیم (برای مثال در بوروکراسی اولیه). در

---

(۱) Tantamount (۲) Crucial (۳) Acute
(۴) Suffer (۵) Indispensable (۶) Preventive

این دوره جراحی غیرقابل اجتناب(۱) است. هرچند، معالجه بایستی زمانی انجام شود که تاثیراتش‌موجب‌دردمندی بسیار نگردد - در دوره تکامل از عمر سازمان زمانیکه فضای سازمانی آمادگی تغییر را دارد. بدلیل وجود رشد و انتظار مثبت‌از آینده، درک‌خطرات‌از تغییر بسیار کمتر بوده و حتی می‌تواند کمتر هم باشد. در بوروکراسی اولیه، که نتایج اقتصادی بدی ببار می‌آید و فضا از پیش برای تردید و بدگمانیها آماده شده است، تغییر موجب تقویت ترس می‌گردد بجای اینکه آن را ازبین ببرد.

اگر سازمان در اشرافیت باشد، سیاست اخراج نکردن توصیه می‌شود. سپس برای مدت ۶ ماه جهت انعکاس دادن فرصتهای مورد انتظار، درراستای ایجاد رشد بیرونی و برای پذیرش تغییر درونی، تغییر در فضای سازمانی ضروری است. تجدید سازمان (بدون اخراج، فقط با تخصیص‌مجدد منابع) و آموزش مجدد به اجرا درمی‌آید. علیرغم همه مسائل چنین درمانی بسیار موفق بوده است.

خلاصه

مدلی برای تبیین رفتار سازمانی (PAEI) ارائه شده است. دوره عمر باالگوهای متفاوت رفتاری این اجازه را به ما می‌دهد که بتوانیم نقشهایی را که لازم است تا توسعه یابند پیش‌بینی کنیم، چنانکه سازمانی بخواهد در سلامت باشد. معالجات محتمل پیشنهاد شده است. مدل همچنین می‌تواند برای روشن نمودن(۲) اشتباهات احتمالی که ازطرف مشاوران در زمینه تغییر سازمانی مرتکب می‌شوند مورد استفاده قرار گیرد.

در بخش بعدی این کتاب، در مورد اینکه چگونه مدیران خود را آموزش و توسعه دهیم بحث خواهد شد، چگونه گروههای مکمل مدیریت را تشکیل دهیم، و چگونه فضای سازمانی را با استفاده از مدل PAEI تغییر دهیم.

یادداشت‌ها

1- Gail Sheehy, Passages
(New York: Banatam, 1977).

(۱) Inevitable
(۲) Clarify

بخش سوم

درموردش چه کاری باید کرد؟

فصل نهم

آنگاه، یک مدیر خوب کیست؟

مرور سریع[1]

نامدیرانی نظیر یکه‌تاز، بوروکرات، آتش‌افروز، دنباله‌رو کبیر، و چوب‌خشک (بدترین از دسته بدها) شرح داده شدند. همه این نامدیران فاقد یک یا بیشتر از نقش‌های مدیریتی در مدل PAEI می‌باشند. در عین حال، ذکر گردید که نقش‌های سازماندهی، کارآفرینی، اداره‌کنندگی، ومولد برای یک مدیریت مؤثر ضروری هستند.

ادعا گردید که هرکدام از چهار نقش مدیریتی لازم هستند، اما برای سبک مدیریت خوب کافی نیستند. مدیران بایستی سعی کنند در یکی یا بیشتر از این نقشها برتری یابند، نه اینکه بقیه را نداشته باشند. لذا، مدیر مولد بایستی یک Paei باشد تا یک (P---)، و به همین ترتیب. شیوه -A-- غیرموظف است، نه به این دلیل که او در یک نقش تبحر دارد بلکه چون دیگر نقشها در او دیده نمی‌شوند.

روش‌های مدیریت درمقابل سوء مدیریت

تفاوت بین مدیران و نامدیران در این است که نامدیران فاقد کفایت لازم در انجام قواعد اطلی کار می‌باشند، برای این‌منظور درجدول ذیل لیست مقابله‌ای[2] انواع مدیریت‌ها آورده شده است. در کلیه موارد نقش یا نقش‌های برجسته برای مدیر و نامدیر مشابه می‌باشند (نقش برجسته درشت نمایش داده شده است). تفاوتهایی بین مدیر و نامدیر وجود دارد که نامدیر را فاقد کفایت درانجام امور می‌کند و این درحالیست‌که مدیر نیز درآن مورد برتری ندارد، ولی می‌تواند به‌حداقل انجام کار قابل قبول برسد.

---

(۱) Overview

(۲) Contrasting

سبک‌های مدیریت		سبک‌های سوءمدیریت	
مولد	Paei =	یکه‌تاز	P--- =
اداره‌کننده	pAei =	دیوانسالار	-A-- =
کارآفرین	paEi =	آتش‌افروز	--E- =
یکپارچه‌کننده	paeI =	دنباله‌رو کبیر	---I =
مدیر کتاب درسی	PAEI =	چوب خشک	---- =
فرماندار	PAei =	کارفرمای سخت‌گیر (۱)	PA-- =
شبان (۲)	PAeI =	رئیس بی‌خطر، خیرخواه (۳)	PA-I =
اداره‌کننده مشارکتی	pAeI =	بوروکرات‌پدرسالار (۴)	-A-I =
راهنما	Paei =	مربی پاره‌وقت	P--I =
بنیانگذار	PaEi =	بنیانگذار چندجانبه	P-E- =
توسعه‌دهنده	PAEi =	توسعه‌دهنده تک‌نواز	PAE- =
معلم	paEI =	هوچی	--EI =
مجاهد تازه‌وارد	pAEI =	رهبر نادرست	-AEI =
حامی بی‌باک	pAEi =	درد گردن	-AE- =
زمامدار	PaEI =	معلم روحانی (۵)	P-EI =

اسطوره(۶) مدیر کتاب درسی

نظریه مدیریت بر وجود مدیر تمرکز دارد. فرضیات این نظریه مشابه فرضیات نظریات اقتصادی است. نظریه اقتصادی ابزاری را برای پیش‌بینی چگونگی رفتار شرکت(۷) عرضه می‌کند. تحت یک سری شرایط شرکت قیمتها را افزایش‌می‌دهد و تحت شرایط دیگری قیمتها را تنزل می‌دهد. این نظریه علل تصمیمات گرفته شده را بیان می‌کند ولی در بیان چگونگی اتخاذ این تصمیمات کوتاهی(۸) می‌کند. نظریه اقتصادی مجموعه عملیات اتخاذ یک تصمیم را در مجموعه واحدی بنام شرکت امکان‌پذیر می‌داند.

در نظریه مدیریت نیز درک محدودی غالب(۹) است. مدیر برنامه‌ریزی می‌کند، کنترل می‌نماید، عامل تحریک است، نظم می‌دهد و غیره. اما اینها ابعاد مختلف کار است درصورتی که فردی که در همه آنها برتری داشته باشد وجود ندارد. ممکن است‌فردی در امور برنامه‌ریزی برتری داشته باشد (pAEi)، در حالیکه فرد دیگری در سازماندهی (PAei)، نفر سوم در ایجاد انگیزه و تحریک (PaEI) و غیره. همگی می‌دانیم مدیرانی که در ارائه مفهوم طرحها موفق هستند، در به‌اجرا درآوردن آن مفاهیم خوب نمی‌باشند، یا از آنانیکه حساس‌بوده، دارای حضور ذهن(۱۰) هستند و قابلیت یکپارچه‌کنندگی دارند، نمی‌توان انتظار تصمیم‌گیری قوی را داشت.

گرچه مدیری که در کلیه نقش‌ها عالی باشد (PAEI) وجود ندارد ولی به بررسی

---

(۱) Slave Driver
(۲) Shephard
(۳) Benevolent
(۴) Paternalistic
(۵) Charismatic Guru
(۶) Myth
(۷) Firm
(۸) Negiect
(۹) Prevail
(۱۰) Empathetic

مدیر کتاب درسی ادامه داده میشود. در مطالعه رهبری(بطور مثال: فیدلر) که بطور کلی تمرکز بر فرد میباشد. تعداد اندکی مدل، اگر وجود داشته باشد به یافته‌های روشن قابل رسیدگی دست مییابند. اینگونه مدلهای مدیریت قابلیت‌پیش‌بینی اندکی دارند زیرا موضوع درستی را مورد مطالعه قرار نداده‌اند. فرد رهبر بعوض گروه رهبری درنظر گرفته میشود. قابلیتهای سایر افراد در گروهی که رهبر آن را رهبری می‌کند نیز نادیده گرفته میشود.

اکثر نظریه‌های مدیریتی سنتی، براین فرض‌هستند که‌مدل یک مدیر براساس‌نظریه احتمالی نمی‌باشد. آنها (نظریه‌ها) فرض میکنند که تمام مدیران کلیه موضوعات را تحت هر شرایطی و برای تمام سازمانها، به یک روش مدیریت می‌کنند. آنها (نظریه‌ها) توضیح کافی از شرایط متفاوتی که مدیر تحت آن شرایط طرح می‌دهد، سازماندهی می‌کند و انگیزه بوجود میآورد ارائه نمی‌دهند.

بنابراین آموزش در مدارس بازرگانی سنتی میتواند به آموزش مدیریت خوب آسیب(۱) برساند. رویهمرفته اگر اینگونه آموزشها برای افزایش‌تعداد PAEI ها صورت گیرد، وقتی "فارغ‌التحصیل" کار مدیریت را شروع می‌کند نمی‌تواند انتظاراتی را که بر او هموار میشود برآورده نماید، لذا تدافعی عمل میکند. او آموزش دیده است‌تااعتقاد داشته باشد میتواند یک PAEI باشد، ولی قبول اینکه او نمی‌تواند چیزهایی را که از او خواسته میشود انجام دهد بمعنی قبول شکست خواهد بود. با نپذیرفتن این ضعفها در خودشان و دیگران، فارغ‌التحصیلان مدارس بازرگانی برای سازمانهایشان مسئله‌ساز میشوند.

ابزار حسابداری، بازاریابی و تجارت همگی باارزش‌هستند، مدارس‌بازرگانی می‌توانند همراه با این ابزار، طرز تلقی نادرستی را نیز تزریق کنند. آنها (مدارس‌بازرگانی) می‌توانند شاگردانشان را طوری برنامه‌نویسی کنند که اعتقاد پیدا کنند، خود و زیردستانشان می‌بایستی PAEI باشند. نتیجتا" پیوسته ازدست‌آورد خودشان و کسانی که با آنها کار می‌کنند، ناراضی باقی بمانند.

در فصل بعدی درباره چگونگی تربیت و آموزش مدیران به تفصیل گفتگو خواهد شد، بهرحال به سؤال اصلی و اولیه برمی‌گردیم: اگر PAEI وجود ندارد، پس چگونه یک‌فرد می‌تواند از نامدیر شدن برحذر باشد؟

یک مدیر خوب کدام است ؟

یک مدیر خوب به احتمال قوی نمیتواند منبع ذخیره‌ای باشد برای تمام خوبی‌ها و هنرهایی که به مدیریت نسبت داده میشود. بهرحال اگر مدیر (مرد یا زن) بخواهد گروهی عمل نماید به ۹ مشخصه نیازمند خواهد بود.

۱- قادر باشد، تمام چهار نقش مدیریتی را به اجرا درآورد، گرچه نتواند در همه

---

(۱) Detrimental

آنها ایده‌آل باشد. او حداقل در یک نقش در سطح ایده‌آل قرار گیرد و برای بقیه آنها هم در حد انتظار از سایرین بهره بجوید، در مدل PAEI او نبایستی هیچ خط فاصله‌ای وجود داشته باشد.

۲- به نقاط قوت و ضعف خود واقف باشد.

۳- در تماس با محیط اجتماعی، بازتاب نظرات دیگران در رابطه با موقعیت خود را پذیرا بوده و به وظائفش آشنا باشد.

۴- دارای تصویر متعادلی از خود بوده و هردو زمینه قوت و ضعفش را بشناسد. ۵- قوتها و ضعفهایش را قبول داشته باشد و برای بودن چیزی که نیست تلاش نکند (حداقل در یک دوره کوتاه).

۶- بتواند برتریهای دیگران را تشخیص بدهد، حتی در نقش‌هایی که خودش نتواند آنها را بخوبی به اجرا درآورد.

۷- نظرات دیگران را در زمینه‌هایی که قضاوت دیگران در آن مورد بهتر است بپذیرد.

۸- بتواند تضادهایی را حل نماید که بطور جبری بین اشخاصی که مجبورند با نیازها و سلیقه‌های مختلف با یکدیگر کار کنند، بوجود می‌آید، درنتیجه مجموعه مدیریتی مؤثری را ایجاد کند.

۹- محیطی آموزشی (تربیتی) ایجاد نماید.

نقش یک مدیر شایسته ایجاد محیطی است که بیشترین چیزهای خواسته شده با بیشترین احتمال وقوع، اتفاق بیافتد.

Ralph Ablon

این مشخصه‌ها به تفصیل مورد مطالعه قرار می‌گیرند.

یک شخص مسلط

فصل مشترک پانزده روش سوء مدیریت که در جدول صفحات اول لیست شده بود انعطاف‌ناپذیری آنان می‌باشد، هریک از انواع سوء مدیریت در یکی از نقش‌های مدیریتی یا بیشتر (کوری) دارند، بنابراین با اشخاصی که در آن نقش‌ها برتری دارند دراجرا با اشکال مواجه می‌شوند. حد نهایت آنان نیز همان مدیران تک‌بعدی می‌باشند، یکه‌تاز، دیوانسالار، آتش‌افروز و دنباله‌رو کبیر.

مدیران خوب کسانی نیستند که یا PAEI باشند یا قادر نباشند هیچکدام از نقش‌های مدیریتی را به اجرا درآورند. آنها دارای نقاط قوت و ضعف می‌باشند. یکی ممکن است دارای P قوی باشد و دیگری E قوی و غیره... اما قوتشان آنها را

از انجام سایر نقش‌های مدیریتی باز نمی‌دارد(۱).

مقابله جالب با این نقطه‌نظر را می‌توان در گزارش H.Storm پیدا نمود. "چگونه بومیان آمریکایی(سرخپوست‌ها) از چرخ جادوئی برای دسته‌بندی و تعیین شخصیت افراد استفاده نموده و رشد افراد را طرح‌ریزی می‌کنند. چرخ جادویی دایره‌ای ساخته شده از سنگ‌های کوچک یا سنگریزه(۲) می‌باشد که جهت‌های شمال، جنوب، شرق و غرب را به‌نمایش می‌گذارد. هویت ویژه شخصیتی، یک بت(۳) یا سمبل حیوان، و یک رنگ به یکی از جهت‌ها مربوط می‌شود. برای مثال خردمند،

شکل ۸: چرخ پزشکی

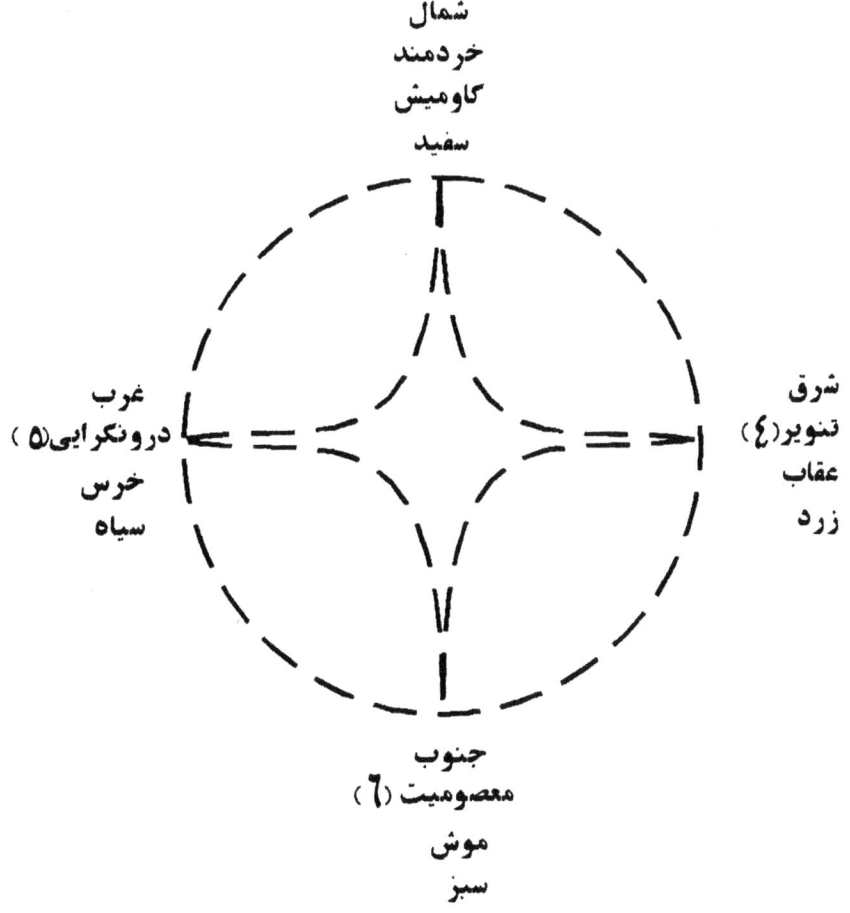

| (۱) Don notpreclude | (۲) Pebbles | (۳) Totem |
| (۴) Illumination | (۵) Introspection | (۶) Innocesence |

گاومیش با رنگ سفید در جهت شمال تعیین شده است. (به شکل دایره توجه کنید). H.Storm می‌گوید: در بدو تولد هریک از ما دارای یک نقطه شروع ویژه هستیم که در یکی از این چهار جهت بزرگ بر روی چرخ جادویی قرار گرفته است. این نقطه شروع، اولین مسیر را برای فهم چیزها به ما می‌دهد که بعدها آسانترین و طبیعی‌ترین راه در طول زندگانی خواهد بود.

کسی که فقط از یک جهت به فهم "مطالب" می‌پردازد، کامل نیست، کسانی که منحصرا" در جهت شمال تعریف "هویت" شده‌اند گاومیش نامیده می‌شوند. اینگونه اشخاص خردمند اما سرد و بدون احساس هستند. عقابها، کسانی که در جهت شرق معرفی شده‌اند، می‌توانند بلند و وسیع‌نگر باشند ولی به مسائل نزدیک نیستند، آنها هیچ درک و تصوری از انعکاس زمینی را در حرکات بسیار بالای خود ندارند. مرد یا زنی که درکی از جهت غرب دارد افکار شناسهی را مجددا" و مجددا" مرور می‌کند و اغلب بدون تصمیم باقی می‌مانند. شخصی که از سمت جنوب به درک می‌پردازد همه چیز را از دید یک موش می‌بیند، بیش از حد به زمین نزدیک و برای دیدن هرچیز فوق‌العاده نزدیک‌بین است بجز مواردی که دقیقا" در جلوی او قرار گرفته باشد.

این تعاریف از شخصیت افراد، تشابهات آشکاری با سبک‌های سوء مدیریت دارد. عقاب خیلی شبیه به یک کارآفرین منحصربفرد (-E--) می‌باشد. او از بالای همه نقاطی که انتظار دنبال کردن دارد پرواز می‌کند، بدون شناخت از جزئیاتی که هر کاری برای انجام شدن به‌آنان نیاز دارد. موش شبیه به‌یک مولد دست‌نخورده(۱) است (P---) سخت‌کوش است، ولی دید بلندمدت ندارد. فقط روزهای کوتاه و نزدیک خودش را می‌بیند. Storm توضیح می‌دهد که افراد موش کسانی هستند که همه‌چیز را از نزدیک می‌بینند و دید آنها محدود به دنیای نزدیک اطراف خودشان است. این اشخاص ممکن است جمع‌کننده چیزها باشند. آنها ممکن است حقایق، اطلاعات، موضوعات مادی و یا حتی ایده‌ها را جمع کنند. اما بدلیل اینکه به اندازه کافی نمی‌توانند دورتر را برای ایجاد ارتباط بین دنیای خودشان بادنیای پر ازامکانات محیط ببینند، هیچ وقت قادر نخواهند بود تا به درک و فهم آنچه که دیده و جمع کرده‌اند بپردازند. خرس قدرتمند و آرام که هر تصمیمی را بیشتر و بیشتر مرور می‌کند، بیشتر به یک اداره‌کننده منحصربفرد (--A-) می‌ماند. (چرخ جادویی برای یکپارچه‌کننده منحصربفرد هیچ مرجع مقایسه‌ای ندارد).

طبق گفته Storm سرخپوستان آمریکا، اعتقاد دارند که مردم با دسته‌ای تمایلات مسلط بدنیا می‌آیند. سبک رهبر مذهبی قبیله، جادوگر(۲) اینست که هر شخصی را به درک تجربه‌هایی بغیر از آنچه که هست مجبور کند تا آن شخص به فرد مسلطی(۳) تبدیل شود. شخصی که عقاب بدنیا آمده است مجبور است که زندگانی موش‌ها را ببیند و بخوبی درک کند که آنها چگونه زندگی می‌کنند.

بعبارت دیگر، غیرممکن بودن در رسیدن به PAEI باعث رد آنچه هستیم

---

(۱) Unadulterated
(۲) Shaman
(۳) Well rounded

نمی‌شود. بدین معنی که می‌بایستی بهبود اثربخشی نقش‌های الزامی خودمان را هدف گرفته، خطوط را از مدل شخصیتی موجود خارج کنیم، و رشد خود را برای طولانی مدت و همزمان با پذیرش اینکه ما کامل و بی‌نقص نیستیم ادامه دهیم. برای اینکه بتوانیم به رشد نائل آئیم، باید نخست بدانیم که چه‌کسی و چه‌چیزی هستیم.

متأسفانه عملکرد بسیاری از شرکتها، به روشنی(۱) عملکرد جادوگران سرخپوستان آمریکایی نیست. اگر کسی P خوبی باشد ممکن است در پست خود درجا زند یا بطور عمودی تا زمانی که خود را مستهلک کند یعنی چوب خشک شود، صعود نماید.

خودشناسی

برای اینکه مدیر خوبی باشیم، باید خود را بشناسیم. بشناسیم که بر چه نمودهایی(۲) از مدل PAEI خود به عنوان نقاط قوت و ضعف می‌توانیم حساب کنیم.

> خودشناسی را پیشه خود ساز که مشکلترین درس در جهان است.
>
> Miguel de Cervantes

بسیاری از مردم خودشان را نمی‌شناسند، همه تمایل داریم به خود تلقین کنیم عالی‌ترین مولد، بهترین اداره‌کننده، بسیار خلاق و در ارتباط برقرار کردن با دیگران خوب هستیم. نمی‌دانیم کیستیم، به همین خاطر ممکن است مطلوبانه یا غیرمطلوبانه نسبت به خود تعصب ورزیم.

اظهار گردیده که ما همانی هستیم که با دیگران رفتار می‌کنیم. بعبارت دیگر همان گونه‌ایم که رفتار می‌کنیم. یعنی کسی را نمی‌توان با آنچه که درباره خود می‌گوید شناخت، بلکه با مشاهده وی و آنچه که انجام می‌دهد و چگونگی انجام آن می‌توان شناخت.

این پیش‌بینی رفتاری موجودگرا(۳) براین دلالت دارد که، برای شناخت خود باید با محیط اطراف خود در تماس باشیم. باید درک کنیم که چه تأثیری بر روی دیگران می‌گذاریم. بهترین روش برای چنین درکی آن است که گفته‌های دیگران درباره خود را بشنویم حتی اگر آنچه که می‌گویند با اعتقادات و عقایدمان درخصوص خودمان موافق(۴) نباشد. درغیر این صورت با بینش نادرست درباره آنچه که هستیم به زندگی ادامه می‌دهیم.

---

(۱) Enlightened
(۲) Facets
(۳) Existentialist
(۴) Congruent

> آه، دیدن خودمان آنطور که دیگران ما را می‌بینند چه قدرتی به ما می‌بخشد.
> Robert Burns

در محل کارم در مکزیک با مثالی جالب در همین رابطه مواجه شدم، زبان اسپانیایی را که آموخته بودم، اسپانیایی Castilian قدیمی بود، در یکی از درسهایم که بر اساس زبان اسپانیایی مدرن بود مطلبی گفتم که حاضران را متحیر کرد، از شخصی که انگلیسی می‌دانست خواستم آنچه را گفته بودم به انگلیسی ترجمه کند تا علت اشتباه را بدانم.

او گفت: "شما پرسیدید که آیا شما را احساس می‌کنم" اما درواقع آنچه که می‌خواستم بپرسم این بود که "آیا مرا می‌شنوید؟" سپس متوجه چیز خیلی جالبی شدم، پانصد سال پیش کلمه اسپانیایی Sentir به معنی "شنیدن"، "گوش دادن" و "احساس کردن" بوده است در اسپانیای مدرن Oir یعنی شنیدن escuchar یعنی گوش دادن و Sentir یعنی احساس کردن. امروزه کسی می‌تواند بشنود ولی گوش ندهد، گوش دهد ولی احساس نکند. بنابراین برای اینکه یک مدیر خود را بشناسد باید با جهان پیرامونش بدون سانسور و کنترل، کاملا" بی‌واسطه ارتباط برقرار کند، او باید آنچه می‌شنود و گوش می‌دهد را احساس کند، مدیر برای ارتباط با خودش لازم است با دیگران ارتباط داشته باشد.

> برای شناخت یک نفر، دو پیوند لازم است.
> S.Culbert

پذیرش خود

یک مدیر خوب، سعی نمی‌کند کس دیگری باشد، او خود را قبول دارد، نقطه‌نظر نامتعادلی درباره خود ندارد، نقاط ضعف و قوت خود را می‌داند و آنها را می‌پذیرد.

پذیرش خود به این معنی نیست که فرد نمی‌خواهد خود را بهبود بخشد، تمایل به بهبود وقتی واقعی است که مبتنی بر تغییر سال جدید برای ایجاد تغییر در شخصیت نباشد.

> بزرگترین مانع آن است که در مواجهه با دیگران خود را خوب جلوه‌دهی بجای آنکه در خلوت خود را بیمار ببینی.
>
> Honor de Balzac

برای شناخت از مدیران آزمونهای روانشناسی گرفته می‌شود و بطور مثال نتیجه ممکن است نشان دهد که مدیری وظیفه‌گراست. در اینصورت به‌او گفته می‌شود: "شما باید مردم‌گرا باشید" چنین بازخورهای محدود در مجموع تغییری در مدیر بوجود نمی‌آورد، نمی‌تواند بوجود آورد. اگر می‌توانست که مردم‌گراتر باشد، تابحال شده بود. چنین روشی باعث می‌شود که مدیر از آنچه که هست ناخشنودتر گردد. بنابراین بدون اینکه تغییر مهمی در رفتارش بوجود آید، محتاط تر می‌شود.

پذیرش خود، از آزمون بدست نمی‌آید. قسمتی از به پختگی رسیدن است. یک نوبالغ ممکن است بدنبال رؤیاهایش حرکت کند، ولی بزرگسالان واقعیت را می‌پذیرند. همانند بزرگسالان، نواقص خود را بشناسیم و علیرغم آن خود را دوست بداریم.

می‌توانیم خود را فقط در ارتباط با دیگران بشناسیم، بوسیله ارزیابی که آنان از ما بعمل می‌آورند. باید با جدیت در جستجوی فهمیدن توانایی‌ها و محدودیت‌های خود باشیم. در این صورت است که می‌توانیم مؤقعیت خود را بعنوان مدیر در نمودار PAEI شناسایی کنیم. در فصول بعدی روشهایی را که به کسب اطلاعات از دیگران، جهت کمک گرفتن به خود در ایفای نقش‌های مختلف مدیریتی می‌باشد، به بحث‌گذارده شده‌اند.

آنچه که اشاره شد درواقع مطلب جدیدی نیست. روانشناسان انسانشناس(۱) سالها پیش گفته‌اند که مدیر باید فردی پخته و خودآگاه(۲) باشد.

شخصیت خودآگاه: طبق نظریه مازلو، چنین افرادی خود و دیگران را همانگونه که هستند می‌پذیرند. از افرادی هم‌که، نیستند آنچه باید باشند، دوری(۳) نمی‌کنند. افراد خودآگاه، عملگرا هستند، آنها از خود راضی یا "از هرچه پیش آید خوش آید" نیستند.

از آنجاکه افراد خودآگاه ایمن هستند، از ابراز احساس‌خود به‌دیگران واهمه‌ای ندارند. روابط درون فردی آنها بسیار عمیق است،این روابط کمتر از روابط درون فردی سایر مردم عادی است.

افراد خودآگاه به قضاوت صحیح و کارآ نسبت به مردم و شرایط تمایل دارند. بطور کلی آنها به آسانی قادرند، متقلبین(۴) جعل‌کنندگان(۵)، و

(۱) Humanistic psycologists (۲) Self-Actualized (۳) Shun
(۴) Spurious (۵) Fake

فریبکاران(۱) را شناسایی کنند.

افراد خودآگاه در مواجهه با امور روزمره، با گشاده‌رویی و شادابی واکنش نشان می‌دهند. آنها سرشار از حیرت(۲)، لذت و حتی وجد(۳) هستند. آنها به مسائل با روشی منطقی و طبیعی پاسخ می‌دهند.

افراد خودآگاه ساز دیگری می‌زنند، آنها اعتماد به نفس دارند و قضاوت خود را ملاک قرار می‌دهند. در فکر و عمل خود مختار و مستقلند، براساس استانداردها و ارزشهای درونی تصمیم می‌گیرند نه براساس آنچه که دیگران انجام می‌دهند.

افراد خودآگاه می‌خواهند از هرکسی یاد بگیرند. مازلو کشف کرد که آنها در هر ملاقات، مبادلات پرباری خواهند داشت. آنها همچنین آنچه را که دیگران در پرسیدنش تردید دارند، سؤال می‌کنند.

روانشناسان دیگر مانند بل، مدیران کارآمد را دست‌یابان به موفقیت یا خودآگاه‌سازان تشریح می‌کنند. بل مشخصه دست‌یابان به موفقیت راافرادی بااعتماد به نفس بالا می‌داند. بنابه نظر او دست‌یابان به موفقیت خودانگیخته(۴)، طبیعی، معتمد به نفس و هدف‌گرا هستند و تمایل دارند توان خود را به عوض خودشان بر مشکلات متمرکز کنند.

طبق نظریه بل "دست‌یابان به موفقیت از نظر روانی سالمند. آنها درباره خودشان احساسی مثبت و اصیل دارند. آنها خودشان را دوست دارند، از جایگاهشان در زندگی احساس رضایت می‌کنند، نقاط قوت و ضعف خود را می‌پذیرند. کاملاً متکی به خود(۵) عمل می‌کنند، برای آنان تصمیم‌گیری در زندگی با تکیه بر ارزشها و احساسات خودشان گرفته می‌شود، به قضاوت خودشان اعتماد دارند."

سازمانی که توسط یک دست‌یاب به موفقیت اداره می‌شود، نتایج فوق‌الذکر را ایجاد می‌نماید. دست‌یابان به موفقیت بدون نیاز به آنچه که کارفرمایان سخت‌گیر برای نظام‌دهی بکار می‌گیرند، بر امربرها غلبه می‌کنند. روحیه عمدتاً بالایی دارند و زیردستان آنها برای توسعه استعدادهایشان مورد تشویق قرار می‌گیرند. دست‌یابان به موفقیت به اهداف مهم توجه دارند و انگیزه اصیل را در زیردستان خود توسعه می‌دهند. سبک‌مدیریت دست‌یابان به موفقیت خلاقیت است.

سبک شخصیتی پخته: آرگیریس الگویی را برای شخصیت‌های پخته و ناپخته ارائه داده است. جدول ۱ تفاوتها را نشان می‌دهد. بر طبق الگوی آرگیریس، مدیر پخته می‌بایستی وضعیت قرارگیری(۶) فعال داشته باشد، مستقل عمل کند، به روشهای مختلف رفتار نماید، عمیقاً علاقه‌مند باشد، دارای بینش درازمدت بوده و علائق قوی داشته باشد، بالادست قرار گیرد، خودآگاه باشد و بر خود کنترل داشته باشد.

---

(۱) Dishonest (۲) Awe (۳) Ecstasy
(۴) Spontaneous (۵) Self-Contained (۶) Posture

آنگاه، یک مدیر خوب کیست؟ ۱۳۱

جدول ۱: پیوستار پختگی/ناپختگی آرگیریس

ناپختگی	پختگی
منفعل	فعال
وابسته	مستقل
به روشهای محدودی رفتار میکند	به روشهای زیادی رفتار میکند
علائق سطحی	علائق قوی
بینش کوتاهمدت	بینش بلندمدت
زیردست	بالادست
فاقد خودآگاهی	خودآگاه و دارای کنترل برخود

شناخت برتری(۱) در دیگران

به مجرد اینکه دانستید چه کسی هستید، مشکل بعدی شناخت آن دسته کیفیات در سایرین است که لازم میباشد و شما فاقد آن هستید. بدین منظور باید بدانید برای مدیریت‌کارآمد چه کیفیاتی لازم است.

برای فهمیدن، به تفاوتهایی که در توضیح میان ما و اسکیموها راجع به برف وجود دارد توجه نمایید. در مقایسه با توضیح اسکیموها ممکن است توضیح ما بسیار ناقص باشد. اسکیموها برای آنچه ما برف می‌نامیم پنج کلمه دارند. آن را با برف‌خیس، برف‌پودر شده، برف‌دانه بزرگ و غیره مشخص میکنند. به دلایلی باید انواع و مشخصات مختلف برف را بشناسند.

به‌همین ترتیب برای درک مناسب مدیریت، نیازمندیم سبک‌های مختلفی را بدانیم که برای ایجاد مدیریت کارآمد به‌هم بافته(۲) میشوند. ازآنجا که هیچکس به‌تنهایی نمی‌تواند یکPAEI باشد، یک مدیر باید بتواند کیفیات‌دیگران را برای جبران ضعفهای خود تشخیص دهد.

افراد تک بعدی که در برابر سایر سبک‌ها کور هستند، در تشخیص، پذیرش و قدردانی سایر سبک‌ها هم مشکل دارند.

یکه‌سوار امربرها را استخدام میکند و با دیگر یکه‌سواران همکاری میکند. او به بوروکرات ظنین است و او را تحقیر(۳) میکند، از آتش‌افروز میترسد و دنباله‌رو کبیر را نادیده میگیرد. پس چگونه میتوان از او انتظار داشت که آنان را بشناسد و بکار گیرد؟ ازطرف دیگر بوروکرات سعی میکند از آتش‌افروز

(۱) Excellence
(۲) Interweave
(۳) Despises

اجتناب کند و یکه‌سوار را به بهترین وجه سازمان دهد.

بنابراین دانستن خود بعنوان مدیر کافی نیست. باید تمام چیزهایی که برای مدیریت کارآ لازم است بدانیم و از دیگران خصوصیاتی را بشناسیم که ما را تکمیل می‌کند وعالی می‌سازد. بعلاوه باید بتوانیم به‌آن خصوصیات تکمیلی احترام بگذاریم.

پذیرفتن عقاید مخالف

برای تشکل PAEI، یک فرد به ترکیب مدیریتی متشکل از دو یا چند نفر که دارای سبکهای مکمل یکدیگر باشند نیازمند است. ولی اکثر مدیران اعتماد به نفس لازم برای کار کردن با افرادی که دارای سبکهای متفاوتی با خودشان باشند را ندارند. آنها مکمل بودن را نمی‌خواهند، مشابه بودن را می‌خواهند.

اگر مکمل گرایی(۱) به مدیری که خود را نمی‌شناسد یا نمی‌پذیرد تحمیل گردد، در رفتار او با زیردستانش‌فقدان اعتماد به چشم خواهد خورد. اگر این به مدیری که فکر می‌کند یکPAEI است تحمیل شود، آن مدیر نیز به مانعی در مسیر کارهای گروهی تبدیل خواهد شد، دیکتاتور بیچاره‌ای(۲) که سعی دارد کسانی را که خلاقتر هستند و سازمان را بطور غیررسمی هدایت می‌کنند یا حتی تصمیماتی عملی می‌گیرند، کنار بزند.

آیا می‌توانید به عنوان یک مدیر با دیگرانی که قدرت آنها با قدرت شما یکسان نیست زندگی کنید؟ آیا می‌توانید ضعف‌های خود را قبول کنید؟ آیا می‌توانید زیردستانی داشته باشید که در زمینه‌هایی که دارای ضعف هستید، از شما قوی‌تر باشند؟ آیا آگاه هستید که‌چون نمی‌توانید درتمام سبک‌های مدیریت بالادست باشید، باید به زیردستانی که بنا به ملحوظاتی به شما ارجحیت دارند، احترام بگذارید؟

> من کسی را سراغ ندارم که در موردی به من ارجح نباشد.
>
> "Ralph Wald Emerson"

به دلایل فوق تفکیک مردم بعنوان بالادست‌زیردست اشتباه است. تفکیک بالادست‌زیردست با فرض‌وجود مدیر PAEI مفهوم پیدا می‌نماید، چنین مدیری در هر کاری خود را نسبت به زیردستان بالادست می‌داند. درصورتیکه فقط یک تفکر شخصیتی وجود داشته و آن نیز بر این اصل قرار گرفته باشد می‌توان انتظار داشت بالادست زیردست تحقق پیدا کند. و اگر خواهان ترکیب کارمندان و اجرای شیوه مکمل مدیریتی هستید، می‌بایستی از گرایش‌به چنین نظریه‌ای اجتناب ورزید. مدیری

---

(۱) Complementarity

(۲) Petty

خوب است که با وجود افراد بهتر در گروهش تکمیل گردد.

هرکسی در چیزی نادان است(۱). "Will Rogers"

آیا می‌توان تضاد(۲) را اداره نمود؟

ازآنجاییکه ترکیب افرادی با سبک‌های مختلف برای تشکل مدیریت خوب (PAEI) مورد نیاز است. لذا، نمی‌توان ازتضادها اجتناب ورزید. یک مدیر خوب، باید قابلیت‌اداره کردن تضاد را داشته باشد، اختلافات را پذیرفته، احترام گذاشته و بدنبال استراتژی‌های متشکل سازی باشد. در اینجا چند گزینه برای گروه مدیریت بررسی می‌گردد.

گروه سه	گروه دو	گروه یک
----	Paei	P---
----	pAei	-A--
----	paEi	--E-
----	paeI	---I

گروه یک شکل PAEI را دارد ولی احتمالا" تضادهای موجود در بین سبک‌های مختلف اعضاء آن اداره‌شدنی نیست. افراد دارای مدل به دیگران احترام نمی‌گذارند. هریک از افراد گروه یک، به نوعی غیرقابل انعطاف است، و خشکی دیگری را نیز نمی‌پذیرد. چنین گروهی در زمانی خیلی کوتاه ازهم خواهد پاشید.

گروه دو بی‌نهایت بهتر است. با وجود اختلاف‌نظر بین افراد، دارای اختلافاتی سالم است، هر فرد در گروه انعطاف کافی برای احترام گذاردن به سبک‌های دیگران را دارا می‌باشد.

در گروه سه، سکوت کامل برقرار است، درنتیجه تضادی بوجود نمی‌آید. در گروه سه که تمام اعضایش چوب خشک هستند، از چیزی شکایت نمی‌شود.

برای مدیریت خوب تضاد اجتناب‌ناپذیر است، حتی درجاتی از بروز تضاد مطلوب بنظر می‌رسد. (Mary Parker Follett) مری پارکر فالت یک نسل قبل استدلال نموده بود که تضاد حتی می‌تواند موظف باشد، شکاف اگر بسیار زیاد نباشد چه‌بسا موجب گردش چرخ شود. اما اکثر مردم نمی‌توانند یا دوست ندارند حرارت حاصله را همراه با تضاد بپذیرند. از شکاف دوری می‌کنند و از وضعیتی که اعصاب جریحه‌دار(۳) می‌شود، اجتناب می‌وزند. آنها قادر نیستند که با وجود

---

(۱) Everybody is ignorant, only on different subjects

(۲) Conflict (۳) Raw

ناراحتی‌ها و تمسخر و استهزاء دیگران و نادیده‌گرفته شدنهااز طرف دیگران(که بزرگترین نوع تنبیه است) براصول پافشاری کنند.

ایستادگی برای چیزی، شما را از هرکار دور می‌کند.

خلق محیط یادگیری

درجائیکه تضادها اجتناب‌ناپذیر بوده و حتی نشانه‌ای است بر وجود مدیریت خوب. چگونه می‌توان آنرا تحت کنترل درآورده، مهار کرده و موظف کرد؟ یک مدیر خوب‌می‌تواند با ایجاد محیط آموزشی پشتیبان، چنین وضعیتی را بوجود آورد، جائیکه تضاد نه‌تنها تهدید بلکه فرصتی باشد برای یادگیری و توسعه.

محیط آموزشی جایی است که افراد می‌توانند از یکدیگر یاد بگیرند. در چنین محیطی عقاید مختلف بصورت فرصتهای آموزشی توسط طرفین عرضه می‌شود.

مدیر خوب بودن بسیار مشکل است. انسانی کامل، پخته و متعادل را طلب می‌نماید. همانطوری که در فصول بعدی مشاهده می‌شود، طرح و قصد سازمانها قابلیت افراد را بلحاظ مدیر خوب بودن کاهش می‌دهد.

درترتیب نگهداشتن

شرایط مورد نیاز برای مدیر خوب بودن می‌بایستی به ترتیب اتفاق افتد. هرگاه یکی از این شرایط تحقق نپذیرد، مدیری نامناسب حاصل می‌گردد.

ابتدا باید بدانیم که آیا خودمان را می‌شناسیم. ثانیاً طریقه شناخت خودمان را بشناسیم، می‌بایستی با محیط خود تماس برقرار کنیم، آنچه را می‌شنویم احساس نمائیم و پذیرای عقاید جدید باشیم. باید پذیرای ارزیابی خودمان درخصوص آنچه که می‌خواستیم باشیم یا آنطور بنظر آئیم (که نیستیم) باشیم. می‌بایستی خواهان شناخت خطاهایمان بوده، و همزمان خودمان را بپذیریم.

کسانیکه ایرادهای خود را نمی‌پذیرند سرانجام از واقعیت دور می‌افتند. چنین افرادی خط یا خطوطی بر مدل (PAEI) خود می‌افزایند که این نیز به‌نوعی نشاندهنده سوءمدیریت است.

از آنجائیکه یک مدیر خوب به قوت‌های خویش واقف است و محدودیتهایش را نیز می‌پذیرد، به کارهایی که دیگران از او بهتر انجام می‌دهند اعتبار می‌دهد و در تصمیم‌گیری‌ها بیشتر از کلمه "ما" بجای "من" استفاده می‌نماید. این "ما" سلطنتی نیست زیرا واقعاً نمایانگر کار گروهی است.

سازمانهای موفق آنانی هستند که بنظر آید با عوامل انسانی دارای نقص اداره شوند، ری کراک (Ray Krac) رئیس زنجیره‌های مک دونالد (Mc Donald) خودش را یک پسر دهاتی توصیف کرده است و اینطور مطرح نموده است که امور مالی و تکنیکهای عالی مدیریت را نمی‌داند. نقش خویش را در پیدا کردن افراد مناسب برای کار کردن باهم تصویر می‌نماید.

اگر چنین طرز تفکری بطور واضح نیز مطرح نگردد، در عمل مستتر است. بسیاری از مدیران اظهار می‌نمایند نکته مهم در حیطه کاری و مدیریت، پیدا کردن افراد مناسب و جمع کردن آنان برای کار با همدیگر است. متأسفانه این دستورالعمل ساده در عمل نادیده گرفته می‌شود. بسیاری از مدیران که فاقد احترام به نفس می‌باشند یا قادر به پذیرش افرادی متفاوت با خودشان نیستند، از برتری‌ها در هراسند. آنها فاقد نیروهای خوب جهت انجام کارشان می‌باشند. بیشتر شبیه صاحبان اسبهای نمایشی هستند که توقع بردن جایزه‌های بزرگ در مسابقات دو را دارند.

بعد از شناخت خود باید کیفیات کامل دیگران را تشخیص دهیم. معمولاً شناسایی کیفیاتی که خودمان فاقدشان هستیم مشکل می‌باشند. وقتی ما به آن مرحله رسیدیم و صفات دیگران را شناسایی کردیم، قدم بعدی این است که طرز زندگی کردن با آنها را پیدا کنیم. این بدان معناست که در بعضی از جهات بپذیریم آنها بنا به ملحوظاتی نسبت به ما بالادست هستند.

سیستم بالادست‌زیردست‌بالادست، در واحدهای تحقیق و توسعه(۱) مورد قبول واقع شده است. مدیر واحد پژوهش و توسعه ممکن است افراد Ph.D. را تحت مدیریت خود داشته باشد که در بعضی موارد هوشمندتر هستند. این زیردستان ممکن است کارآفرین‌های(E) فوق‌العاده‌ای باشند، درصورتیکه مدیر واحد (R&D) باید یک اداره‌کننده(A) باشد. این موضوع نبایستی موجب ایجاد حس‌تهدید برای مدیر گردد. مشکل وقتی بوجود خواهد آمد که اداره‌کننده بخواهد هم بهترین محقق باشد و هم بهترین گرداننده واحد تحقیق، کسی که بعوض پشتیبانی به رقابت برمی‌خیزد.

برای تمام سازمانها این واقعیت می‌تواند وجود داشته باشد. برای بازدهی گروه سطح‌بالا، زیردست‌ها می‌بایستی بنا به ملحوظاتی نسبت به مدیریت، بالادست باشند.

مدیر خوب کسی است که بتواند با چنین زیردست‌هایی کار کند. با سازمانی که دارای مدیران مختلف با توانایی‌هایی متفاوتی هستند ادامه دهد و تضادهای بین آنها را به سمت ایجاد یک محیط یادگیری هدایت نماید.

---

(۱) R and D

یادداشت‌ها

1. H.Storm , Seven Arrows
      (New York : Harper & Row 72).
2. Abraham H. Maslow, ed., Motivation and Personality
      (New York : Harper & Row 54).
3. Gerald Bell, The Achiveres
      (Chapel Hill , N.C. : Preston Hill 73).
4. Mary Porker Follett, Dynamic Adminstration
      (New York: Harper & Row 41).

فصل دهم

توسعه و آموزش یک مدیر خوب

تغییر سبک مدیریتی از طریق ایجاد تغییر در فرد: آموزش و توسعه

پیشرفت مدیریت بسمت حرفه و "علم" یکی از پدیده‌های قرن بیستم است که منجر به رشد آموزش مدیریت شده است. مدارس بازرگانی و دوره‌های آموزشی مدیریت مبادرت به‌تجهیز نوآموزان به‌علوم و فنون لازم برای مدیریت خوب و کمک به مدیران کهنه‌کار در بهبود عملکرد خود نموده‌اند. چنین تلاش‌های فرهنگی نوعاً" طوری مستند شده که آموزش و راه‌های دستیابی به آن را هم به بحث‌گذارده‌اند.

تلاش اغلب گمراه‌کننده می‌باشد، بخصوص‌وقتی که منظور ساخت مدیری باشد که قرار است بر تمامی وظائف یا نقش‌های تعریف شده عناصر "مدیریت خوب" تفوق یابد. لذا، تعلیمات براساس چنین منظوری اشتباه است، زیرا مدیر کتاب درسی فردی مطلق(۱)، یک مافوق انسانی خواهد بود. گرچه مبنای بسیاری از مطالعات وصفی مدیریت بر مشاهده مدیران واقعی در شرایط واقعی بوده و به اصلاح تعریف کیفیت مطلق بودن (ارائه شده در تعاریف‌کلاسیک) مدیریت نیز مبادرت نموده‌اند، اما نتیجه باز به‌راه غلط رفته است. ده قاعده **Mintzberg** ممکن است صراحت بیشتری از چهار قاعده **Fayol** داشته باشد، ولی چنانچه فردی سعی در تسلط بر تمامی آن ده قاعده نماید، مبادرت به انجام غیرممکن کرده است.

بسته به اینکه چه نقش‌های مشخصی از مدل **PAEI** مورد توجه باشد نوع آموزش و توسعه بسیار متفاوت است. بیشترین توجه به آموزشهای مولد **"P"** و اداره‌کننده **"A"** می‌باشد، فرد کافی است بداند که آموزشها بطور معمول به چه زمینه یا سازمانی مربوط می‌باشد و آن را با شرکت در مدارس حرفه‌ای، فنی، مهندسی یا حین کار کسب کند. با ظهور سیستمهای اطلاعات‌مدیریت، سطح آموزشی جدیدی گشوده شد ولی آن نیز با فراگیری مولد **(P)** و اداره‌کننده **(A)** سر و کار دارد.

کیفیت کارآفرینی **(E)** و یکپارچه‌کنندگی **(I)** که‌برای رده‌های بالای مدیریت حیاتی هستند قابل آموزش دادن نمی‌باشند. می‌بایستی بصورت تجربی توسعه یابند.

---

(۱) Abstraction

در سالهای اخیر کوششهای اساسی بمنظور کمک به‌مدیران در توسعه وظیفه I صورت گرفته است. نوعا" آموزش برای افزایش I براساس آموزشهای حساسیت۔ علوم رفتاری و گروه T تدوین شده است. مطالعات نشان داده است که اثر اینگونه آموزشها می‌تواند با جو سازمانی محدود گردد، به این معنی که درجه مطلوبیت به ارتقائی که در طرز تلقی سازمانی بوجود می‌آید بستگی پیدا می‌کند.

جهت تربیت مدیرانی که قادر به تصمیم‌گیری با استفاده از خصوصیات تخیلی و بدیعی خود باشند تلاشهایی صورت گرفته است. بطور مثال می‌توان از مؤسسه اجرایی دولت مرکزی که‌ترتیب‌دهنده دوره‌های هشت هفته‌ای می‌باشد نام برد. شرکت کنندگان بیشتر اوقاتشان را صرف "فقط فکر کردن" می‌نمایند.

فراز مبحث A،S/M(۱) ایجاد تغییرات در محیط برای دستیابی به توسعه I و E می‌باشد، به این ترتیب که فضایی ایجاد شود تا گرایش‌ها بسوی یکپارچگی در آن پرورش(۲) داده شده و خلاقیت تجمعی به حرکت افتد(۳).

برخی از عوامل ذاتی و طبیعی(۴) سازمان احتمالا" مانع(۵) از کسب نتیجه مطلوب از آموزش و توسعه می‌گردند، حتی اگر آن آموزش و توسعه بطور مناسب به شرایط سازمانی اعمال شده باشد. درادامه این بحث نسبت به کشف و شناسایی برخی از این موانع بمنظور کمک به تعیین هویت و برطرف کردن آنها اقدام می‌گردد.

موانع آموزش و توسعه

کمبودهای عارض از سلسله مراتب سازمانی

افراد پرظرفیت دارای تمامی قابلیتهای لازم مدیریت می‌باشند، هرچند ممکن است این قابلیت‌ها دراثر بی‌توجهی مسکوت(۶) گذارده شده باشند. در نهان همه ما حداقل paei وجود دارد. محیط اطراف باعث می‌شود تا قابلیت‌های نهان ما رشد کرده یا ناپدید شوند. افراد، مشتاق روبه‌رو شدن و تمرین کردن هریک از چهار نقش مدیریت‌هستند، مگر آنکه منع شده باشند.

به این ترتیب، ساختار سازمان مدرن معمولا" منجر به محو شدن استعدادهای مدیریتی بعوض توسعه آنان می‌شود. بجای بار آوردن رشد برای تسلط بر امور از آن جلوگیری می‌نمایند. به سلسله مراتب در سازمانهای مدرن توجه نمایید. بر توانایی‌های فردی سرمایه‌گذاری شده است. فردی که در اداره امور قوی است بعنوان A ترفیع یافته و از نردبان ترقی سازمان با عنوان A صعود خواهد کرد. در کوتاه مدت احتمالا" سازمان از این فرد بهترین بهره‌وری را خواهد داشت ولی در بلند مدت براثر فقدان فرصت در پرورش Pei دراین فرد، سازمان متضرر خواهد

---

(۱) به مدل Synergetic کتاب دوره عمر سازمان مراجعه شود

(۲) Fostered (۳) Surge (۴) Obstacle

(۵) Obstruct (۶) Dormant

گردید.

نمونه این خط و روش ترفیع را می‌توان در ارتش مشاهده نمود که در آن یک گروهبان خوب هرگز برای تصدی گرفتن توصیه نمی‌شود زیرا که افسر فرمانده او ترس ازدست دادن آجودان خوب خود را دارد. بنابراین برخی بدلیل عملکرد خوبشان می‌بایستی تمام عمر "سرگروهبان" باقی بمانند.

به این دلائل، کسی که می‌تواند یک Paei باشد، درصورتیکه وظیفه A او در سازمان قویا" توسعه پیدا کند بصورت pAei پرورش‌می‌یابد. چنین عملکردی A را در او تقویت می‌نماید، اما بقیه از توسعه محروم می‌مانند.

مضافا" اینکه مرزبندی سخت بین مدیریت وکارکنان باعث پیدایش سوءمدیریت می‌شود. وقتی سازمانی مدیران خود را از خیل کارکنان جدا نماید اغلب در توسعه A و E و I با مشکلات مواجه شده و نمی‌تواند P رابه p تنزل دهد. بعد از کارآموزی هر که از نردبان ترقی سازمان بالا رود به یکه‌سوار تبدیل می‌شود. مادامی که در موقعیت کار اجرایی می‌باشند، فرصت یا تجربه‌ای که آنها را برای اجرای نقش I و E و A مجهز کند بدست نمی‌آورند.

تقریبا" انتظار منحصربفرد ازافراد رده‌های پائین اکثر سازمانها، P می‌باشد. از آنان انتظار A و E و I نمی‌رود. مدیریت اعمال نقش یکپارچه‌کنندگی (I) را توسط افراد رده پائین سازمان، تهدیدی می‌داند و آن را منجر به تشکیل اتحادیه کارگری و یا ظهور رهبری غیررسمی به‌حساب می‌آورد.

از رده‌های کمی بالاتر، انتظار A می‌رود و مادامی که کارکنان به رده معاونت مدیریت سازمان نرسیده‌اند از آنها عموما" انتظار E و I نمی‌رود. در رده معاونت استکه بلادرنگ از آنان خلاقیت و کمک به روانسازی عملیات سازمانی درخواست می‌شود. این برای کارمندی که بیست سال یا بیشتر ساکت و صامت بوده و قوای خلاقه خود را دور از کار نگهداشته، مشکل است تا منابع احساسی مورد نیاز برای انجام دادن عملیات جدید را فراهم آورد.

نظامهای آموزشی ما نیز مشکلات مشابهی را ایجاد می‌کنند. دانش آموختگان (فرزندان) را سالها بصورت نوبالغان وابسته بخود تربیت می‌کنند و وقتی آنها فارغ‌التحصیل می‌شوند ازآنها انتظار می‌رود که یک شبه بزرگ شوند. آنها می‌بایستی بلادرنگ با واقعیاتی مواجه شوند که نه می‌شناسند و نه در این رابطه آموزش داده شده‌اند. لذا بیشتر مردم از وابستگی‌های خانوادگی بطرف وابستگی‌های سازمانی سوق داده می‌شوند و درنتیجه آنها هیچوقت واقعا" آزاد نشده و مسئولیت نمی‌پذیرند.

مدارس مدیریت نیز چنین وابستگی‌هائی را رشد داده و در افراد A را می‌پرورانند. لذا، منحصرا" تکیه کردن بر مدیرانی که از این مدارس‌فارغ‌التحصیل می‌شوند، خطرآفرین است. اگر انجام مدیریت بامدیرانی فارغ‌التحصیل ازاین مدارس باشد، هیچگاه خط آتش‌دیده نخواهد شد. نتیجتا" آنهابه PA ها تبدیل

می‌شوند (کارفرماهای سخت‌گیر) یعنی کسانی که در قبال خواسته‌های مرئوسین خود احساسی ندارند. بدتر آنکه اینگونه مدیران طوری برنامه‌نویسی شده‌اند که‌باور داشته باشند به‌یک PAEI تبدیل شده‌اند. به همین خاطر Robert Townsend توصیه می‌کند که هرگز یک MBA از دانشگاه هاروارد را استخدام نکنید. براساس گفته وی آنها درس داده شده‌اند تا فکر کنند که یک مدیر عامل هستند، نه یک همکار.

> شوخی قدیمی در مورد فردی که بتازگی مدرک MBA(۱) خود را از یکی از مدارس‌برتر مدیریت دریافت، کرده و مدیرعامل شرکت کوچکی شده وجود دارد: در اولین روز کار، کارخانه و قسمت اداری به او نشان داده شده و زیردستان به وی معرفی شدند. بعد از آن او برای انجام امور پشت میز کارش نشسته و پس‌از جابجا شدن گفته است: بسیار خوب کار را شروع می‌کنیم! مشکل کجاست؟

آموزشهای تجربی از درسهای کلاسی در خصوص‌اینکه مدیران چرا و چگونه می‌بایستی مسئول کارگران باشند می‌توانند مؤثرتر واقع گردند. در چین هرچند وقت یکبار از مدیران خواسته می‌شود تا به کار اجرایی بپردازند، تا هرگز تجربیات آنانی راکه تحت‌سرپرستی‌شان کار می‌کنند، فراموش نکنند.

مشابه این مورد در اسرائیل نیز به چشم می‌خورد، افسران ادارات مرکزی بطور ادواری به خط اول فرستاده می‌شوند تا محل اعزام زیردستان خود را بخاطر داشته باشند. برعکس، گماردن کارکنان در موقعیت مدیران نیز می‌تواند مفید باشد. در یوگسلاوی، پرو، آلمان غربی، نروژ، سوئد و جاهای دیگر گماردن کارکنان به‌عنوان اعضای هیئت مدیره سازمان اغلب کارکنان رادر قبال واقعیتی که مدیریت سازمان با آن روبروست جوابگوتر می‌سازد.

باید به افراد سازمان فرصت داده شود تا حتی‌الامکان نقش‌های بیشتری را در خودشان پرورش دهند. این موضوع نه‌تنها پرورش فردی می‌باشد بلکه بینش‌لازم برای شناخت مشکلات کاری همکاران را به‌آنان می‌دهد. از آنجائیکه بازاریابی عموماً از مسائل و مشکلات تولید بی‌خبر مانده، و متقابلاً واحد تولید نیز از فشار و بار مسئولیت افراد بازاریابی قدردانی نمی‌کند، مواجه نمودن توجه تولید و بازاریابی نسبت به تجربیات دیگری از آن کارهای بموقعی است که‌هر سازمان می‌بایستی انجام دهد. افراد می‌توانند مدیران مؤثری باشند، بشرط آنکه فرصت توسعه سایر نقش‌ها (بغیراز آنچه بطور طبیعی دارا هستند) به آنها داده شود. گرچه بسیاری از سازمان‌های سودگرا(۲) به لحاظ اینکه هزینه آن در کوتاه مدت نمایان می‌شود چنین عملی را لوکس می‌دانند، ولی واقعاً در دراز مدت عملاً سود حاصل جبران هزینه را خواهد نمود.

---

(۱) Master of Business Administration

(۲) Profit-oriented

در ارتش اسرائیل خط مشی ترفیع، افقی(۱) است. یک افسر نمی‌تواند به درجه بالاتر ترفیع یابد مگر آنکه قبلا" چندین موقعیت هم ردیف را گذرانده باشد. او باید سازمان را از چندین زاویه مختلف دیده باشد. بعنوان فرد ستادی در ادارات مرکزی و بعنوان افسر فرمانده در محل عملیات وظائفی را انجام داده باشد.

کارکنان بخش تولید، کارکنان بخش بازاریابی را در حل مشکلات موجود تجهیز می‌نمایند، همچنین کارکنان بازاریابی کارکنان بخش مالی را در حل مسائلشان یاری می‌دهند، و به همین ترتیب سایرین به‌هم کمک می‌کنند. عقیده بر این است که افراد موقعی می‌توانند با مشکلات و مسائل بهتر درگیر شوند که از آن جدا باشند، و به همین دلیل است که پزشکان، خانواده‌های خود را شخصا" تحت معالجه و درمان قرار نمی‌دهند. بعلاوه، اینگونه حمایتهای متقابل، موجبات آشنایی با مشاغل دیگر را فراهم می‌نماید و به گونه‌ای باعث رشد شخصیتی می‌گردد، که در حالت معمولی و روزمره حاصل نمی‌آید.

سوءمدیریت مولد سوءمدیریت

علاوه بر ترویج انحصارطلبی، سازمانها بطرق دیگری سوءمدیریت تولید می‌کنند. نقش‌های سازمانی ذاتا" با هم در تضاد هستند. بنابراین اگر نقشی بر دیگر نقش‌ها مسلط گردد. یعنی اگر نوعی از سوءمدیریت حاکم گردد فرصت رشد و توسعه دیگر نقش‌ها ازبین می‌رود. برای مثال شرکتی که بوسیله -P-E ها تأسیس شده (با فرض موفقیت آن) بسرعت رشد می‌کند. درحال رشد علاقه‌ای به ایجاد همبستگی ندارد، آنچه که یک اداره‌کننده خوب بدنبال آن است. درحقیقت تلاش‌جهت ایجاد کنترل ممکن است با مخالفت(۲) بنیانگذار مواجه گردد. اما اگر سازمان بر آن باشد که به رشد خود ادامه دهد، وظیفه اداره‌کنندگی می‌بایستی توسعه یابد. درنتیجه سازمان باید دور از بنیانگذار، با کاهش کنترل او به سازمان به رشد خود ادامه دهد.

بطور کلی برای ایجاد ترتیب از یک pAei کمک گرفته می‌شود. اما با وجود -P-E که اغلب بدنبال تعویض مدیران مالی و اداری است بعوض اینکه محتاطانه(۳) بدنبال ثبات سازمانی باشد، شانس بقاء pAei هم بسیار کم است. سازمان ممکن است برای اینکه pAei بتواند کار مؤثری صورت‌دهد، مجبور شود از شر -P-E خلاصی یابد.

اگر مؤسسات بزرگ در رشد بسیار سریعشان باقی بمانند، بنیانگذار به‌تنهائی قابلیت کنترل امور را ازدست می‌دهد. این ممکن است به تحت راهبری شرکت دیگر درآمدن منجر شود. در این حالت بنیانگذار سازمان را ترک می‌نماید و در صورت ماندن هم به تصدی پست بی‌ضرری(۴) گمارده می‌شود.

---

(۱) Lateral Promotion

(۲) Antagonism

(۳) Prudent

(۴) Innocuous

درصورتیکه "A" بر سازمان تسلط یابد بوروکراسی توسعه می‌یابد. هر E که به سازمان بپیوندد دو راه در پیش روی خواهد داشت، قبول کرده و تسلیم موقعیت موجود گردد، یا سازمان را ترک نماید. اشخاص‌خلاق و مهاجم نمی‌توانند در بوروکراسی دوام بیاورند.

به‌بیان دیگر، سبک یا شرایط خاص سازمانی ممکن است موجبات تشویق یا تکذیب نقش‌های مشخص برای به اجرا در نیامدن گردد. لذا، سوءمدیریت‌مولد سوءمدیریت بیشتر می‌شود.

پرخطرترین نقش‌ها E است، P یک E را فردی می‌داند که P را از انجام وظایفش منحرف(۱) می‌کند. A تصور می‌کند که E منشاء آشفتگی است، بنابراین بعنوان اولین هدف باید مهار و کنترل شود. I نیز دقیقاً" شبیه به A فکر می‌کند، یک E می‌تواند به منشاء آشفتگی تبدیل شود که یکپارچگی در سازمانی که او به دنبالش‌می‌باشد را تهدید خواهد نمود. و E ها هم اشخاص‌همسان خودرا دوست ندارند زیرا آنان بمنظور جلب نظر به رقابت خواهند پرداخت.

بنابراین تلاش پیگیر و پردامنه برای شکار E ها در جریان است، و متقابلاً" E سریعاً" می‌آموزد که هیچگونه موجی ایجاد نکرده و ایستادگی(۲) ننماید. درست در چنین زمانی است که گفته می‌شود بحران در رهبری بوجود آمده است. در این شرایط کمبود استعدادهای مدیریتی بروز می‌نماید که خود باعث کاهش در E و I خواهد شد.

هرچقدر بوروکراسی شدت یابد و هرچقدر که‌بیشتر معلومات کسب گردد، توانایی کمتری در به ظهور رسانیدن E و I کسب می‌گردد. افراد برنامه‌نویسی شده‌اند که بصورت افراد تشکیلاتی باشند و توانایی کمتر وکمتری درایجاد رهبری داشته باشند.

ایالات متحده آمریکا در طول تاریخ خود از مهاجرت E ها منافع زیادی بدست آورده است. وسعت زیاد این قاره فرصت زیادی برای رشد به آنها داده است. ولی با جمعیت رو به افزایش، تکنولوژی پیشرفته که باعث بوجود آمدن سازمانهای بزرگ شده است. فرصتهای طلایی(۳) که E برای رشد به آن نیازمند است‌رو به کاهش گذارده است.

بنابراین E ها موجوداتی(۴) هستند که در معرض خطر قرار گرفته‌اند. جوامع تکنولوژیکی به جوامع بوروکراتیک تبدیل می‌گردند، و رهبری معدوم(۵) می‌شود. افرادی دوره دیده، بوجود می‌آیند که‌از خطر اجتناب(۶) می‌کنند و ایمن‌گرا هستند. با افزایش‌فراوانی، اهمیت P نزول می‌کند. بنابراین در کشورهای پیشرفته تمایل تنها به سمت pAei، چه در آموزش و چه در عمل وجود خواهد داشت.

سازمانها درحالیکه از یک طرف نامدیران را تولید می‌کنند، ازطرف دیگر نیازمند مدیریت خوب هستند. سازمان سلسله مراتبی از توسعه نیروی انسانی مورد نیاز برای حل مشکلات حاصل از وجود سلسله مراتب ممانعت بعمل می‌آورد. درنتیجه

---

(۱) Divert (۲) Stand out (۳) Green pastures
(۴) Species (۵) Extinct (۶) Risk-averse

سوءمدیریتی وجود دارد که مولد سوءمدیریت بیشتر است. بنابراین عجیب بنظر نمی‌رسد که محیط سازمانی رفته رفته غیرقابل تحمل(۱) گردد.

چگونه می‌توان پیشروی(۲) A را دگرگون نمود؟ برای این منظور حداقل به دو چیز نیاز است. اولا" آموزش مدیران آتی بیشتر می‌بایستی در قالب اعضای گروه صورت گیرد بعوض اینکه بطور سنتی و انفرادی (تبدیل فرد به یک PAEI) باشد. ثانیا" تعویض و دگرگون نمودن فرهنگ سازمانی انجام شود. هردو شرایط می‌بایستی واقع شود. آموزش مدیران به تنهایی کافی نیست، زیرا سبک‌های رفتاری سازمانی، قدرتمندتر از آن هستند که مدیری بتواند آن را تغییرشکل دهد. آموزشهای مورد نیاز مدیران در صفحات بعدی مورد بحث قرار گرفته است و چگونگی تغییر فرهنگ سازمانی نیز در فصل ۱۳ و "کتاب دوره عمر سازمان" مورد بحث قرار گرفته است.

ماهیت آموزش مدیریت

قبل از پرداختن به بحث پیرامون آموزش انفرادی مدیران، باید مفهوم قابلیت برنامه‌نویسی(۳) تصمیم و شخصیت موردنیاز مدل PAEI مشخص گردد.

قابلیت برنامه‌نویسی تصمیم‌گیری

فرآیند مدیریت‌مبتنی بر تصمیم‌گیری می‌باشد. هیچکس‌بدون تصمیم‌گیری نمی‌تواند اداره نماید. گرچه ممکن است بشود تصمیمات را برنامه‌نویسی کرده یا نکرد.

در لغت‌شناسی کامپیوتر، برنامه‌نویسی یعنی تصمیم ازقبل آماده شده که ساختار کارهای کامپیوتر را مشخص می‌کند. برای مثال، سیستم کنترل موجودی تصمیمی برنامه نویسی شده است. حداقل مقدار موجودی موردنظر ازپیش‌تعیین گردیده است. زمانیکه مقدار موجودی به حداقل سطح موردنظر رسید، تصمیم به صدور دستور خرید توسط کامپیوتر گرفته می‌شود. زمانیکه موقعیت از پیش‌تعیین شده‌ای عکس‌العمل از پیش تعیین شده‌ای را بکار گیرد، می‌توان گفت که تصمیم برنامه‌نویسی شده است.

به مثال واقعی انسانی درخصوص یکی از تصمیمات برنامه‌نویسی شده توجه نمایید: شما دفتر کار خود را به منظور رفتن با اتومبیل به منزل ترک می‌نمایید، بعداز آن وقتی متوجه می‌شوید که به گاراژ منزل خود رسیده باشید. آخرین چیزی که بخاطر دارید ترک دفتر کارتان بوده است. در این فاصله زمانی چه اتفاقی افتاده است؟ از کدام خیابانها گذشته‌اید؟ کدامیک از چراغهای راهنمایی قرمز و کدامین سبز بوده است؟ اگر بخاطر نمی‌آورید پس‌چگونه رانندگی کرده‌اید؟ جواب این است: با برنامه‌هائی ازپیش نوشته شده. ما می‌توانیم باداشتن برنامه، رانندگی راانجام دهیم. به ما آموخته شده است درصورت قرمز

---

(۱) Tolerable (۲) Petrification
(۳) Programmability

بودن چراغ راهنمایی با انجام حرکاتی خاص توقف نماییم. به ما آموخته شده است که درصورت سبز بودن چراغ با انجام بعضی حرکات دیگر به سرعت خود بیافزاییم. دیر یا زود عملیات رانندگی بصورتی در می‌آید که می‌تواند بصورت ناخودآگاه انجام پذیرد.

تصمیماتی که برنامه‌نویسی نشده‌اند، باید با تلاش آگاهانه و از نقطه آغازین صورت پذیرند. برای گرفتن این چنین تصمیماتی می‌بایستی اطلاعات جمع‌آوری شده، مشکل شناسایی گردیده، ارزیابی گزینه‌های مختلف صورت گرفته و بالاخره حرکتی انجام شود. مثال مشابهی زده می‌شود. تصور کنید که در راه برگشت به منزل اتومبیلی از چراغ قرمز عبور کرده و بطرف شما بیاید. از آنجاییکه چنین وضعیتی نبایستی اتفاق بیفتد. لذا، تصمیم برنامه‌نویسی شده‌ای ندارید، باید به جمع‌آوری اطلاعاتی ازقبیل: اتومبیلهای دیگر با چه سرعتی و در چه جهتی درحرکت‌هستند، بپردازید، سپس گزینه‌های مختلف ممکن (توقف، فشار بیشتر پا بر پدال گاز، پیچیدن به سمت راست، پیچیدن به سمت چپ و غیره) را مشخص کرده، ازبین حالات مختلف‌حالت مطلوب را انتخاب نموده، به مورد اجرا گذارید. هیچیک از اطلاعات مهم ازقبل داده نشده است.

تصمیمات برنامه‌نویسی نشده به خلاقیت نیاز و به پذیرش‌ریسک تمایل دارند. درصورتیکه شخص خلاقیت نداشته باشد، توانایی تشخیص گزینه‌های جدید ممکنه را نخواهد داشت، یا توانایی تشخیص اینکه موقعیت عادی نبوده و به یک تصمیم برنامه‌نویسی نشده نیاز می‌باشد را هم ندارد. برحسب عادت با چنین وضعیتی طوری رفتار خواهد نمود که نامناسب می‌باشد. بسیاری از مدیران اجرایی مرتکب چنین اشتباهی می‌گردند. بصورت برنامه‌نویسی شده با موقعیت‌هایی که به الگوهای جدید نیاز دارد، برخورد می‌کنند.

تحقیقات انجام شده پیرامون حوادث رانندگی نشان می‌دهد که اکثر این تصادفات در شعاع چند کیلومتری منزل شخصی افراد اتفاق می‌افتد. چرا؟ و علت اینکه حوادث‌در فواصل دور، در خیابانهای ناآشنا اتفاق نیفتاده چیست ؟ شاید بتوان این پدیده را چنین توجیه نمود که اشخاص وقتی به خیابانهای آشنا وارد می‌گردند سوئیچ تصمیم‌گیریهای نوشته شده را روشن کرده، با محیط موجود هم‌نواخت می‌شوند. درصورتی که اگر در حالت مدافعانه یعنی برنامه‌نویسی نشده باقی بمانند از خطر دور خواهند ماند، و دچار حادثه نمی‌گردند.

چرا رانندگی بصورت برنامه‌نویسی شده ساده‌تر از رانندگی بصورت برنامه‌نویسی نشده است ؟ آن عده از افرادیکه در کشورهای خارجی رانندگی کرده‌اند می‌توانند به این سؤال پاسخ دهند. چند ساعت رانندگی در محلهای غریب از نظر خستگی با چندین روز رانندگی در خیابانهای آشنای کشور فرد موردنظر برابری می‌نماید. علت این است که رانندگی در خیابانهای محلهای ناآشنا نیازمند تصمیم‌گیریهای برنامه‌نویسی نشده است، که نیاز به خلاقیت (تولید

گزینه‌ها و ارزیابی آنها) و ریسک‌پذیری (قضاوت در انتخاب یکی از گزینه‌ها) دارد. نبود قطعیت(۱) و خطر کردن که مورد نیاز تصمیمات برنامه‌نویسی نشده است، موجبات اضطراب(۲) را فراهم می‌نماید.

درصورت وجود حق انتخاب بین ایمنی و اضطراب می‌توان انتظار داشت که شخص ایمنی را برگزیند. بهمین دلیل است که بیشتر تصمیم‌گیریها از طریق و روش برنامه‌نویسی شده انجام می‌پذیرد. بهرحال، فرد از اتخاذ کلیه تصمیمات بصورت برنامه‌نویسی شده نیز خسته خواهد شد. این توازن بین تصمیمات برنامه‌نویسی شده و تصمیمات برنامه‌نویسی نشده است که توانایی یا فقدان توانایی فرد را در مواجهه با هر وضعیت نشان می‌دهد. اشخاصی که نمی‌توانند ازعهده مواجه شدن با وضعیتی برآیند که به تصمیم برنامه‌نویسی نشده نیاز دارد، بشدت غیرقابل انعطاف هستند. آنها فقط توانایی عمل کردن براساس قاعده‌ها را دارند. به همین دلیل اشخاصی که تمامی تصمیمات خود را بصورت برنامه‌نویسی نشده می‌گیرند (حتی در مواردی که قاعده بدیهی باشد) نیز به‌نوعی غیرقابل انعطاف هستند. آنها همواره درحال "اختراع مجدد چرخ" هستند. حتی می‌توان گفت رفتار آنها برنامه‌نویسی شده است تا بصورت‌برنامه‌نویسی نشده عمل کنند. آنها سریعا" ازپا درمی‌آیند و اطرافیان خود را نیز از پا درمی‌آورند.

نقش‌های چهارگانه مدیریت هرکدام به نوعی تصمیم می‌گیرند. تولید کردن نتیجه و اداره کردن برنامه‌ها با تصمیمات برنامه‌نویسی شده همراه است. تولید کردن، تعمیم دادن تکنولوژی یا مراحل خاص به یک کار می‌باشد. حال در ارتباط با تولید کفش، فروشندگی یا افزایش سرمایه باشد. گاها". برای انجام اینگونه فعالیت‌ها اخذ تصمیمات برنامه‌نویسی نشده نیز لازم است، که مدیریت تلاش دارد اینگونه تصمیمات را بمنظور حداکثر نمودن قابلیت پیش‌بینی خروجی به حداقل برساند.

همه می‌دانند وقتی یک فروشنده دوره‌گرد کارش را در میانه راه متوقف نماید، می‌بایستی کار را از اول شروع کند. این نوع عرضه کالا بیش از اندازه برنامه‌نویسی شده است. این واقعیت ممکن است در مورد کارگران تولید، مهندسین صنایع، مدیران تولید و ماشینکارها(۳) نیز صادق باشد. آموزش آنها به نوعی برنامه‌نویسی کردن آنان می‌باشد. به همین ترتیب تصمیمات اداری نیز معمولا" به لحاظ استفاده از کتاب قواعد، خط مشی‌ها و دستورالعمل‌ها ازقبل برنامه‌نویسی شده هستند.

آموزش چیست؟

بسیاری از دوره‌ها و برنامه‌های آموزشی چیزی بیش از یک عمل برنامه‌نویسی شده نیستند. به این صورت که یک سری وظائف را طوری برای اشخاص فراهم

---

(۱) Uncertainty (۲) Anxiety
(۳) Lathe operators

می‌آورند، که در زمان اجرا بتوانند آنان را بکار گیرند.

نگلیسی‌ها بخاطر آموزش به خادمان عمومی(۱) معروف بودند، بویژه آنانیکه در سایر کشورها به خدمت گمارده می‌شدند. قوت امپراطوری انگلیس به مهارت سازمانی این افراد اداری نسبت داده می‌شد. قبل از اعزام به محل خدمت، این افسران به مقدار کافی و عمیقا" دوره‌هایی را می‌گذرانند که بتوانند برنامه‌نویسی شده عمل نمایند. انتظار می‌رفت که آنها تحت شرایط خاصی بصورتی خاص عمل نمایند. استاندارد کردن و عادی نودن دستورالعمل‌ها، معدودی از انگلیسی‌ها را قادر می‌ساخت بسیاری از مستعمرات را بدون مواجه شدن با آشفتگی‌های(۲) سازمانی اداره نمایند. یک افسر امور خارجه می‌توانست دستورالعمل‌های مشابهی را در هند و آفریقا بکار بندد.

در غنا هر وزارتخانه دارای یک سیستم اداری است که در راس امور اداری قرار گرفته است، و معاون مدیر و کسانی که به او گزارش می‌دهند را شامل می‌شود. این مجموعه هر چند سال یکبار وزارتخانه‌شان را عوض‌می‌کنند. بنا به‌دستورالعملی که از دوره انگلیسی‌ها باقی مانده است، آنها می‌توانند در زمانی کوتاه آماده کار کردن برای هر وزارتخانه‌ای شوند. بدون توجه به نوع کار، امور اداری یکسان عمل می‌کند، بطور وضوح، سیستم جهت کنترل کردن طراحی شده است، حتی اگر از دید مدیریتی یک مصیبت باشد. زیرا سازمانهای گوناگون به‌ساختارها و عملیات‌متفاوت نیاز دارند.

در مقایسه با P و A می‌توان گفت E و I از تصمیمات برنامه‌نویسی شده پیروی نمی‌کنند. برنامه‌ای وجود ندارد که به یک یکپارچه‌کننده یا کارآفرین بگوید چه، چگونه یا چه‌وقت شروع کند. به یک فرد می‌توان مهارتهایی را که برای برخورد با مردم مفید است یاد داد، اما اینکه این مهارتها بکار گرفته شوند به‌آن فرد بستگی دارد. کارآفرینی و یکپارچگی فرآیند خود آغازین و براساس‌بصیرت هستند که مستلزم(۳) داشتن خلاقیت و نیازمند تمایل به خطر کردن می‌باشد.

عجیب بنظر نمی‌رسد که ساعت کار و جلسات اداری E غیرقابل پیش‌بینی است. او ایده‌ای بدست می‌آورد اما ممکن است حتی قادر نباشد بگوید که آن چطور عاید شده است.

I نیز عنصر برنامه‌نویسی شده‌ای نمی‌باشد، زیرا هر گردهمایی یک واقعه جدید است، حتی اگر گروهی یکسان نشست‌های مکرر داشته باشند، هر بار با خلق وخوی متفاوت و در شرایط مختلف در گردهم آیی شرکت می‌کنند.

بنابراین چهار نقش مدیریتی بنحوی می‌توانند در سلسله مراتب ردیف شوند که حداقل تصمیم‌گیری‌های برنامه‌نویسی شده در بالاترین و حداکثر در پائین‌ترین سطوح آن اتفاق بیافتد.

(۱) Snafus
(۲) Discretionary
(۳) Entail

۱- یکپارچه‌کنندگی	حداقل قابلیت برنامه‌نویسی تصمیم
۲- کارآفرینی	↕
۳- تولیدکنندگی	
۴- اداره‌کنندگی	حداکثر قابلیت برنامه‌نویسی تصمیم

با بالا رفتن(۱) در این سلسله مراتب، به خلاقیت بیشتری نیاز می‌باشد، زیرا تصمیمات می‌بایستی براساس پایگاه اطلاعات پراکنده‌تر که کمتر هم سازمان یافته می‌باشد اتخاذ گردد. I کمتر از E قابلیت برنامه‌نویسی دارد، زیرا E ضرورتا" با مردم سروکار ندارد، آنطوریکه I برای متحد کردن افراد جهت تصمیم گروهی عمل می‌کند. درواقع، اگر فردی بخواهد گروهی از کارآفرینان را یکپارچه یا متحد کند، به خلاقیت بیشتری نیاز دارد، نسبت به‌فردی که تقریبا" فقط یک کار کارآفرینانه صورت می‌دهد. برای یکپارچه کردن کارآفرینان، می‌بایستی خلاقیت‌های تک به تک افراد بصورت متحد به هم متصل شده، خطرپذیری گروه از خطرپذیری فرد بدست آمده، و حس مسئولیت فردی را در حس مسئولیت گروهی حل نمود.

در سازمانهای معمولی سلسله مراتبی هرچه که فرد بالا رود به تصمیم‌گیریهای برنامه‌نویسی شده کمتری نیاز پیدا می‌کند. اصول Peter (ارتقاء فرد تا رسیدن به سطح بی‌لیاقتی) را می‌توان در غالب نیازمندی برای تصمیم‌گیری‌های برنامه‌نویسی شده تجزیه و تحلیل نمود. در سطوح بالا فرد باید خلاقیت بیش و بیشتر داشته وخطرات بزرگ و بزرگتری را بپذیرد. نتیجه اینکه(۲) مدیران ارتقاء داده شده متناوبا" شکست می‌خورند زیرا خلاقیت لازم را ندارند و از پذیرش خطرات بزرگ نیز می‌هراسند.

P و A تصمیمات برنامه‌نویسی شده هستند. لذا، بدنبال آموزش هستند. E و I تصمیمات برنامه‌نویسی نشده هستند. لذا، بدنبال توسعه می‌باشند.

ماهیت برنامه‌های توسعه‌ای و آموزشی

مداخله ساده، سبک افراد را تغییر نمی‌دهد. با ارائه آزمونی که نشاندهنده کمبود(۳) فرد است نمی‌توان i را به I تبدیل نمود.

تغییر سبک، افزایش‌اثربخشی یک نقش، فرآیندی کامل و طولانی(۴) است. عامل تغییر می‌تواند یک نهاد آموزشی باشد.

منظور از آموزش مدیریت خواه برای سطح بالای مدیران اجرایی باشد یا جهت کسب مدرک MBA از مدرسه، نبایستی برای خلق یک PAEI باشد، بلکه باید محل‌های خالی در مدل او را از بین برده، او را نسبت به نقش‌هایی که می‌بایستی به اجرا در آورد آگاه نماید. بهرحال، مدارس کلاسیک بازرگانی "شخصیت‌ها" را ترقی می‌دهند. آنها مدیران آینده شرکتها را به‌تمام دانش‌های فردی آگاه می‌کنند. این

---

(۱) Ascending   (۲) Consequently
(۳) Deficiency   (۴) Prolonged

مراکز ممکن است دانشجویان جوان را شستشوی مغزی داده و آنها را طوری برنامه‌نویسی کنند که فکر کنند می‌توانند کارهای خداگونه‌ای(۱) را به انجام رسانند. وقتی این فارغ‌التحصیلان با شکست مواجه شوند علت آن را نمی‌دانند و معمولاً بدنبال راه گریز(۲) می‌گردند. آنها سایرین، زیردستان، رؤسا، صاحب منصبان را به لحاظ نامناسب بودن مقصر می‌دانند.

برنامه‌های آموزشی سنتی نیز به لحاظ تمرکز بر روی فرد دچار اشتباه هستند. اگر مدیرعامل یا رئیس هیئت‌مدیره‌ای در چنین برنامه‌هایی ثبت‌نام کند، بعید بنظر می‌رسد بتواند تغییری در سازمان خود ایجاد نماید. اکثر فارغ‌التحصیلان دوره مدیریت‌عالی خواهند گفت: "واقعاً نمی‌توانم بگویم چه چیزی را اعمال کرده‌ام. ..باید چیزی باشد... بیشترین سود، چگونگی سازماندهی افکارم بوده است." برنامه ممکن است برای افراد سودمند باشد ولی احتمالاً ارزش کمی برای سازمان داشته است.

برنامه‌های سنتی برای مدیران اجرایی، افراد را آموزش می‌دهند، به این خاطر که اشتباهاً فرض می‌کنند که یک مدیر باید PAEI شود، که اگر خوب تربیت شده باشد بتواند تغییرات لازم را در سازمان خود ایجاد نماید.

آموزش مدیران اجرایی در سازمانها باید بصورت کار گروهی باشد، گروه‌هایی ازافراد سازمان موارد همریشه(۳) شامل دانش‌فنی(A) و (P) (تصمیم‌های برنامه‌نویسی شده) و فرآیند ارتباط داخلی برای کار با هم (I) و (E) را توسعه دهند. گروه‌های پنج نفره یا بیشتر از افراد یک سازمان می‌بایستی بعنوان اعضاء هم‌گروه در طول برنامه باهم کار کنند.

با فرض اینکه فردی گروهی از افراد سازمان را آموزش دهد و اینکه وقت کافی برای این کار موجود باشد، چه چیزی می‌بایستی درس داده شود؟ برنامه می‌بایستی بخوبی مطالب را بپوشاند، منحصراً نباید موضوع خاصی که مربوط به فرد باشد تدریس شود. بازاریاب‌ها نباید مرتباً در دوره‌های بازاریابی شرکت کنند، و حسابداران هم نبایستی مرتب در سمینارهای مالیاتی شرکت کنند. اگر قرار باشد که فرد بعوض اینکه به یک یکه‌تاز، بوروکرات، آتش‌افروز و یا دنباله‌رو کبیر تبدیل شود، به عضویت گروه درآید، باروری عمومی(۴) حتمی خواهد بود.

آموزش مدیریت مراحل متعددی را پشت‌سر گذارده است. برای مدت زمان طولانی آموزش در حسابداری یا مهندسی زمینه‌های مناسبی را برای ورود به مشاغل مدیریتی فراهم می‌آورد. در سازمان‌های حرفه‌ای نیز هنوز چنین گزارشهایی وجود دارد. کسی که یک بیمارستان را اداره می‌کند یا رئیس یک مرکز پزشکی در وزارت بهداشت است می‌بایستی یک M.D.(۵) باشد. خواننده‌ای که صدایش را ازدست داده است، رقاصی که یک پایش شکسته است، موسیقیدانی که نمی‌تواند رتبه‌ای کسب نماید، بدون یا با کمی آموزش اضافی به اداره‌کننده تبدیل می‌شود.

در دانشگاهها، سرپرستان دانشکده‌ها علاقه‌ای به دروس مدیریت برای استفاده

---

(۱) God like (۲) Scapegoats (۳) Cognitive
(۴) Cross-fertilization (۵) Medical Doctor

در کار اداره کردنشان ندارند، بنظر می‌رسد که دانشی را که از شیمی یا فیزیک دارند، برای گردانیدن مراکز تحقیقاتی چند میلیون دلاری تحت نظرشان کافی می‌دانند.

بدیهی است برای اثربخشی مدیریت ازیک طرف دانش فنی تولید نتایج مورد نیاز است و ازطرف دیگر دانایی نسبت به اصول رایج در حرفه، این دانش بخشی از نقش P مدل PAEI می‌باشد، که کافی هم نیست. لذا، مدیران بازاریابی باید به همان اندازه که بازاریابی می‌دانند با حسابداری نیز آشنا باشند. البته مدیران حسابداری باید اصول حسابداری را بدانند، اما آموزش برای موارد A، E و I هم برای مدیر جامع بودن ضروری است.

یکی از اشتباهاتی که در تربیت مدیران صورت می‌گیرد، آنان منحصرا" جهت اداره‌کنندگی تربیت می‌شوند، خصوصا" در تربیت مدیران دولتی موضوع کاملا" صحت دارد، زیرا بطور سنتی سازمانها بصورت نهادی درنظر گرفته می‌شدند، و توجه به‌زیر سیستمهای اداری و تکنولوژی (برای به اجرا درآوردن تصمیمات) معطوف بوده است. تفاوت اصلی بین مدیریت دولتی با مدیریت بازرگانی آن است که در اولی سؤالات کمتری درخصوص قصد از آنچه که بایستی اداره شود مطرح می‌گردد. مدیریت بازرگانی می‌آموزد که چگونه هدف تعیین شده، محیط شناسائی گردیده، و استراتژی‌ها را مطرح نمود. لذا، دوره‌هایی که منحصرا" درخصوص اداره کردن هستند، در مقایسه با دوره‌هایی که منحصرا" در خصوص محتوای موضوع هستند، در مدیریت مهارت ایجاد نمی‌کنند، آنها مقدمتا" رابطه‌های(۱) فرآیند مدیریتی را تربیت می‌کنند.

درکتابهای مدیریت که برساختار رسمی سازمانی تمرکز دارند نیز کمبود مشابهی به‌چشم می‌خورد، ممکن است این موضوع بطور اختصار به ساختار غیر رسمی، جنبه‌های انسانی سازمانها خدماتی ارائه کنند، اما از نظر رفتاری، مختصری از مواد را به چگونگی اداره تضادهای سازمانی اختصاص می‌دهند.

در برخی از دانشگاه‌ها، مدارس بازرگانی قسمتی از دانشکده اقتصاد می‌باشد، زیرا مدیریت همان کاربرد کارآفرینی است. این مدارس براین باورند که یک مدیر خوب باید مطلع به امور مالی باشد و پیش‌بینی خوبی از خطر داشته باشد. مدیرانی که فقط تئوریهای اقتصادی راتحصیل کرده‌اند ممکن است جهت کارآفرینی تربیت شده باشند، برای شناسایی فرصتهای بازار و تخمین ارزش فعلی آن فرصتها. با این وجود همانگونه که بحث گردید، کارآفرین بسیار دوره دیده ضرورتا" مدیر خوبی نیست. چنین فردی اگر نتواند افرادی رابرای ایجاد سیستم اداری و هدایت سازمان بکار گیرد، می‌تواند باعث بلای اقتصادی شود. بعنوان مثال مجله Fortune گزارش نموده است که: Meshulam Riklis یک کارآفرین فوق‌العاده، مواجه باشکست تلاشهای کاریش می‌گردید تا بالاخره معاونینی پیدا نمود که سیستم اجرا و کنترل را توسعه دادند و او را به انجام فعالیتهای

---

(۱) Facets

سودمند کارآفرینانه‌اش قادر نمودند.

آخرین ضربه درآموزش‌مدیریت همانا علوم رفتاری است. برخی از روانشناسانی که در مدارس مدیریت تدریس می‌نمایند مدعی هستند که انگیزش انسان و تحرک گروهی برای آشنا شدن با مدیریت کافی می‌باشد. در دوره‌های آنان، ساعات زیادی صرف‌تحلیل کردن روابط بین افراد و گوش‌دادن به دروسی می‌شود که محتوای آن ایجاد انگیزش در افراد پیرو است. در بهترین وضعیت، می‌توان انتظار داشت‌از این آموزش یک‌دنباله‌رو کبیر موفق حاصل شود. چنین فردی شناخت کاملی از تصمیماتی که باید گرفته شود ندارد. او با بازاریابی، تولید، مالی و اداری آشنا نمی‌باشد. بهترین کاری که می‌تواند بکند آن است که با دیگران کنار بیاید.

لذا، فراگیری آموزش‌در یکی از زمینه‌های انحصاری مدیریتی کافی نبوده، بلکه در تمام جنبه‌ها ضروری است. جهت خارج کردن خط تیره یا نقاط خالی از مدل فرد، باید محتوای موضوعات (P)، روشهای اداره‌کنندگی(A)، چگونگی تشخیص اهداف و فعالیت‌ها درشرایط نبود قطعیت و وجود خطر (E)، نحوه فعالیت بادیگران و برخورد با تضادهای ایجاد شده (I) فراگیری شود.

بهرحال، در تحصیلات رسمی نبایستی افراط شود. بعضی از بهترین و موفقترین کارآفرینان حاضر تحصیلات رسمی نکرده‌اند، و شاید موفقیت آنها نیز تا حدی به این واقعیت بستگی داشته باشد. E و I آنها خارج از وجودشان آموزش ندیده است. این افراد می‌دانند چطور خود را با محیط جدید وفق دهند و در آن خلاق باشند. آنها برای حل مشکلات به کتاب قواعد رو نمی‌آورند. آنها خودشان راه‌حلها را پیدا می‌کنند. قائم مقام مدیر عامل یکی از بزرگترین بانک‌های مکزیک یک جامانده دبیرستانی است. اما زیردست .Ph.D دار(۱) او، وی را یک رهبر بارز(۲) می‌داند. یکی از این آقایان اظهار داشت "به دور از تحصیلات عالیه او یک متفکر است."

افراد تحصیل کرده قابل برنامه‌نویسی شدن هستند. آنها مدلهایی را آموخته‌اند که برای سؤالات خاص پاسخهای خاص دارند. خطر وقتی بروز می‌کند که سؤال برنامه‌نویسی نشده‌ای(فاقد الگوی مدل خاص) پرسیده یامطرح شود، درآنصورت‌اینگونه افراد مجبور می‌شوند تا راه‌حلهای موجودشان، هرچند که با مسئله مطابقت و همگونی نداشته باشد، استفاده کنند. وقت بسیار زیادی صرف آموزش‌این افراد می‌شود تا جوابهای صحیح را فراگیرند، بعوض‌اینکه یاد بگیرند بطور صحیح سؤال کنند. آقای ایوان ایلیچ **Ivan Illich** عقیده دارد، آموزشی که برای افراد فراهم می‌آوریم، آن طوری نیست که آنها را آموزش دهیم تا خودشان فراگیرند، بلکه آنها برنامه‌نویسی می‌شوند که بتوانند به انتظارات تشکیلات پاسخ دهند.

در مجموع، یک مدیر خوب الزاما" فارغ‌التحصیل از یک دانشگاه پیشرو نیست. تحصیلات بیش‌ازاندازه می‌تواند برای سلامت مدیریتی او خطرناک باشد.

---

(۱) Doctor of Philosophy

(۲) Stature

روش‌های آموزشی

آموزش برای P و A

آموزش برای P و A کاملا" سرراست(۱) است. یک P باید راه و روش حرفه خود را بیاموزد. فروش، مهندسی، حسابداری، بازاریابی یا هر موردی که شامل دوره‌های مربوط به‌جزئیات باشد. یادگیری تجربی آنهم مستقیم، برای تقویت وتفهیم رفتاری ضروری است، تدریس سنتی هم مورد قبول می‌باشد.

برای آموزش A، تجویزی مشابه آموزش P ولی برای دوره‌های اداری، چگونگی سازماندهی، سیستم‌بخشی، اجرای کنترل و غیره اعمال می‌شود. گرایش معمول آموزش‌به دوره‌هایی است که در رابطه با تحلیل وضعیت‌ها باشد، آنهم بدون توجه به اینکه آیا آنچه برنامه‌ریزی شده درک شده است‌یا نشده.

اضافه برگذارندن دوره هر فرد می‌تواند در شغل نیز یاد بگیرد. برنامه‌های مدیران اجرایی باید موقعیتی را فراهم آورد که گروه‌های ۵ نفره از یک شرکت قادر باشند هر آنچه را که از محیط کارشان یاد گرفته‌اند تعمیم دهند و در مورد موفقیت یا شکست‌هایشان نیز گزارشهایی تهیه و ارسال نمایند. بیشتراینکه، ممکن است (P) در تشکیلات زیاد باشد، اما سهم جامع و فراگیری نداشته باشد. افراد متخصص‌می‌توانند هرکدام به دیگری پیرامون وظایفی که بعهده دارند آموزش دهند و بدینسان محیطی آموزشی خلق و ایجاد کنند. همیشه جای تعجب دارد که افراد چقدر کم درباره تشکیلات خودشان می‌دانند. برنامه‌های MDOR(۲) تحلیلی از کل سازمان ارائه می‌دهد بطوریکه افراد فرآیندی را که نتایج کسب نماید، خواهند فهمید. با استفاده از این تمرین، افراد بطور عمقی از وابستگی‌های تشکیلاتی آگاه می‌شوند. آنهااز همدیگر یاد می‌گیرند که نسبت بهم تا چه‌مقدار قاطع باشند، و این به هرکدام کمک می‌کند تا نتایجی را که مسئولیتش را بعهده دارند، کسب نمایند.

آموزش برای E و I

دوره برای E و I بدنبال استفاده از برنامه‌نویسی می‌باشد. فرض اساسی در این آموزش آن است که شخص مورد آموزش، درحال حاضر E و I را داراست. هدف از چنین آموزشی سیستماتیک کردن E و I او در جهت کسب بازدهی در شغلی است که حال حاضر به آن مشغول می‌باشد. دوره‌های طوفان ذهنی(۳)، به‌تحریک کردن خلاقیت‌ها و منظم کردن آنان را کمک می‌کند.

آموزش برای توانایی در I در دوره‌های بی‌خاتمه‌ایی عرضه می‌شود که درخصوص فرآیند تجهیز، توسعه سازمانی، عوامل تغییر، آموزش حساسیت و رهبری است. این دوره‌ها در دانشگاه‌ها، مدارس عالی و آموزشگاه‌های بی‌شماری ارائه می‌گردند.

---

(۱) Straight forward

(۲) Adizes Institute

(۳) Brain storming

دراین دوره‌ها اصولا" فن مدیریت‌برای یکپارچگی و مواجهه با تضاد(به‌شرط وجود قابلیت‌های فردی) در شروع کار، تقویت(۱) شده و بهبود می‌یابد. البته می‌بایستی درنظر داشت که ارائه آموزش I به افرادی که خط تیره در محل I مدلشان وجود دارد نتیجه‌ای معکوس ببار می‌آورد.

روشهای توسعه

پیش‌نیاز برای توسعه قابلیت پنهان فرد، یا قابلیتی که فرد از وجود آن آگاهی ندارد، محیطی است که آن قابلیت را تشویق نموده و منصه ظهور(۲) آن را تقویت و ترغیب نماید. در چنین حالتی محیط همان وظیفه، شغل، موقعیت‌سازمانی و جو سازمانی تعریف می‌شود.

قبل از اینکه کندوکاو(۳) بیشتری دراین موضوع بعمل آید، می‌بایستی وجه تمایز بین تفویض و تمرکززدایی روشن گردد. تفویض، انتقال مسئولیت به زیردستان برای تصمیمات‌برنامه‌نویسی شده می‌باشد. پس‌به‌این معنی است که P و A می‌توانند تفویض گردند. درحالیکه تمرکززدایی با مواردی افزون‌بر انتقال وظایف‌سروکار دارد. از آنانیکه بوسیله تمرکززدایی قدرت کسب کرده‌اند انتظار می‌رود تا در تصمیم‌گیری، شروع یک حرکت، پذیرش مسئولیت، خودآغازین بودن و به انجام رسانیدن آنچه از آنها خواسته می‌شود، از بصیرت استفاده کنند. به تعریفی دیگر تمرکززدایی می‌طلبد که E و I در سطوح پایین سازمان پرورانده شوند. زیرا نقش‌های E و I قابل برنامه‌نویسی شدن نیستند، و نمی‌توانند تفویض‌گردند. لذا، می‌بایستی آنها را پروراند.

بنابراین، تفویض‌با تمرکززدایی هم معنی نیست. جهت تمرکززدایی، می‌بایستی آزادی عمل برای اتخاذ تصمیمات برنامه‌نویسی نشده داده شود. تمرکززدایی به فضای وسیع‌تری برای اتخاذ تصمیمات برنامه‌نویسی نشده که غیرقابل پیش‌بینی هم باشند، نیاز دارد. لذا، تمرکززدائی باعث بروز وحشت در افرادی می‌شود که می‌خواهند قدرت را حفظ کنند. گرچه درصورتی که بتوانند بطور مطلق همه چیز را کنترل کنند، هرآنچه را انجام می‌شود، "تمرکززدایی" می‌کنند. که در چنین حرکتی، E و I محدود می‌شوند، در نتیجه هم هیچ تمرکززدایی صورت نخواهد گرفت. در بهترین حالت فقط یک یا دو کار تفویض می‌شود. لذا، تمرکززدایی وسیله‌ای استجهت توسعه E و I.

چگونه می‌توان برای فردی که خط تیره(یا فضای خالی) درمحل P مدلش وجود دارد، مانند یک بوروکرات، آتش‌افروز و دنباله‌رو کبیر، یا بجای A فضای خالی داشته باشد مثل یکه‌تاز، آتش‌افروز و دنباله‌رو کبیر، کیفیت‌های ازدست رفته را توسعه داد؟

---

(۱) Augment

(۲) Manifestation

(۳) Delve

توسعه P و A

جهت توسعه دادن P و A دربین افراد، آنها باید در معرض وظایفی قرار بگیرند که به‌ایفای نقش‌های P و A نیاز دارد، یا این وظایف به آنان تفویض‌گردد. از آنجاییکه دررابطه با P و A، نیاز به‌انجام رسانیدن و نیاز به‌قدرت مطرح می‌باشد، جهت‌توسعه P، شخص باید به وظیفه‌ای منصوب شود که بازده او به آسانی محاسبه شده، موفقیت یا شکست به او نسبت داده شود. کار در فروش و خط تولید مثالهایی از این نوع وظایف می‌باشد. وظیفه می‌بایستی بازخور کوتاه مدت داشته باشد، به این معنی که نتایج باید بدون تاخیر بیش‌ازحد آماده ارائه گردد.

توسعه دادن دردآور است زیرا زمانی صورت می‌گیرد که فرد به ضعف‌های خود اشراف پیدا کرده است. در افرادی که از شکست می‌ترسند، احتمالا" چنین اشرافی بیشترین وحشت را ایجاد خواهد کرد. اگر آنها نتوانند رشد کنند بنفعشان خواهد بود که از وظایف مدیریتی دور بمانند، زیرا چنین وظایفی آنها را خشنود نمی‌کند و برایشان تضمینی ندارد.

نقش A نظم، ترتیب، جزئیات، قدرت، عملیات‌تحت شرایط اطمینان، حفظ سطحی مطمئن از پیش‌بینی، تحمل(۱) تکرار و لذت از قاعده را می‌طلبد. درتوسعه دادن A فرد باید با وظیفه‌ای مواجه شود که به کیفیات A نیاز داشته باشد و جبران خدمت(۲) نماید. چنین وظایفی براحتی در زمانبندی تولید، حسابداری و مشاغل کلاسیک اداری پیدا می‌شود.

در مجموع، می‌توان اظهار نمود که سازمانها در توسعه P و A موفق بوده‌اند. حالی که در توسعه E و I موفقیت کمتری را کسب نموده‌اند.

توسعه E و I

سازمانهای بزرگ با منزوی کردن کارآفرین (E) یا به‌انحصار درآوردن او(در راس هرم) و محول کردن وظایفی که به بازدهی E نیاز دارد رفتار می‌نمایند. در سایر قسمتها هم برای ابراز E هیچ تشویقی قائل نمی‌شوند. طبعا" زمانی هم که به یک مدیر اجرایی نیاز پیدا کنند، می‌بایستی در خارج از سازمان بدنبال او بگردند، زیرا درداخل سازمان به استعداد E اجازه رشد داده نشده است. لذا، جای تعجب‌ندارد اگر مدیران اجرایی تغییر شغل را راحتترین راه برای ارتقاء بدانند.

I به اندازه E درخطر نبوده و محصور(۳) هم نمی‌باشد. اما رشد و توسعه آن بخصوص درسازمانهایی که اهدافی منحصربفرد دارند، تشویق نمی‌شود. سازمانهایی که براساس هدف و وظیفه مرتب شده باشند. آنهایی که انتظار کسب نتایج را

---

(۱) Enduring
(۲) Rewards
(۳) Beleaguered

داشته، و جهت‌دستیابی به نتایج روابط بین افراد را به غیرشخصی(۱) تبدیل می‌کنند. طبعا" روابط تخصصی را بعوض روابط فرد به فرد در سازمان توسعه می‌دهند، و باعث ضایع کردن قابلیت‌های I می‌شوند.

توسعه I به معنی مواجه نمودن فرد با وضعیتی است که قابلیت او را در کار کردن با دیگران به‌آزمایش بگذارد. او بایستی بشنود، گوش بدهد، حس کرده، و با انتقال فکر(۲) کار کند. (به فصل ۹ رجوع شود). فرد می‌بایستی گوش درونی خود را برای آن چیزهایی که گفته نشده (با استفاده از حس ششم خود از چگونگی آنچه گفته شده) و مقایسه آن با آنچه عملا" گفته شده توسعه دهد، تا به درک وضعیت برسد.

تحت هر شرایط، توسعه دادن با افزایش دردی همراه است که می‌توان کاهش داد، ولی نمی‌شود حذف نمود. بهرحال افرادیکه برای شروع هیچ I ندارند، به تجربیاتی برای غلبه بر این ضعف نیاز دارند که کسب آنان جراحات روحی(۳) بدی بجا می‌گذارد، بطوریکه از ادامه کسب تجربه صرف نظر می‌کنند.

بنا به واقعیات، نهایتا" برای افرادی که فقط یک نقش، بدون حضور سه نقش دیگر ایفاء می‌کنند، مواجه شدن با تجربیات سایر نقش‌ها نمی‌تواند نتایج راضی‌کننده‌ای دربر داشته باشد. زیرا چنین تجربیاتی با آزار روانی زیادی همراه است. اگر هم بدنبال تغییر بوده و بخواهند به مدیران بهتری تبدیل شوند به مداخله متخصصین روان درمان حرفه‌ای نیاز خواهند داشت. در شرایط ملایمتری هم که یک‌نقش در مدیر توسعه می‌یابد، در صورتی که مواجه شدن تدریجی و افزایشی آن نقش در فرد با بازخور مقاومتی سریع اتفاق بیافتد دارای ارزش خواهد بود.

فعالیت‌های خارج سازمانی نیز می‌تواند جهت آموزش‌به افراد برای سروکار پیدا کردن با اشخاص متنوع و جهت یکپارچه کردن آنان مورد استفاده قرار گیرد. بطور مثال، سازمانهای صنعتی ممکن است فعالیت‌هائی هنری، بطوریکه کلیه افراد سازمان را درگیر نماید، بعهده گیرند. یکی از بانک‌های مرکز شهر لس‌آنجلس نیمه طبقه باشکوهی برای جلسات فروش تدارک دیده است. درصورتیکه کارکنان و مدیران بانک از این تجهیزات برای نشان دادن نمایش به سایر افراد و مراجعین بانک‌استفاده کنند، موانع سلسله مراتب را شکسته و بعد جدیدی به‌زندگی حرفه‌ای خود در سازمان اضافه می‌کنند. همچنین می‌توانند I خود را بهبود بخشند، و ازطریق تنوع E را نیز احتمالا" افزایش دهند.

بهترین وسیله برای توسعه بخشیدن به E و I پیاده کردن دموکراسی و تمرکززدایی است. نتیجه آن هم سیستمهای مشارکتی می‌باشد. کشورهای یوگسلاوی، پرو، آلمان غربی نروژ، اسرائیل، سودان و کشورهای **Benelux** چنین سیستمهایی را برقرار کرده‌اند. افراد هرچه بیشتر در تصمیم‌گیریها سهیم باشند، E و I بیشتری در آنها توسعه داده شده و بکار گرفته می‌شود. E و I را حتی ممکن است بتوان در مدارس‌و با واگذاردن وظایفی به‌عهده دانشجویان و با فراهم‌آوری تحصیلات تجربی

---

(۱) Depersonify
(۲) Empathetically
(۳) Traumatic

توسعه داد. بطور مثال، در مدرسه بازرگانی UCLA همه دانشجویان در اولین فصل کلاسی(۱) حداقل یک‌دوره تجربی را می‌گذرانند. تاکید دوره بر کار کردن با دیگران است، فرآیندی که اضافه بر شروع به تصمیم‌گیری مشترک با دیگران به خودشناسی بیشتر نیز منجر می‌شود. قصد دوره فراهم‌آوری تجربه‌ای است که درآن تصمیم‌گیریها بایکپارچه‌گی خوب اتخاذ شده باشند.

در دانشگاه Itesm مکزیک، استادان و مدیران بازرگانی دانشجویان را درتداوم پروژه‌هایشان راهنمایی و کمک می‌کنند. دانشجویان یک فرصت بازرگانی را شناسایی کرده، برنامه‌ریزی، ساختاربندی و آن را با کمک و نظارت استادان و مدیران بازرگانی اداره می‌کنند. هر دوره از دانشجویان نتایج کار را به دوره جدید منتقل می‌کند.

کسب آموزش به‌کنار، آگاه شدن و فهمیدن خود، و دانستن مشخصات نقش‌های مدیریت این نتیجه را خواهد داشت که کار انفرادی باعث بهبود مختصری در فرد می‌شود. به‌تنهایی کارکردن مثل کار کردن درخلاء می‌باشد. رشد فردی وقتی ظاهر می‌شود که با دیگران کار انجام شود.

این امکان نیز وجود دارد که منابع خلاقیت و کارآفرینی سازمان را با به استخدام درآوردن کسانی که در E و I قوی هستند، تقویت نمود. این افراد را معمولا" می‌توان در تجارت‌هایی با خلاقیت بالا ازقبیل تبلیغات و در شرکتهای کوچک درحال بسط و توسعه پیدا نمود. بسیاری از آنها بعنوان تنها مایملک سازمانهای جدید بکار گرفته می‌شوند.

بسیار مهم است که فردی خلاق را به سازمانی که به طرف P و A گرایش دارد معرفی نمود، و از یکپارچگی او با مجموعه اطمینان حاصل نمود. درغیراینصورت، ناامیدی در فرد جدید و سازمان حاصل شده و افزوده می‌گردد. موضوعی که در فصل ۱۳ "کتاب دوره عمر سازمان(۲)" به بحث گذارده شده است و موضوع درمان سازمان را مطرح می‌نماید.

تا اینجا راجع به نحوه آموزش مدیران صحبت شده است. اما باید توجه داشت که حتی مدیران خوب هم برای تضمین مدیریت خوب کافی نمی‌باشند. برای دستیابی به مدیریت خوب، مدیران می‌بایستی بصورت گروهی کار کرده و وظیفه‌ای را دنبال کنند که با سبک آنها مطابقت داشته باشد. در فصول آینده در مورد تطابق سبک‌ها با وظایف و طریقه ساخت گروه بحث شده است.

---

(۱) Quarter

(۲) کتاب دیگری از همین نویسنده و مترجم

یادداشت‌ها

(1) Michael L. Moore, "Superior, Self , and Subordinate Differences in Perceptions of Managerial Learning Times"
   (Personnel Psycology,27,1974).

(2) Leonard Sayles , Managerial Behavior
   (New York , Mc Graw-Hill 1964).

(3) H. Mintzber , "The Manager's Job : Folklore and Fact"
   (Harvard Business Review , 1975).

(4) Raymond L. Hilgert , "Positive Personal Motivation: The Manager's guide to Influencing Others"
   (Personnel Journal , 53 , 1974).

(5) Herbert H. Hand , Max D. Richards , and John W. Slocum , "Organizational Climate and the effectiveness of a Human Relations Training Program"
   (Academy of Management Journal , 16 , 1974).

(6) William S. Quigley , and Ronald J. Stupak , "An Experiment in Managerial Creativity: The Federal Executive Institute and the Policy - making Process"
   (Training and Development Journal , 28 , 1974).

(7) Robert Townsend , Up the Organization: How to Stop the Corporation from Stifing People and, Strangling Profits
   (Greenwich , Conn. : Fawcett Pulicatons , 1971).

(8) Ichak Adizes : Dialectic Convergence for Management of conflict.
   (Los Angelet: MDOR Institute , 1977).

(9) John B. Miner , Human Constraint : The Coming Shortage of Managerial Talent
   (Washington, D.C. : Bureau of National Affairs , 1974).

فصل یازدهم

تطابق دادن سبک شخصی با خصوصیات مورد تقاضای کار

ساختن ترکیب مدیریتی(۱)

برای اینکه فرآیند مدیریتی مؤثر افتاده و کارآیی داشته باشد، چهار نقش (PAEI) باید ایفا گردد. برای مدیریت مؤثر هریک از این نقش‌ها لازم بوده ولی کافی نمی‌باشد. کفایت، وجود ترکیبی از چهار نقش درکنار هم است. اما فردی وجود ندارد که بتواند همه آنها را در سطح مهارت و تخصص مورد نیاز یک مدیریت‌مؤثر به‌اجراء درآورد. هرگاه یکی از نقش‌ها به اجراء درنیاید، سبک‌خاصی از سوءمدیریت بروز می‌کند.

لذا، اگر کسی نمی‌تواند یک PAEI باشد، پس مدیریت خوب چیست ؟ در فصل ۹ اشاره رفت که انسان مدیر، این حقیقت را که PAEI نبوده و نمی‌تواند باشد را درک کرده و می‌پذیرد. همچنین تذکر داده شد که حتی اگر PAEI وجود داشته باشد بطور کلی ممکن است "شخصیت‌هایی" که از حضور او نتیجه می‌گردند برای جامعه خطرناک باشند.

اگر هیچ فردی نمی‌تواند یک PAEI باشد این بدان معنی نیست که سازمانها محکوم(۲) به‌داشتن مدیریت بد هستند. راه‌حل کار گروهی بین افرادی است که دارای سبک‌های مکمل هستند، دارای نیازهای شخصی و جهت‌گیری‌های مختلف بوده و می‌توانند در کنار هم کار کرده و جهت‌گیری‌های یکدیگر را متعادل نمایند. به افرادی نیاز است که دارای کارآفرینی و یکپارچه‌کنندگی کیفیت‌هایی باشند که سازمانی متحد را به جهت‌گیری‌های جدید سوق دهند، اداره‌کنندگانی که می‌توانند ایده‌های کارآفرینی را به سیستمهای عملیاتی که مولد نتایج هستند تبدیل کنند، مولدینی که می‌توانند سیستم را به کار واداشته و سرمشقی برای عملیات کارآمد باشند.

تحلیل تاریخچه سازمان موفق نشان می‌دهد که موفقیت سازمان مدیون گروه

---

(۱) Managerial Mix

(۲) Doom

افرادی است که دارای سبک‌ها، رفتارها و نیازهای مختلف هستند اما می‌توانند با همدیگر کار کنند. گرچه موفقیت سازمانی معمولا" به یک نفر نسبت داده می‌شود، اما در پشت آن فرد گروهی قرار دارند که او را قادر می‌سازند تا کارش را بخوبی انجام دهد.

مجله فورچون (Furtune) ماه دسامبر ۷۲ شرح می‌دهد که چگونه شرکت Arlen Realty and Development بزرگترین کمپانی معاملات املاک کشور شد. آرتور کوهن که Arlen Realty را تشکیل داده، اظهار می‌دارد امر مذکور به‌هیچ وجه نمایش‌یک نفره نبوده است. "نقش من شناسایی آنجایی است که می‌خواهیم برویم، (کارآفرینانه)، نقش مارشال پیدا کردن چگونگی رسیدن به آنجا می‌باشد (اداره‌کنندگی) و آرتور لوین تضمینی برای کارکرد آن می‌یابد (تولیدکنندگی)". احتمالا" آرتورکوهن نیز یکپارچه‌کننده‌ای بوده که گروه را جمع کرده است.

بسیاری از مردم برای شرکت موتور فورد، داستان موفقیت شخصی را که به تنهایی موفق به انجام آن شده، درنظر می‌گیرند، اما طبق اظهارات پیتر دراکر، در دوران رشد و موفقیت شرکت مذکور یعنی از سال ۱۹۰۷ تا اوائل ۱۹۲۰ این شرکت بوسیله یک گروه مدیریتی عالیرتبه اداره می‌شده است، که در آن جمیز کاوزنز همردیف(۱) هنری فورد در بسیاری از زمینه‌های مدیریت‌بالاترین مقام سطوح بالا بوده است. پس‌از اینکه کاوزنز شرکت را ترک می‌کند، هنری فورد تنها مدیر سطح بالای شرکت می‌شود. نمی‌توان براحتی باور کرد که خروج کاوزنز چگونه قابلیت رقابتی شرکت مذکور را کاهش داده است.

کشف کار گروهی سازمانی نباید آنقدرها هم ناگهانی(۲) تلقی شود. ما کاملا" با فروشگاه ماما - پاپا آشنا هستیم. پاپا طبق سنت خرید می‌کرد، مذاکره می‌نمود، قیمتها را تنظیم می‌کرد و رهبری تجاری را فراهم می‌آورد (PE). ماما حسابها را نگه می‌داشت، انتقادهای سازنده به رؤیاهای ایده‌آل پاپا را فراهم می‌آورد، مشتری‌ها و کارکنان را راضی می‌کرد، روحیه افراد را حفظ می‌نمود و به شکل حامی و پشتیبان عمل می‌کرد (AI).

خانواده سنتی نیز یک مدیریت متفق(۳) است. پدر نان‌آور می‌باشد، تصویری کلی از جامعه در سر دارد، حرفه‌ای را دنبال می‌کند (PE). مادر نیز خانواده را اداره می‌کند، کارهای خانه را سامان می‌دهد و خانه را بصورت محل زندگی درمی‌آورد (AI). از نظر مدل PAEI، پاپا یک PaEi و ماما یک pAeI می‌باشند.

با جنبش حمایت از حقوق زنان(۴)، تغییر بزرگی رخ داده است. زنان از ایفای نقش پشتیبانی‌کننده خسته شده‌اند. آنها می‌خواهند خودشان PaEi باشند. اما شوهران هم متناوبا" از عهده گرفتن نقش حمایت‌کننده رو برمیگردانند. بنابراین در بعضی از خانواده‌ها هردو شریک به شکل PaEi عمل می‌کنند. در اینگونه موارد درصورتیکه هر دو شریک دارای I بزرگ نبوده و تمایلی به سهیم شدن در A نداشته

(۱) Coequal
(۲) Startling
(۳) Comanaged
(۴) Feminist Movement

بـاشند، خانواده ازهم می‌پاشد. یا اینکه به یک کلفت، سکرتـر و حسابدار خوب (A) و شاید حتی یک روانشناس (I) نیاز خواهد بود.

ترکیب مدیریتی

همانطور که درفصل ۹ تعریف گردیـد، ترکیـب مدیریتـی، گروهـی می‌بـاشد کـه تـک‌تـک اعضاء آن مدیران خوبی هستند. اعضای گروه بـاید یکدیگر را تکمیـل نمـوده و بدینوسیلـه یک PAEI تشکیل دهند. که می‌توانـد بـه معنـی ترکیبـی از یک Paei، یک pAei، یک paEi و یک paeI باشد. حتی می‌تـوان بـا ترکیـب یـک PaeI، یـک pAeI و یک paEI وضعیت بـهتری را کسب نمود، زیرا همه اینها بخوبی یکپارچگـی را ارائـه می‌دهند. چنین گروه‌هایی سازمان را بـه سمـت مؤثـر و کـارآ بـودن سـوق می‌دهنـد. درصورتیکه فقط افراد PaeI در یک گروه مدیریتی وجود داشته بـاشنـد، صرف نظر از تعداد آنها، سازمان مذکور دچار سوءمدیریت خواهد شد.

> زمانیکه در کار تجاری دو نفر وجود داشته باشند که همیشه باهم موفق باشند، یکی از آنها زیادی است.
> William Wrigley, Jr.

در بین چهار نقش، تنها نقشی که ایفای آن بـرای یک مدیر اجرایی صرف‌نـظر کردنی نیست، یکپارچه‌کنندگی است. اگر یک مدیر اجرایی نتوانـد سه نقـش دیگـر را خودش ایفاء کند اشخاص دیگری وجود دارند که بـتوانند آنها را ایفـا کنند، اما مدیر اجرایی باید قادر بـه یکپارچه‌کنندگی باشد تا سایر کارها بطور مثبت بـه انجام برسند. اگر وظیفه یکپارچه‌کنندگی صورت نپذیرد، گروه مدیریتی ازهم خواهد پاشید.

بـعضی از سازمان‌ها در پی توسعه مفهوم دفتر مدیر اجرایی هستنـد. آنهـا ایـن نظریـه را پذیرفته‌اند که مدیریت نمی‌توانـد توسط یک شخص صورت گیرد، بنابراین برای اداره سازمان، آنها چندین مدیر را گرد می‌آورنـد. بسیاری از مـوارد ایـن دیدگاه دچار شکست می‌شود، زیرا مدیران افرادی شبیه خـود را بـرای انجـام کـار انتخاب می‌کنند.

بطور مثال، یک مدیر A، مدیر A دیگری را انتخاب خواهد کرد. اما تنها در صورتیکه اختلافات بین اعضاء گروه پذیرفته شوند، گروه می‌توانـد وظیفـه‌ای بغـرنـج را به انجام برساند.

آیا ترکیب مدیریتی خوب کافی است؟

ترکیب مدیریتی مرکب از گروه افراد مسلط به کار و مکمل (PAEI)، نقطه شروع خوبی برای مدیریت مؤثر است. شرط بعدی این است که اعضاء گروه بترتیبی قرار گیرند که در آن موقعیت‌ها سبک‌های مربوطه مؤثر بیافتد. واضح است‌که نباید از فردی که در شغل حسابداری احساس راحتی می‌کند انتظار داشت هیجانی برای انتقال به قسمت فروش (یا برعکس) از خود نشان دهد.

سازمانی که مدیر بازاریابی آن منحصراً در بازاریابی انجام وظیفه می‌کرد (فروش به او گزارش نمی‌شد) دارای خصوصیات P و A (بزرگ) با e و i (کوچک) بود. او تقریباً کارفرمایی سخت‌گیر بود. لذا، بدلیل همین سبک، بازاریابی طرف پسند قسمتهای تولید و فروش نبود. درنتیجه برنامه‌ریزی فروش و تولید به‌هیچ وجه مهاجمی و متصورانه عمل نمی‌کرد. درصورتیکه اگر این شخص در قسمت فروش یا حتی حسابداری حضور داشت، کار او معنی پیدا می‌کرد.

بنابراین، سبکی که با آن تکلیف(کار) (۸) باید صورت گیرد، به نیازهای خاص خود متکی می‌باشد، پس‌لازم است تا بجای نامدیران از مدیران شایسته طوری استفاده گردد که مناسب کارشان باشند.

تطابق دادن کارها با سبک‌ها

برای شناسایی نیازهای هر کار می‌بایستی پاسخ چهار سؤال مشخص شده باشد. سپس می‌بایستی شخصی را پیدا نمود، که سبک او با نیاز کار منطبق باشد، تا نیاز به توسعه پرهزینه و آموزش فوری بر طرف(۱) گردد.

۱- خصوصیات کار (نیازهای کار) چیست؟
۲- درجه احتیاط شخص برای تصمیم‌گیری در کار(درجه آزادی) چقدر است ؟ ۳- سبک‌های سایر اعضاء گروه چه می‌باشد (نیازهای گروه)؟
۴- جو سازمانی چگونه است ؟ سازمان به چه سبکی نیاز دارد (ضرورت‌های سازمانی)؟

نیازهای کار

نیازمندی‌هایی که کار برکسی که آن را به‌انجام می‌رساند تحمیل می‌کند می‌توانند مورد تجزیه و تحلیل قرار گیرند. هرکدام از این نیازمندی‌ها با یک نقش مدیریتی معین رفع می‌شوند.

---

(۱) Obviating

۱- آیا کار نیاز به کار کردن تحت فشار دارد؟
۲- آیا کار نیاز به نتایج کوتاه مدت دارد؟
۳- آیا نسبت دادن نتایج به شخصی که کار را انجام می‌دهد نسبتاً آسان است ؟
۴- آیا کار مذکور قابل برنامه‌ریزی می‌باشد و آموزش دادن افراد برای انجام آن آسان است ؟
۵- چقدر درگیری متقابل با افراد دیگر برای انجام کار لازم است ؟
۶- آیا کار به‌پیگیری اساسی(۱) نیاز دارد؟
۷- آیا کار پیچیده بوده و نیاز به جهت‌گیری در جزئیات و درک وابستگی‌های درون سازمانی دارد؟
۸- آیا کار می‌تواند به شکل سیستماتیک (منظم) درآید؟
۹- آیا قوانین و سیاستهای سازمانی برای حفظ همراهی(۲) و تکرار در انجام کار لازم است ؟
۱۰- چه مقدار پیشقدم(۳) بودن در کار انتظار می‌رود؟
۱۱- چه مقدار توانایی برای استخراج و استنباط و القاء لازم است تا کاری مؤثر انجام پذیرد؟
۱۲- کار چه مقدار بدون ساختار می‌باشد؟
۱۳- برای انجام کار می‌بایستی با چه مقدار نبود اطمینان مواجه شد؟
۱۵-۱۴ نبود اطمینان کار چه مدت طول می‌کشد؟
۱۴- مدت طولانی	۱۵- مدت کوتاه
۱۹-۱۶ آیا کار به تصمیماتی نیاز دارد که با خطر کردن همراه است : اگر بله، آیا خطر کم است (۱۷)، متوسط است (۱۸)، یا زیاد است (۱۹)
۲۰- نرخ تغییر در ماهیت کار چیست ؟
۲۱- برای انجام کار چه مقدار رابطه متقابل با و همکاری از جانب افراد دیگر مورد نیاز است ؟
۲۲- فعالیتهای کار به چه میزانی می‌تواند بصورت مباحثه‌ای(۴) باشند؟
۲۵-۲۳ آیا بازخور موفقیت یا شکست نسبتاً" سریع عمل می‌کند، تقریباً" بلافاصله (۲۳)، با نرخ متوسط (۲۴)، پس‌از تاخیر درازمدت (۲۵) می‌توان ۲۵ سؤال فوق را در جدولی قرار داده و درصورت مثبت بودن پاسخ به هر سؤال، رتبه نظری بین ۱ تا ۴ (۱ حداکثر می‌باشد) را در ستونهای مناسب و برای هر نقش درنظر گرفت.

---

(۱) Substantial
(۲) Compliance
(۳) Initiative
(۴) Controversial

نیازهای کار (تکلیف)	سبک‌های لازم I	E	A	P
۱- آیا کار نیاز به کار کردن تحت فشار دارد؟	۳	۲	۴	۱
۲- آیا کار نیاز به نتایج کوتاه مدت دارد؟	۳	۴	۲	۱
۳- آیا موفقیت یا شکست در کار می‌تواند به یک فرد خاص نسبت داده شود؟	۳	۲	۴	۱
۴- آیا کار قابل برنامه‌ریزی است ؟	۴	۳	۱	۲
۵- آیا کار به درگیری متقابل با افراد دیگر نیاز دارد؟	۱	۳	۲	۴
۶- آیا کار به پیگیری سخت نیاز دارد؟	۲	۴	۱	۳
۷- آیا کار موجب پیچیدگی و جزئیات‌نگری است ؟	۲	۴	۱	۳
۸- آیا کار می‌تواند به شکل سیستماتیک درآید؟	۳	۴	۱	۲
۹- آیا کار به قبول و اجابت نیاز دارد؟	۲	۴	۱	۳
۱۰- آیا پیشقدم بودن زیادی مورد نیاز است ؟	۲	۱	۴	۳
۱۱- آیا کار به قابلیت استخراج نیاز دارد؟	۲	۱	۳	۴
۱۲- آیا کار بدون ساختار است ؟	۲	۱	۴	۳
۱۳- آیا کار به مواجه شدن با نبود اطمینان نیاز دارد؟	۲	۱	۴	۳
۱۴- چه مدت باید نبود اطمینان تحمل شود؟ مدت طولانی؟	۲	۱	۴	۳
۱۵- مدت کوتاه؟	۳	۴	۲	۱
۱۶- آیا کار به خطرپذیری نیاز ندارد؟	۳	۴	۱	۲
۱۷- آیا کار به خطرپذیری کمی نیاز دارد؟	۳	۴	۲	۱
۱۸- آیا کار به خطرپذیری متوسط نیاز دارد؟	۱	۲	۴	۳
۱۹- آیا کار به خطرپذیری بالایی نیاز دارد؟	۲	۱	۴	۳
۲۰- آیا کار نیازمند سطح بالایی از تغییر می‌باشد؟	۲	۱	۴	۳
۲۱- آیا روابط متقابل و همکاری مورد نیاز است ؟	۱	۳	۲	۴
۲۲- آیا کار می‌تواند بحث‌انگیز باشد؟	۴	۱	۳	۲
- آیا بازخور شکست‌ها یا موفقیت‌های اجرای کارها عمل می‌کند:				
۲۳- به سرعت یا بلافاصله؟	۴	۳	۲	۱
۲۴- متوسط در طول زمان؟	۴	۳	۱	۲
۲۵- طولانی و با تأخیر؟	۴	۱	۲	۳

جدول فوق مثالی از اتخاذ این روش‌است. کارهای را می‌توان بوسیله ۲۵ سؤالی که در نمودار مطرح شده است، ارزیابی نمود. پاسخ به هرکدام از سؤالها می‌تواند اوزان مختلفی را تعیین کند، و مجموع آنان بیانگر بهترین سبک مناسب برای هر شغل خاص باشد.

اگر تحلیل بر روی کار انجام شود (با ثابت نگهداشتن سایر عوامل) کار بازاریابی احتمالا" به P و E بیشتری نسبت به A نیاز دارد و کار حسابداری احتمالا" به A و I بیشتری نسبت به E نیاز دارد:

	I	E	A	P
بازاریابی	۳	۱	۴	۲
حسابداری (درخصوص سازمان دوره ثبات)	۲	۴	۱	۳
فروش کالاهای مصرفی	۳	۲	۴	۱
فروش کالاهای صنعتی	۴	۳	۲	۱

احتیاط(۱) در تصمیم‌گیری

هرچه شخص در سلسله مراتب سازمانی بالاتر رود، اختیارات بیشتری را خواهد داشت، و درنتیجه از احتیاط بیشتری در تصمیم‌گیری برخوردار خواهد بود. با این مشخصه هرچه سازمان متمرکزتر باشد، احتیاط بیشتری در تصمیم‌گیری به‌سطوح پایین‌تر سازمان منتقل می‌شود.

بنابراین در دو سازمانی که یکی متمرکز و دیگری تمرکززدایی شده‌اند یک کار مشابه، دو سبک مختلف مدیریت را می‌طلبد. هرچه در سازمان تمرکززدایی بیشتری صورت گیرد، شرایط پیشقدم بودن بیشتری مورد انتظار است و E و I بایستی بزرگتر باشند.

مکمل بودن به دیگر اعضای گروه

اگر شخصی تمام توانایی‌های لازم جهت اجرای تمام نقشهای مدیریت را دارا باشد(یعنی آن فرد یک Paei یا یک pAeI یا اینکه ترکیب‌های دیگری از نقش‌های ممکن مورد لزوم به‌اجرا درآوردن کار باشد)، حتی اگر آن توانایی‌ها درست مناسب نیازمندی‌های گروه هم باشد، باز ممکن است که سبک آن فرد کافی نباشد. برای تعیین اینکه آیا چنین موردی وجود دارد، لازم است تا اعضای گروهی را که شخص مورد نظر می‌خواهد با آنان کار کند تحلیل شوند. بعنوان مثال درصورتیکه اعضای دیگر گروه در I ضعیف باشند به شخصی با داشتن I قوی نیاز است.

نیاز به سبک‌های تکمیلی مدیریت در بسیاری گزارشهای خبری مشهود است. مثلاً" در دهم ژانویه سال ۱۹۷۷ در مقاله‌ای در Business Week عنوان شده بود که شرکت Occidental Petroleum سالها درگیر "ورود و خروج(۲) مدیران اجرایی برای سمت مدیر عاملی بوده است". توضیحات دکتر Hammer رئیس هیئت مدیره و بنیانگذار این شرکت نمونه واضح(۳) سبک بنیانگذاری است که در فصل ۸ توضیح آن رفته است. بجز درحالتیکه شرکت می‌توانست یک سبک مکمل پیدا کند، خروج Hammer با مشکلات عمده‌ای روبرو نمی‌شد. هنگامیکه Baird نسبت به Hammer در احراز پست مدیرعاملی پیشی گرفت، ارگانهای مالی ترغیب شدند تا اعتبار بیشتری به این شرکت تخصیص دهند. آقای Baird یک بانکدار بود که سبک محافظه‌کارانه او سبک Hammer را بخوبی تکمیل می‌نمود.

نیازمندی‌های سازمانی

نهایتاً" می‌بایستی معلوم کرد که جو سازمانی چه چیزی را می‌پذیرد، چه سبکی با چه کاری تطبیق دارد، و چه کاری را می‌توان انجام داد.

---

(۱) Discretion
(۲) Revolving-door pattern
(۳) Exemplified

شاید یک سازمان بوروکراتیک به یک مدیر فروش کارآفرین نیاز داشته باشد، اما اعضای آن احتمالاً شانسی را به او جهت ایفای نقشش تا بروز تغییر در جو سازمانی نخواهند داد.

بطور خلاصه برای کسب مدیریت خوب :

۱- سازمان به یک‌مدیر خوب نیاز ندارد، بلکه به گروهی از مدیران نیاز دارد که:

الف- توانایی اجرای کلیه ۴ نقش را داشته باشند.
ب- نقاط قوت و ضعف خود را بشناسند.
ج - خودشان را همانطوریکه هستند بپذیرند.
د - سایر اشخاص متفاوت با خودشان را بپذیرند.
ه - بتوانند برتری‌هایی را که ندارند شناسایی نمایند.
و - بتوانند اختلافاتشان را با دیگران به نتیجه برسانند.

۲- هر عضو این گروه مدیریت هم باید:

الف- توانایی برآورده نمودن خواسته‌های شغلیش را داشته باشد.
ب- توانایی گرفتن تصمیم غیرمحتاطانه را داشته باشد.
ج - مکمل دیگر اعضای گروه باشد.
د - با وجود جو موجود سازمان، قابل قبول باشد.

با بروز شرط اول ترکیب مدیریتی بدست می‌آید. و با وجود شرط دوم ترکیب مدیریتی که مناسب سازمان می‌باشد حاصل می‌گردد. مدیریت خوب وقتی بوجود خواهد آمد که هر دوی این شرایط واقع گردد.

تغییر شغل - نوعی ارتقاء

سبک فرد با بالا رفتن از نردبان سازمانی باید تغییر کند (به شرط وجود ساختار سلسله مراتبی)، و تا زمانیکه در همان وظیفه باقی بماند (یعنی در همان تولید، حسابداری یا فروش باقی بماند).

در پائین‌ترین سطح سلسله مراتب سازمانی، برای موفقیت وجود P نیازی عمده است. هرچند هنگامیکه یک P خوب به سرپرستی خط تولید ارتقاء یافت، A او به لحاظ اهمیت رشد میکند. هنوز E انتظار نمی‌رود. ممکن است I مطلوب باشد، ولی اصراری بر روی آن نمی‌شود. این سازمان درواقع از P انتظار دارد بعنوان سرپرست خط تولید به نوعی یک یکپارچه‌کننده (I) هم باشد. (بنابراین ما به یک‌سبک مربی‌گونه‌ای می‌رسیم که فیدلر و دیگران آن را مؤثرترین سبک این سطح سرپرستی می‌دانند).

در سطح بعدی مدیریت، که سطح قسمت‌می‌باشد، ترتیبات بایستی کمی وسیعتر

"چطور شد ؟ آشی را که ما با هم درست کردیم عالی از کار درآمد !"

Drawing by Dana Fradon; © 1976 The New Yorker Magazine, Inc.

باشد. P در مدیر می‌تواند کاهش یابد، اما A او باید افزایش پیدا کند. او بایستی قسمتش را سامان دهد. قوانین، سیاستها و رهنمودها را ارائه نماید. ساختار سازمان را تامین و پیگیری نماید. سازگاری(۱) و عادیسازی حائز اهمیت هستند. I او بایستی در تمام سطوح بزرگ باشد. همیشه لازم است تا شخص خود را با مردم یکپارچه کند.

در سطوحی که با تصمیم‌گیری استراتژیک سروکار دارد، E بایستی بزرگتر شود. این تحول بصورت زیر نمایش داده می‌شود.

---

(۱) Consistency

P - - -	نیروی کار، کارگر
P a e I	سرپرست خط تولید
p A e I	مدیر قسمت
P a E i	معاون (درحالت کلی)
p A E I	مدیر عالی اجرایی

تغییر سبک برای فردی که ارتقاء پیدا کرده است همیشه مقدور نیست. شاید او فاقد توانایی ایفا در یک یا بیشتر از نقش‌های مدیریتی باشد. شاید سازمان از بروز آنان ممانعت کند. برای مثال تا وقتیکه فرد به معاونت نرسیده باشد، از بروز E ممانعت شود. سپس از او انتظار می‌رود که بلافاصله بتواند E بزرگی را در خودش توسعه دهد. لذا، از آنجائیکه چنین اتفاقی نمی‌افتد، تعجب‌آور نخواهد بود که شرکتها در خارج از سازمان و برای رده‌های بالا بدنبال مدیران بگردند.

تغییر سبک فرد کار ساده‌ای نیست، زیرا به معنی تغییر در رفتار او می‌باشد. جهت کاهش P در فرد، سرپرست جدید باید اجازه دهد تا دیگران کار را انجام دهند. این به معنی جدا شدن از کاری است که کاملاً به آن تعلق داشته است و به معنی پذیرش این حقیقت است که دیگران می‌توانند کاری را انجام دهند که او قبلاً انجام می‌داده است.

ارتقاء بیشتر و رسیدن به مدیریت واحد به قابلیت‌های جدید و سبک‌های کاملاً جدید مدیرانه نیاز دارد. لذا، وقتی که کار به E نیاز پیدا می‌کند، قاطی کردن(1) فرد به بیشترین حد خود می‌رسد، زیرا از او خواسته می‌شود تا تصمیمات برنامه‌نویسی نشده‌ای را اتخاذ کند، خلاق باشد و خطرات استراتژی را تقبل نماید. بنابراین، تعجب‌آور نیست که مطالعات نشان دهد مدیران میانی در مقابل تغییر شغل مقاومت بیشتری از خود نشان می‌دهند.

فرد می‌تواند کارش را به طریقی متفاوت از بالا رفتن نردبان سازمانی تغییر دهد. یعنی می‌تواند حرفه‌اش را بعوض تغییر در سطح قدرت سازمانی تغییر دهد.

تغییر شغل - تغییر حرفه

شخص به تغییر سبک نیاز دارد، نه‌تنها وقتی که از نردبان سازمانی بالا می‌رود، بلکه هنگامیکه او از تولید به بازاریابی و از بازاریابی به فروش و از موقعیت صف به موقعیت ستادی، یا از یک صنعت به صنعت دیگر تغییر شغل می‌دهد. در چنین حالتی تغییرات بیشتری نسبت به ارتقاء نیاز می‌باشد، زیرا کار بطور قابل توجهی تغییر کرده است. هنگامیکه خصوصیات شغلی تغییر می‌کند تطابق افراد نیز تغییر پیدا می‌کند، و درخواست‌ها برای تغییر سبک نیز می‌تواند

---

(1) Frustration

شدید(۱) باشد. بسیاری از افراد چنین تقاضایی را بیش‌از حد، فشارآمیز می‌دانند و هرگز بطور جدی در تسلط بر کار یا ایجاد احساس راحتی در آن موفق نمی‌شوند.

بنابراین ارتقاء یا تغییر حرفه، تغییر در روشی را که ما با خود و دیگران کنار می‌آییم طلب می‌کند. چنین تغییری ممکن است باعث افزایش ناراحتی گردد. افرادی که یاد می‌گیرند و موفقیت‌آمیزتر رشد می‌کنند مدیران مؤثری برای آغاز نمودن کار می‌باشند. این اشخاص احتمالاً" به افرادی مسلط تبدیل می‌شوند، زیرا از آغاز رشد توانسته‌اند تغییرات قابل توجهی را تجربه کنند. تغییر نه‌تنها تهدیدی برای آنان بحساب نمی‌آید، بلکه فرصت‌هایی را بوجود می‌آورد که منجر به رشدشان می‌شود.

اینان هستند که پرورش داده شده‌اند تا در جوانی پیوند زده شوند. غالباً" پیوند هم زده می‌شوند، بحدی که کاملاً" عادت پیدا کنند.

بسیاری از مدیران هرگز پیوند زده شدن را تجربه نمی‌کنند. تغییر در شرایطی که عملشان به‌آن بستگی دارد باعث نابودی آنها می‌شود، زیرا تطابق پذیری ندارند.

افراد انعطاف‌پذیر کمیابند. سازمانها با پاداش دادن به اجرا بعوض توسعه بخشیدن، انعطاف‌پذیری را منکوب می‌کنند. بیشتر سازمانها افراد را بدون توسعه دادن آنها مورد آموزش قرار می‌دهند، یا توقع دارند که اجتماع در مقیاس وسیع، هزینه توسعه آنان را بپردازد. این سازمانها ممکن است در ریال صرفه‌جویی کنند ولی تومان(۲) را از دست می‌دهند. سازمانها می‌بایستی افراد را توسعه دهند تا مواد خام قابل ارتقایی را بوجود آورند که بعدها بتوانند آموزش دهند. هزینه آموزش افرادی که در قبال تغییر مقاوم بوده و از کاستی‌هایشان نیز دفاع می‌کنند، بمراتب گرانتر از هزینه توسعه می‌باشد. هزینه توسعه منابع انسانی در مقایسه با هزینه‌های ورود و خروج، آموزش تکراری و از دست رفتن روحیه افراد ارزانتر می‌باشد.

دفتر مدیرعامل(۳)

برای مدیریت مؤثر به ترکیب مدیریتی نیاز می‌باشد، یعنی گروهی از مدیران کارآمد و مکمل یکدیگر تشکیل شود، تا بتوانند گروه کاری PAEI را ایجاد نمایند. این ترکیب می‌بایستی از افرادی تشکیل شود که خط تیره‌ای در مدل مدیریتی آنها وجود نداشته باشد. بعلاوه، این ترکیب باید بخوبی با وظایف و جو سازمانی منطبق گردد.

ترکیب‌مدیریتی موفقیت آمیز می‌تواند در سطوح مختلف تشکیلات بوجود آید. بعضی از سازمانها کوشش کرده‌اند تا ترکیب مدیریتی مشارکتی را حتی در دفتر

---

(۱) Rigorous
(۲) Penny-wise and pound-foolish
(۳) President's office

مدیر عامل بوجود آورند. دفاتری که مشارکت در سطوح بالای مدیریت را ارائه می‌نمایند، به "دفتر مشارکت(۱)" شناخته می‌شوند. می‌توان از شرکتهای زیر بعنوان محل‌هایی که این نوع مدیریت کمیته‌ای را در سطح بالا پذیرفته‌اند نام برد:

Travelers Insurance , GE , ITT , TWA ,Sears , Aetna Life and casualty
.RCA و Heublein , Honey-well , Armco steel

بهرحال اینگونه تلاشها همیشه هم موفقیت‌آمیز نخواهد بود. در Aetna، دفتر مشارکت بعد از چهار سال منحل شد. در RCA، فقط دو ماه دوام آورد، که می‌توان دلایل بروز اشتباهات را اظهار نمود.

اولا"، گروه PAEI نقش رهبری فردی را نفی نمی‌کند. همه اعضای گروه برابر نیستند. یک نفر می‌بایست در راس گروه قرار گیرد. آنچه مدل PAEI اظهار می‌کند آنست که راس گروه در گرفتن تصمیم به کمک بقیه اعضاء احتیاج دارد. تصمیم‌گیری گروهی بدون حضور رهبر، ساختاری رابوجود می‌آورد که فرآیند تصمیم‌گیری را به‌تاخیر نداخته یا مانع می‌شود. مانند آنچه که در Aetna اتفاق افتاد. کمیته مدیریت در گروهی که تمامی اعضای آن برابر بوده و خودشان را PAEI بدانند، شرکت را به نابودی خواهند کشاند.

ممکن است دلیل دیگر برای کار نکردن دفتر مشارکتی این باشد که اعضای گروه وظایفشان مکمل یکدیگر نبوده یا اعضای گروه از مدیران مسلط به کار(۲) تشکیل نشده باشد. این باعث می‌شود تا کمیته پیوسته در تضاد باقی بماند.

بالاخره، دفتر مشارکتی ممکن است به لحاظ اینکه اعضای آن دارای زمینه قبلی، ارزش، آموزش و سبک‌مدیریت مشابهی هستند بخوبی عمل نکند. دراین مورد، سازمان ممکن است‌بخاطر نبود نوآوری موفق آسیب ببیند، واین باعث شود تا گروه مدیریت ازهم بپاشد(۳).

بنابراین، برای کسب موفقیت دفتر مشارکتی، تمامی اعضای آن بایستی مدیران خوب بوده، با وظایفشان تناسب داشته، و مکمل یکدیگر باشند، دفتر همکاری هم می‌بایست دارای رهبر باشد، کسی که توانایی حفظ جو گروهی را داشته باشد.

موضوع مسئولیت

مدل PAEI درباره مسئولیت در سازمان چه‌می‌گوید؟ آیا فرد به تنهایی مسئولیتی ندارد، زیرا هیچکس تمام نقش‌های مدیریتی را ایفا نمی‌کند؟

مدیران معمولا" مسئولیت را به شکل چیزی که توسط یک نفر پذیرفته شود، می‌نگرند. حال به این صورت می‌توان اظهار کرد که: همه افراد می‌بایست مسئول باشند. هر عضو از گروه در اجرای گروهی تصمیمات گرفته شده مسئول می‌باشد،

(۱) Corporate office
(۲) Well-Rounded
(۳) Disband

هرکس می‌بایستی در نقش خاصی که در آن برتری دارد احساس مسئولیت نماید، بنابراین Paei می‌بایست نسبت به کسب نتایج احساس مسئولیت داشته، pAei مسئول اداره‌کردن نتایج است، paEi نسبت به ایده‌ها، راهنمایی‌ها، تصمیمات، و غیره مسئول باشد، و paeI مسئول راه‌اندازی و نگهداری کار گروه است.

تجربه نشان داده است فقط در صورتی که همه احساس مسئولیت کنند، فرد مسئول نمی‌باشد. بنابراین هر مدیر می‌بایستی جوی از مسئولیت جمعی بوجود آورد. مدیران باید آگاه باشند که به‌این دامی که تمام بار برشانه خودشان باشد نیفتند، مسئول هر آنچه که در دفتر می‌گذرد باشند. از آنجائیکه مدیر به‌تنهایی یک PAEI نیست، نمی‌تواند مسئول همه‌چیز باشد.

طبیعت تضاد(۱)

وجود ترکیب مدیریتی فوق‌العاده که با وظایف منطبق شده باشد بدین معنی نیست‌که تضادی در کار کردن سازمان وجود ندارد.

تشکیلاتی بدون تضاد کار می‌کند که شخص به تنهایی تمام تصمیمات را گرفته و به تنهایی به‌اجرا درآورد. البته دراین صورت سازمانی نیز وجود ندارد.

سازمانی که شامل چوب خشک باشد نیز بدون تضاد عمل می‌کند. در چنین سازمانی کسی شکایت نمی‌کند، البته هیچکس اهمیت نمی‌دهد.

نهایتا" اینکه در سازمانی که تمام اعضای گروه مدیریتی آن یک نقش را ایفا کنند همگی A باشند، یا همگی P باشند نیز از تضاد خبری نیست.

در سازمانی که چوب خشک موجود باشد، تمام تصمیمات می‌بایست برنامه‌نویسی شده و از قبل تعیین شده باشد، هیچ یک از اعضاء نمی‌خواهد چیزی را تغییر دهد و نتیجه نبودن تضاد است. در سازمانی که مدیران دارای مدلهای یکنواخت باشند، مدیران چشم‌انداز یکسان داشته بنابراین تضادی بروز نمی‌کند. اما هر دو نوع این سازمانها بخوبی اداره نمی‌شوند. در اثر تغییر محیط، این سازمانها بامسائل اساسی در راستای رسیدن به هر هدفی مواجه خواهند شد. آنهااز کار می‌افتند(۲)، فسیل خواهند شد.

فقط در یک حالت است که سازمان نمی‌تواند تضاد را اداره نماید و آن زمانی است که گروه تشکیل دهنده مدیران قابلیت ایفای کلیه نقش‌ها را نداشته باشد، چنین مدیرانی نسبت به یک یا بیشتر از نقش‌ها کور هستند. درچنین وضع تضادی غیرقابل اداره شدن بوجود خواهد آمد. زیرا چنین مدیرانی برای سایر مدیرانی که نقشی متفاوت‌ازنقش‌خودشان ایفا می‌کنند احترام قائل نیستند.

در گروه مدیریتی مکمل نیز تضاد بوجود می‌آید، حتی اگر هدف، اطلاعات و سیستم مابه‌ازاءخدمات(۳) به وضوح مشخص شده باشد. هربرت سایمون معتقد است

---

(۱) Conflict   (۲) Stale

(۳) Rewards

عواملی وجود دارند که باعث تضاد می‌شوند. این تضاد از قابلیت‌های واگرای اعضاء برمی‌خیزد. چنین وضعی سودمند(۱) است ولی می‌بایست اداره‌پذیر هم باشد.

موارد استفاده ترکیب مدیریتی

برای توضیح بیشتر ترکیب مدیریتی، دو نوع سازمان فرضی را درنظر بگیرید. به نمودار سازمانی شکل ۹ توجه فرمائید.

این نمودار گروه مدیریت سطح بالا را شامل(۲) می‌شود. با توجه به آن می‌توان پرسید، "سبک هر مدیر یا قسمت چه باید باشد؟" در سازمانی که به اندازه‌ای بزرگ است که چندین مدیر اجرایی سطح بالا دارد، اگر اهمیت نقش‌هایی را که رئیس هیئت عامل(۳) ایفاء می‌کند بترتیب درجه‌بندی گردند، پائین‌ترین اهمیت را P و بالاترین اهمیت را I خواهد داشت. در یک سازمان کوچک که برای "بقاء مبارزه می‌کند"، P اهمیت بسزایی دارد. اما در سازمانی که بازار و تولیدش تثبیت شده و جا افتاده باشد، رئیس هیئت عامل (اجرایی) می‌تواند P ها و A ها و حتی E ها را استخدام کند. آنچه او می‌بایست انجام دهد، فراهم‌آوری رهبری است که دراین مورد یکپارچگی (I) می‌باشد. مدیری که یکپارچگی و تصویر را فراهم می‌آورد (EI) و به طریقی بدنبال اجرا و نتیجه است (pa)، مؤثرترین مدیر خواهد بود. عکس این قضیه در مورد فردی که بطرف نتایج و اجرای مؤثر تمایل دارد اتفاق می‌افتد. این سبک ممکن است برای سازمانهای جوان و درحال رشد دلچسب باشد، اما برای سازمانهای پخته بعنوان اولین انتخاب دلچسب نمی‌باشد. هرگاه بتوان مدیران P و A را برای سطوح پایین‌تر سازمان انتخاب نمود، رئیس هیئت عامل می‌بایستی بر فراهم‌آوری تصویر و یکپارچگی تمرکز کند.

از این نقطه نظر، عناوین بسیاری از کتب مدیریت اثری گمراه‌کننده نسبت به نقش مدیریت از خود باقی می‌گذارند. برای مثال، بجای ارائه بحث درخصوص

شکل ۹: نمودار سازمانی

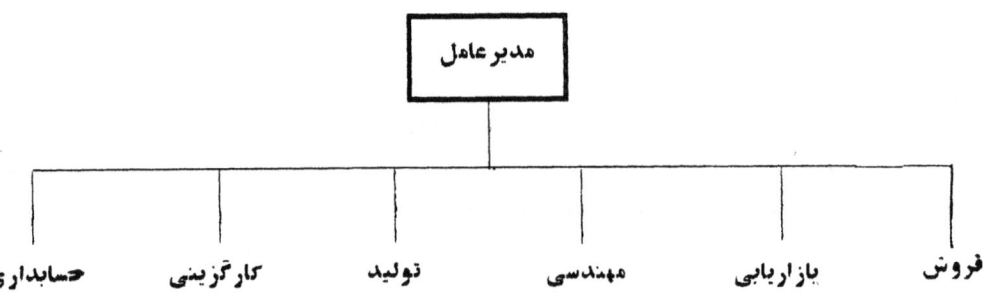

(۱) Salutory
(۲) Encompass
(۳) CEO (Chief Executive Officer)

مدیریت مبتنی بر نتایج(۱)، می‌بایستی بحث مدیریت برای نتایج و مبتنی بر فرآیند(۲) را انتخاب نمایند، که همان EI است. عنوان مدیریت مبتنی بر اهداف(۳) دلالت(۴) دارد بر ترتیب براساس P منحصر بفرد، که به طرف مقاصد متوجه بوده و معمولاً قابل کمی شدن هم است. لذا، ممکن است E یا I را کنار بگذارد.

حال نگاهی داریم به بهترین سبک‌های دلخواه سایر اعضاء گروه مدیریتی. در حسابداری، A باید نقش حاکم باشد. در سازمان نسبتاً باثبات I بعنوان دومین، P سومین و E بعنوان آخرین نقش طبقه‌بندی می‌گردد. با وجود این در سازمانی که دوران تغییرات سریع خود را می‌گذراند، E در دومین درجه اهمیت قرار می‌گیرد، زیرا در چنین سازمانی توانایی در تغییر سیستمها حیاتی است. اگر حسابداری دارای چنین توانایی نباشد، می‌تواند مخرب(۵) رشد باشد. درسازمانی که بطور سریع تغییر می‌کند، I بعنوان سومین درجه و P بعنوان آخرین درجه طبقه‌بندی می‌شوند.

اگر جهت به‌سمت نتایج (P) بیش‌ازحد اهمیت داشته باشد، حسابدار ممکن است خود را مسئول نتایج درنظر بگیرد و تمام کارها را بچرخاند. بودجه‌ها را تنظیم کند، آنها را تصویب کند، اهداف سازمان را تعیین کند، و بازدهی را اندازه‌گیری نماید. یک حسابدار بعنوان یک کارمند ستادی و دارای چنین سبکی، باعث بیگانگی سریع مدیریت می‌شود. بنابراین P بعنوان آخرین رتبه در نقش‌های حسابداری قرار می‌گیرد. با جانشین کردن مدل الفبایی (PAEI) قسمت حسابداری با مدل شماره‌ای، به این قسمت ۳۱۴۲ یا ۴۱۲۳ تعلق می‌گیرد. که ۱ بالاترین درجه اهمیت می‌باشد.

در مدیریت کارگزینی، سبک‌های متفاوت بسیاری می‌تواند وجود داشته باشد، زیرا مفاهیم مختلف زیادی را می‌توان به چهار نقش مدیریتی داد. با اهمیت‌ترین نقش قسمت کارگزینی معمولاً I می‌باشد. اما نقشی که در درجه دوم طبقه‌بندی می‌شود همیشه روشن نیست، زیرا وظیفه این قسمت در سازمانهای مختلف فرق می‌کند. اگر وظیفه آن در درجه اول بایگانی باشد همانطوریکه برای بسیاری از قسمتهای پرسنلی واقعیت دارد، نقشی که در درجه دوم قرار می‌گیرد A می‌باشد. اگر کارگزینی ابزاری است در دست مدیریت برای افزایش بهره‌وری و بازدهی، P در درجه دوم قرار می‌گیرد. با وجود این اگر قسمت کارگزینی همان قسمت منابع انسانی باشد، نقش درجه دوم E خواهد بود زیرا در چنین قسمتی، خلاقیت جهت بهبود یکپارچگی مرتب شده است.

برای جا افتادن این مثال، یک نمونه درنظر گرفته می‌شود. کارگزینی بایگانی اداری (۳۲۴۱) است، و به همین ترتیب در قسمت‌های بعدی ادامه می‌یابد. در تولید، انتظار می‌رود که P در درجه اول طبقه‌بندی شود، A در درجه دوم، I در درجه سوم و E چهارم، این بدین معنی نیست که برای مدیر بخش تولید E اهمیت

---

(۱) Management by results
(۲) Management for result and by process
(۳) Management by objectives
(۴) Connotation
(۵) Obstruction

ندارد. درنظر داشته باشید که اهمیت نسبی هر وظیفه طبقه‌بندی می‌گردد.

وظیفه بخش تولید عملیاتی مؤثر و کارآ می‌باشد (P). طبیعتاً" سیستمها باید به آرامی کار کنند (A)، مردم باید بایکدیگر کار بکنند (I). بخش تولید اهمیت کمتری برای تغییر و نوآوری قائل می‌شود (E). ممکن است وظیفه‌اش توسط تکنولوژی مربوطه شرح داده شده باشد. درتولید، بسیاری از متغیرها باید برای زمان زیادی تحت کنترل باقی بماند تا نتایج مورد نظر بدست آید. بنابراین اعضاء تولید از تغییرات زیاد بیزار هستند، زیرا در این صورت می‌بایستی خود را همراه درد تطبیق دهند.

در مهندسی، از طرف دیگر، E مهمترین نقش می‌باشد. خلاقیت مهندسی باید به طرف نتایج (P) جهت‌گیری شود، باید به تولید فروخته شود (I)، و بالاخره در ساختاری روبنایی اداره شود (A). در بازاریابی هم، چهار نقش به همین ترتیب اهمیت درجه‌بندی می‌شوند.

بسیاری از مدیران اجرایی اظهار می‌کنند که مهمترین نقش فروش P می‌باشد. بعد از آن E، زیرا فروشنده باید برای اتخاذ تصمیمات تاکتیکی در زمینه کارش بسیار خلاق باشد، و بعد A زیرا باید اداره کردن را فهمیده و از آن تبعیت کند، و بالاخره I، زیرا یک فروشنده می‌تواند فردگرا(۱) باشد، در حالیکه مقداری ایجاد یکپارچگی در مشتریانش ضروری است. بدین خاطر، در فروش به مصرف‌کنندگان در مقایسه با فروش محصولات صنعتی، I و E ممکن است اهمیت بیشتری نسبت به A پیدا کنند.

در شکل ۱۰ سبک‌های مطلوب هر مدیر یا قسمت نشان داده شده است (بخاطر داشته باشید ۱ نمایانگر بااهمیت‌ترین نقش است). با توجه به این نمودار، باید آگاه بود که قسمتهای مهندسی و تولید به یک چشم دیده نمی‌شوند. این تفاوت به این لحاظ وجود دارد که مهندسی جهت تغییر را داراست، درحالیکه تولید بدنبال ثبات و ترتیب می‌باشد. تفاوت فقط نه‌تنها بدلیل سبک‌های مختلف شخصی مدیران بلکه بدلیل تکنولوژی وظایف مربوطه می‌باشد که باعث تغییر در سبک می‌شود. در سازمانی که بخوبی اداره می‌شود، بین این دو قسمت تضاد وجود دارد.

قسمتهای بازاریابی و تولید نیز به همان دلایل با یکدیگر ناجور هستند. بازاریابی به دنبال تغییر و انعطاف است. درحالیکه نرمش تولید با محدودیتهای تکنولوژی محدود می‌شود. بازاریابی و مهندسی، به این ترتیب، باید با یکدیگر خیلی خوب‌بسازند و بی‌علاقگی یکسانی را نسبت به تولید ارائه دهند. اگر بازاریابی و مهندسی برای مدت طولانی(۲) با یکدیگر نسازند، تضاد جلب توجه نموده و عملی اصلاحی را می‌طلبد.

در نمودار ارائه شده، حسابداری در موقعیت تضاد بیشتری با بازاریابی و مهندسی نسبت به تولید و فروش می‌باشد. بیشتر با قسمت کارگزینی سازش دارد

---

(۱) Individualist

(۲) Protracted

شکل ۱۰ نمودار سازمانی

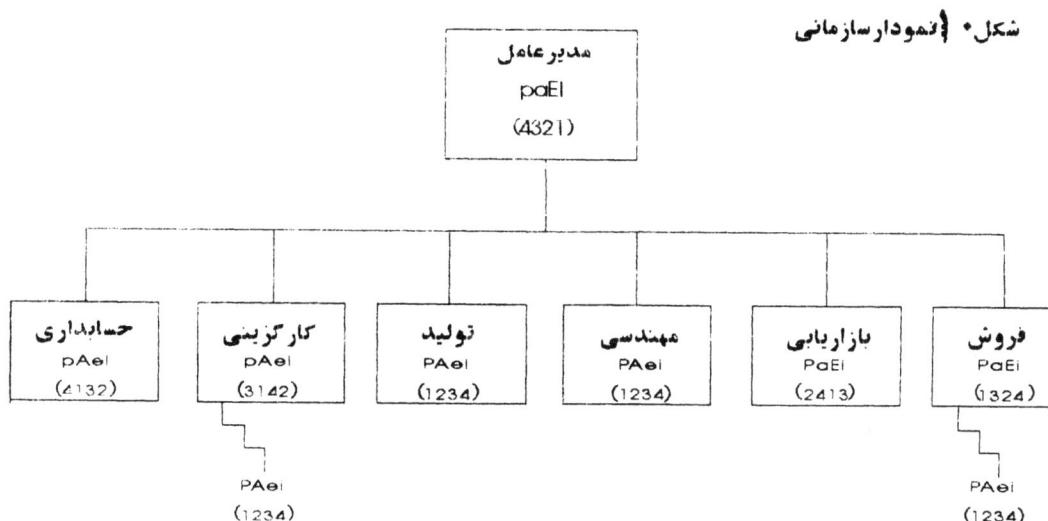

زیرا نهایتا" به خدمات بایگانی می‌پردازد. اگر قسمت کارگزینی به قسمت منابع انسانی تبدیل شود و حسابداری منابع انسانی را درخواست نماید، نسبت به گذشته از حسابداری ایستایی بیشتری را دریافت خواهد نمود.

کارگزینی تا جاییکه در خدمات بایگانی باقی بماند، عموما" سطح پایین بنظر می‌رسد. وقتیکه شروع به ابتکار و عمل به توسعه سازمان (E) کند، خورشیدش شروع به طلوع می‌کند. اما اگر تلاشهای نوآوریش نتیجه ندهد، خورشیدش خیلی زود غروب خواهد کرد.

برای نشان دادن اهمیت تطبیق سبک‌ها با وظایف، اجازه دهید که سازمان فوق را درنظر گرفته و مدیران آن را جابجا کنیم. مدیر مهندسی سبک خود را حفظ نموده اما در راس قسمت تولید قرار گیرد. حسابدار بر مهندسی تسلط یابد، مدیر تولید بر حسابداری مسلط شود، مدیر کارگزینی اداره فروش را بعهده گیرد، و مدیر فروش برکارگزینی غلبه کند. مدیر عامل عهده‌دار قسمت بازاریابی شود و مدیر بازاریابی رفتار فروشندگان یا کارگران خط را بخود بگیرد. بالاخره سبک فروشندگان بر دفتر مدیرعامل تسلط یابد. آیا می‌توان نمودار جدید را تصور کرد و پیش‌بینی نمود که بر سر سازمان چه می‌آید؟

شماره و محل قسمت‌ها در سازمان به همان صورت باقی می‌ماند. همان اشخاص هم مدیر باقی می‌مانند، آنها تنها جای خود را عوض نموده‌اند. حال می‌خواهیم بدانیم که آیا قادرند تا قسمت‌هایشان را تغییر دهند، بعنوان مثال حسابدارها مهندسی را می‌فهمند و غیره. بنابراین چیزی که پرسیده می‌شود، اینستکه آیا این اشخاص می‌توانند قسمت‌های جدید خودشان را بخوبی اداره کنند، آیا سبک‌های آنها

شکل ۱۱: نمودار سازمانی

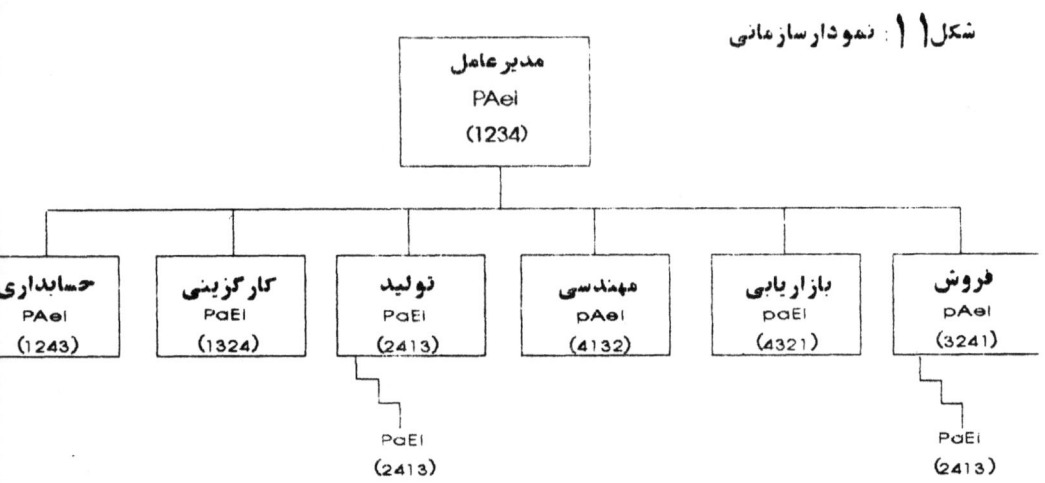

و قسمت‌های جدید بخوبی مطابقت می‌کنند؟ نمودار جدید سازمانی در شکل ۱۱ نشان داده شده است.

درباره رفتار این سازمان چه پیش‌بینی می‌شود؟ مدیرعامل تولیدکننده‌ای است که توجه کمی به مردم و جهت‌گیری سازمان دارد. او سخت‌کوش است و تمایل دارد کارفرمایی سخت‌گیر(۱) باشد. حسابداری چنین تمایلی را تقویت می‌کند، زیرا مدیر آن جهت‌گیری قوی بسمت نتایج و سیستمها دارد. کارگزینی هم در جهت‌گیری بطرف کسب نتایج کوتاه مدت داخل می‌شود. با وجود این قسمت تولید نمی‌تواند تحویل دهد، درحد وسیعی بی سر و سامان است، و دائماً تغییر جهت می‌دهد. مهندسی تحت فشار سیستم پدرسالاری(۲) A و I خود را با بودن در جهت کسب نتایج و با کوشش برای نوآوری، به انجام می‌رساند.

نمودارهای ۱۰ و ۱۱ رفتار سازمانها را با نگرش بر رفتار اشخاصی که در موقعیت‌های مدیریت قرار دارند، شرح می‌دهد. در انستیتو MDOR چنین نموداری سندهای اصیل(۳) سازمانی خوانده می‌شود. این نمودارها برای تشخیص اینکه سازمانی تاچه حد خوب عمل می‌کند، تضادهایش در کجا موجود هستند، آیا ورود و خروج وجود دارد و محل آن کجاست، چه کسی احتمالاً بر مدیر عامل پیشی می‌گیرد و غیره بکار می‌رود.

با ارائه مثالهای داده شده در نمودارهای ۱۰ و ۱۱ با توجه به اینکه سازمان X با کارآیی بیشتری نسبت به‌سازمان Y عمل می‌کند، تشخیص آغاز می‌شود. بدین خاطر اتفاق می‌افتد که تمام کارکنان از مدیر عامل به پائین نسبت به وظایفی که انجام می‌دهند تطبیق داده شده‌اند. بیشتر اینکه، مدیر عامل سازمان X یک یکپارچه‌کننده خوب‌است و فعالیتها در تمام سازمان تمرکززدایی شده است. تشخیص ممکن است به‌سمت‌تضادها، ورود و خروج کارمندان در هر قسمت، و بهترین کاندیدهای احتمالی آینده جهت مشاغل مدیریت، هدایت شود.

---

(۱) Slave Driver

(۲) Paternalistic

(۳) Holograph

یک سند اصیل سازمانی

یک سند اصیل سازمانی برای مثال مد نظر قرار می‌گیرد. یک شرکت کوچک (با حدود ۲ میلیون دلار فروش سالانه) که سه شریک با سهم مساوی با سبک‌های زیر را دارا می‌باشد.

p-E-

pAe- — اداری مالی

P-e- — مدیر فروش

در درجه اول روشن است که سه شریک به هیچ وجه با یکدیگر کنار نیایند. مدیر عامل با تمام سرعت جلوتر از همه حرکت می‌کرد و مرتب جهت را تغییر می‌داد. معاون مدیر عامل در اداری نمی‌توانست مدیر عامل را کنترل کند در عوض سعی می‌کرد مدیر فروش‌را که سعی در به‌انجام رسانیدن کار داشت کنترل کند. چه‌کسی دچار حمله قلبی می‌شود؟ معاون مدیرعامل در فروش، مدیر فروش!

یک روز شرکاء ساختمان و فضای دفتر خود را دوباره طراحی نموده و توسعه دادند. چه‌کسی با جزئیات سروکار پیدا کرد؟ چه کسی تصمیم گرفت که میز هر شریک کجا باید باشد؟ مسلما" مدیر اداری - مالی. او مدیر عامل را کجا قرار داد؟ امیدوارم که درست حدس زده باشد. تا جائیکه ممکن است دور از خودش. او مدیر فروش را کجا قرار داد؟ تا جائیکه ممکن است نزدیک تا بتواند او را زیرنظر داشته باشد.

برای یکسال مشاور بطور نامشخص(۱) نقشI را ایفا نمود. متأسفانه آن را بد انجام می‌داد. بعوض توسعه I در شرکاء، خودشI را فراهم آورد. درنتیجه شرکاء به مشاور عادت کردند. بالاخره مشاور به اشتباه خود پی برد و به‌توصیه او شرکت یک PaeI را استخدام نمود. اما آن نیز مؤثر واقع نشد. PaeI نتوانست I خود را به جریان اندازد، زیرا شرکاء همه فقدان I بودند.

مشاور بالاخره نتیجه گرفت که گذرانیدن دوره حساسیت لازم است. محل‌های خالی در مدل‌های شرکاء باید قبل از اینکه کارمندان مکمل وارد شوند و ساخت گروهی که بتواند کاری را انجام دهد، صورت پذیرد، خارج شود.

تابحال، درباره اینکه مدیر چه هست و چگونه باید او را آموزش‌داد، و چگونه ترکیب‌مدیریتی را بنحویکه سبک افراد با وظایفشان تطبیق داده شود، بوجود آورد، بحث‌شده است. بدین طریق نشان داده شد که سازمان نسبت به مدیریت مورد نیازش چگونه توسعه یافته و افراد را بکار گیرد. اما این قسمتی از تصویر است. سازمانها دارای دوره عمر هستند. اگر فقط سازمان را با مدیران دوره دیده‌ای که مناسب‌وظایفشان هستند و حتی با گروه بخوبی کار می‌کنند، گزینش

---

(۱) Unwittingly

کنیم، باعث خوب‌اداره شدن سازمان حداقل دردوره‌ای کوتـاه مـدت نخواهد شـد. دورنمای(۱) سازمانی، سبکی کـه محـل قرارگیـری آن را بـر روی دوره عمـر سـازمان نشان می‌دهد، می‌بایستی با مدیریت‌تطبیـق داده شـده و آن را پشتیبانـی نمایـد. تغییر دورنمای سازمان درصورتی که سرعت‌بیشتـر در بهبـود در فرآیند مدیریتـی سازمان و نتایج سازمانی مدنظر باشد، اجتناب ناپذیر است.

فرآیند تغییر دورنمای سازمان در کتاب "دوره عمر سازمان" بطور کامل بحث و تفسیر شده است.

یادداشت‌ها

1. Rensis Likert , The Human Organization: Its Management and Value
                (New York , Mc Graw Hill , 1967)
2. Ernest Dale, The Great Organizers
                (New York: Mc Graw-Hill , 1960)
3. Herbert A. Simon , Organiztion
                (New York : Wiley , 1963)
4. Sol M. Davidson, The Power of Friction in Business
                (New York: Fredrick Fell , 1967)

---

(۱) Climate

بخش چهارم
خروج از تله

فصل دوازدهم

یکبار دیگر وبرای آخرین بار (؟) مدیریت چیست؟

مدیریت چیست؟

اغلب بنابراین گذارده می‌شود که همه چیز انجام خواهد شد. از سازمانها خواسته می‌شود تا کارها را انجام دهند. از تغییراتی که در دنیا، در اتومبیل‌ها و غذاهای فروشگاه‌ها بروز می‌کند، تعجبی حاصل نمی‌شود. وقتی چگونگی اتفاق افتادن حوادث را بررسی کنیم، می‌بینیم که مدیریت دربروز تغییرات جامعه نقش مهمی را ایفا می‌کند. در واقع، همانگونه که پیتر دراکر گفته است: "مدیریت داستان موفقیت قرن بیستم است."

لحظه‌ای بیندیشید که مدیریت چیست؟ در سمینارهای مختلفی که در سراسر دنیا برگزار گردیده، از افرادی که در سطوح مختلف سازمانی و متفاوت کاری (مدیریت، مالی، فروش و غیره) خواسته شده تا مترادفی برای کلمه مدیریت کردن(manage) پیشنهاد کنند. آنها کلمات گوناگونی را عرضه کرده‌اند. قبل از اینکه ببینید آنها چه فکری داشته‌اند، اندکی تأمل کرده ونظر خودتان را درخصوص مترادف مزبور بنویسید. فعل مدیریت کردن(manage) چه مفهومی دارد؟
لیست زیر شامل کلمات زیادی است که آن افراد بطور عمومی بعنوان مترادف کلمه manage انتخاب کرده‌اند. آیا شما با دیدگاه‌ها و دریافت‌های آنها موافق هستید؟

برنامه‌ریزی کردن(۱)	جهت دادن(۲)	به اجرا درآوردن(۳)
بکار گرفتن(۴)	تصمیم گرفتن(۵)	اثر کردن(۶)
سرپرستی کردن(۷)	اداره کردن(۸)	هدایت کردن(۹)
کنترل کردن(۱۰)	انجام دادن(۱۱)	سازمان دادن(۱۲)

---

(۱) Plan	(۲) Direct	(۳) Execute
(۴) Implement	(۵) Decide	(۶) Effect
(۷) Husband	(۸) Administer	(۹) Guide
(۱۰) Control	(۱۱) Do	(۱۲) Organize

هماهنگ کردن(۱)	رهبری کردن(۲)*	انگیزش دادن(۳)*
دست یافتن(۴)	دراختیار داشتن(۵)	به‌واقع درآوردن(۶)
آموزش‌دادن(۷)	نظارت کردن(۸)	گرد آوردن(۹)*
حکومت کردن(۱۰)	قضاوت کردن(۱۱)	مجهز ساختن(۱۲)
تنظیم کردن(۱۳)	شکل دادن(۱۴)	توسعه دادن(۱۵)
درس دادن(۱۶)	همکاری کردن(۱۷)	بازرسی کردن(۱۸)
القاء کردن(۱۹)	مرور کردن(۲۰)	گوش دادن(۲۱)
ارتباط برقرار کردن(۲۲)	عکس‌العمل نشان دادن(۲۳)	سربه‌زیر ساختن و نگهداشتن(۲۴)
گرداندن(۲۵)	سرپرستی کردن(۲۶)	با احتیاط عمل کردن(۲۷)
به‌انجام رساندن(۲۸)	ترغیب کردن(۲۹)	حاکمیت کردن(۳۰)
ارزیابی کردن(۳۱)		

اینها تمامی کلمات پیشنهاد شده نبوده، اما نمونه خوبی هستند. از طرف دیگر می‌توان تعاریف کلمه **manage** را نیز در فرهنگ‌های لغت بطور کامل کنترل کرد.

در لغت‌نامه **Random House** کلمه **manage** را بعنوان گردآوری کردن، انجام دادن، مشغول بودن، مواظبت کردن، حاکمیت کردن، نفوذ داشتن، جابجا کردن، هدایت‌کردن، حکومت کردن، با مهارت کنترل کردن، اداره کردن (یک سلاح) (۳۲)، چاره کردن (تدبیر)، سرپرستی شغل، انجام امور بازرگانی، تصدی کردن، تربیت کردن (اسب) تعریف می‌کند.

لغات‌نامه **Funk & Wagnall** به آنچه قبلاً داشته‌ایم مترادف‌های جدیدی را می‌افزاید. **manage** را بعنوان هدایت یا محدودیت (پیشگیری کردن)، رهبری، نگهداشتن در یک حالت با موقعیت مطلوب از طریق متقاعد کردن، انجام دادن آنچه سودمند است. مهار کردن(۳۳) مداخله کردن(۳۴) یا تربیت کردن تعریف می‌کند.

در لغات‌نامه **Oxford Illustrated** اضافه می‌کند: دستیابی به‌نهایت هرچیزی

---

(۱) Coordinate
(۲) Lead
(۳) Motivate
(۴) Achieve
(۵) Handle
(۶) Make happen
(۷) Train
(۸) Monitor
(۹) Integrate
(۱۰) Govern
(۱۱) judge
(۱۲) Utilize
(۱۳) Regulate
(۱۴) Manipulate
(۱۵) Develop
(۱۶) Teach
(۱۷) Cooperate
(۱۸) Ispect
(۱۹) Inspire
(۲۰) Review
(۲۱) Listen
(۲۲) Communicate
(۲۳) React
(۲۴) Make and keep submissive
(۲۵) Run
(۲۶) Supervise
(۲۷) Treat with care
(۲۸) Accomplish
(۲۹) Conduct
(۳۰) Dominate
(۳۱) Evaluate
(۳۲) Wield
(۳۳) Tractable
(۳۴) Break in

با هر وسیله‌ای، تدبیر کردن، موفقیت درمقصود، همراهی کردن با....
سومین لغات‌نامه جدید و بین‌المللی **Webster** مفاهیم زیررا پیشنهاد می‌کند: از روی حلم و بوسیله تدبیر ظریف انجام دادن، با دقت رفتار کردن، بدقت فرمان گرفتن (چرخاندن)، اداره کردن، حکومت کردن، ردیف کردن.
حال اگر مترادف‌های پیشنهادی را تجزیه و تحلیل کنیم. اگر کلماتی را که با ستاره مشخص‌شده‌اند (رهبری کردن، گرد آوردن، انگیزش‌دادن) موقتاً کناربگذاریم، در میان مترادف‌ها رشته‌ای مشترک مشاهده می‌گردد. هرکلمه بین شخصی که اداره می‌کند و شخصی که اداره می‌شود تمایزی(۱) ایجاد می‌کند. هرکدام از این اصطلاحات نشان می‌دهد که شخص A فرآیندی را روی شخص B اعمال می‌کند. مفهوم برعکس، یعنی شخص B فرآیندی را روی A اعمال کند، درست‌نمی‌باشد. مخرج مشترک این مترادف‌ها وجود یک سلسله مراتب است که در آن شخصی(A)، به‌شخص دیگر (B) آنچه راکه باید انجام بدهد، می‌گوید. شخص A عامل مستقل و شخص B عامل وابسته است. B رفتاری را درپیش می‌گیرد یا باید بگیرد، که A را خشنود می‌سازد.

اطاعت(۲) از فرمان

بسیاری از کلماتی که درلیست آمده‌اند، خصوصاً آخریها، حفظ اطاعت را اظهار می‌دارند. چنین فرض شده که مدیر می‌داند که می‌خواهد به‌کجا برود. مقصود از فرآیند مدیریت اینست که ببیند آیا کسانیکه تحت مدیریت هستند (عده‌ای وابسته) رفتاری را درپیش خواهند گرفت که اطاعت کامل آنها را به مدیر نشان دهد. به‌همین خاطر است که او راهنمایی می‌کند، تصمیم می‌گیرد، آموزش‌می‌دهد، حکومت‌می‌کند، تربیت می‌کند، سرپرستی و نظارت می‌کند، ارزیابی می‌کند و اداری رفتار می‌کند.
مخرج مشترک از منشاء کلمه **manage** است. این کلمه از کلمه ایتالیایی **manegg(iare)**، آمده که بمعنی در اختیار داشتن، تربیت (اسب‌ها) است واز کلمه‌ای لاتین **manus** بمعنی دست مشتق شده است.
به در دست داشتن(۳) و اداره یک اسب توجه کنید. اگر یک سوارکار ماهر بتواند اسب را به مانور دادن وادارد، می‌گوئیم او سوارکار است یا اسب را در دست (مدیر) دارد. با افزایش مهارت، سوارکار چیزی بیش از یک عامل مستقل می‌گردد و بطرزی بهتر قادر است تا اطاعت اسب را بدست آورد. بدین ترتیب فرق بین این‌دو که یکی دیگری را به‌آنچه که‌باید انجام دهد، وامی‌دارد، بطور فزاینده‌ای روشن می‌گردد. این موضوع مورد انتظار است و فرض‌می‌کنیم که سوارکار آنچه را که می‌خواهد انجام دهد دانسته و قادر است اطاعت اسب را بدست آورد. هرچند اسب بمراتب قویتر از سوارکار است، طبیعت چنین ارتباط دراینست که سوارکار انتخاب‌هایی را انجام می‌دهد، و اسب به آنها گردن گذارده، و عمل

---

(۱) Distinction
(۲) Compliance
(۳) Consistent

می‌کند و عکس آن هم صادق نیست.

مثال دیگر، هرچند که در آن جهت نمی‌باشد، همانا دردست داشتن و اداره یک اتومبیل است. برای اداره کردن یک اتومبیل، راننده حرکت‌هایی را با دست و پای خود انجام می‌دهد، و توقع دارد که ماشین، پاسخ فوری، ثابت، یکنواخت(۱)، لحظه‌ای و متناسب بدهد. بسیاری افراد دلشان می‌خواهد یک سازمان را همچون یک اسب یا یک ماشین پیشرفته اداره کنند. اکثر مدیران دوست دارند سازمانی داشته باشند که مانند ماشینی که بخوبی تنظیم شده یا اسبی که به‌خوبی تربیت شده است، سربراه باشد. آنها سازمانی را می‌خواهند که بطور لحظه‌ای و بدون بحث به تمام تصمیمات، پاسخ مثبت دهد. اکثر مدیران خودشان را با خوب بودن تصمیمشان و قابلیت خودشان در واداشتن سازمان به‌عمل مطابق با برنامه‌شان ارزیابی می‌کنند.

فرض بر اینست که یک سوارکار یا یک راننده می‌داند که می‌خواهد به کجا برود و چه بکند. یک راننده یا سوارکار خوب می‌داند که چگونه ماشین یا اسب را به بهترین اجرا وادار نماید. اشیائی که‌او بدست می‌گیرد، ازخود اختیاری ندارند. آنها اصولاً ابزارهایی هستند که یک کنترل‌کننده را درنائل آمدن به اهدافش‌یاری می‌رسانند.

برای رسیدن به سطحی بالا از توانایی برای پیش‌بینی و پاسخگویی، مدیر بدنبال کوتاه کردن فاطله است، بین آنچه که می‌تواند صورت‌گیرد با آنچه که باید صورت پذیرد. او وظایف‌مدیریتی ازقبیل برنامه‌ریزی، سازماندهی و کنترل راانجام می‌دهد، اما تلاشش برای بدست آوردن فرمانبرداری فوری است، نه از اسب یا ماشین، بلکه از افرادی که هرکدام دارای نظرات، خواسته‌ها و نیازهای مختص خود می‌باشند. و در مجموع، افراد بطور دلخواه به خواسته دیگران گردن نمی‌نهند، حداقل بطور اتوماتیک‌مانند ماشین عمل نمی‌کنند.

انگیزش هدایت‌کننده

کلمات مترادف رهبری، انگیزش دادن، گرد آوردن، که قبلاً کنار گذاشته شده بود، می‌توانند دلائل(۲) مشابهی داشته باشند. فعل lead (رهبری کردن) عملاً بمعنی زیرنفوذ درآوردن است. یک رهبر بانفوذ، مردم را وامی‌دارد که هرکجا رفت، بدون توجه به اینکه منافع و خواسته‌های پیروی‌کنندگان چه‌باشد، ازاو پیروی کنند. رهبری کردن در این صورت واقعاً به این معنی است: یافتن راهی برای واداشتن پیروان برای رفتن به هرکجا که رهبر بخواهد.

تئوری رهبری اقتضائی(۳) می‌تواند یک مثال برای این شیوه باشد: این تئوری بطور مشخص بیان می‌کند که رهبر باید روش خود را طبق شرایط و مقتضیات سازمانی طوری انتخاب کند(تغییر دهد) که بتواند اطاعت پیروان را جلب کرده و

---

(۱) Handling (۲) Connotations
(۳) Contigency

به‌اهداف خود نائل شود. اهداف مشخص هستند، سؤال اینست که پیروان را چگونه برای رسیدن به آنان واداشت. با این مفهوم نزدیکترین مترادف به فعل رهبری، در webster چنین ارائه شده است: "با مراقبت چرخاندن".

مفهوم انگیزش نیز می‌تواند: تحت تسلط درآوردن، باشد. فیلمی که در آموزش انگیزش مورد استفاده قرار می‌گیرد، با این جمله آغاز می‌شود: "این فیلم درباره انگیزش‌است. یعنی چگونه حداکثر خروجی رااز افرادتان بدست آورید". اگر کنترل و تنبیه مؤثر واقع نشد، شاید برنامه‌های انگیزش و ترغیب کارآیی بشود. محتوای استثمارکنندگی کلمه انگیزش، کاملا" در عناوین کتابهایی نظیر "مدیریت رفتار سازمانی و تجهیز منابع انسانی" واضح است. (مفهوم کلمه تجهیز(۱)، بروشنی دلالت بر استثمار دارد). تصمیم گرفته شده است. تنها سؤال اینست که‌چگونه باید به‌آن رسید، بوسیله کنترل یا انگیزش. فردریک هرتزبرگ، مقاله معروف خود را تحت عنوان "چگونه کارکنان را برمی‌انگیزید" چنین آغاز می‌کند: "تاکنون در چند مقاله، کتاب، سخنرانی و کارگاه، گله‌آمیز(۲) اظهار شده‌است: چگونه یک کارمند(مستخدم) را وادار به کار مورد دلخواه خودمان نمائیم." این کلمات را یک بار دیگر مرور کنید. آیا هرتزبرگ در مورد انگیزه دادن سخن می‌گوید یا استثمار کردن؟ در این مفهوم، انگیزش‌مدیریت مترادف با چیزی است که لغت‌نامه Webster گفته است: مطیع ساختن بوسیله تدبیر رضایت‌بخش.

> بعنوان یک اداره‌کننده، شما نیاز دارید که درمقابل هر تیپایی (بعنوان تنبیه) که بزنید، ده نوازش(تشویق‌آمیز) اعمال کنید. بهمین دلیل است که تعداد افرادی که به شما گزارش می‌دهند باید خیلی کم باشند. بعبارت‌دیگر از دست کم می‌آورید در حالیکه هنوز توان زیادی در پای خود دارید.
>
> Malice in Blunderland
> Thomas L. Martin, Jr.

انگیزش‌می‌تواند بعنوان ابزاری جهت کسب اطاعت وانقیاد مطرح باشد. ابزاری که مدیران بتوانند برای رسیدن به اهداف خود یا اهدافی که آنها برای سازمان تعیین کرده‌اند، بکار گرفته شوند. نشانه این تعصب درادبیات انگیزش یافت می‌شود.در این خصوص گفته شده، انگیزش جهت حصول افزایش در بهره‌وری و سود است، و این از اهداف مدیریت می‌باشد. اما آیا این الزاما" از اهداف کلیه اعضای سازمان می‌باشد؟ هیچکس‌نمی‌پرسد چرا کارگران باید نسبت به‌افزایش بهره‌وری علاقه داشته باشند؟ کجا در ادبیات انگیزش، اصلاح روحیه، تنها بخاطر خودش‌و بعنوان شاخص موفقیت مورد توجه قرارگرفته است؟ اصولا" اگر موضوع

(۱) Utilize

(۲) Plaintively

روحیه افراد مورد توجه واقع شود، معمولاً بعد از آزمون واقعی موفقیت بدست آمده (سودآوری)، میباشد.

بنابراین، تعجب‌آور نیست که تعدادی از اتحادیه‌های کارگری در ایالات‌متحده باسیستمهای انگیزش، گسترش شغل و نظایر آن مخالفند. آنها این مسائل را بعنوان نقشه‌های مدیریتی جهت استثمار بر بهره‌وری کارگران، درنتیجه استثمار بر کارگران تلقی میکنند.

بعنوان یک فکر و تجربه عملی، فرآیند مدیریت کلاسیک بر تجهیز و کنترل منابع انسانی استوار است. به زبان بکار گرفته شده در این زمینه توجه کنید: حیطه کنترل، وحدت فرماندهی وغیره. چرا گفته نشود: حیطه انگیزه و وحدت جهت؟

پرسنل تربیت میشوند تا توانایی خود را برای مساعدت به سازمان و بکارگیری اهداف سازمانی افزایش دهند.

> داستانی که چندی پیش در New Yorker ظاهر شد، مکالمه بین مادری با پسرش را شرح میداد. مادر که روانشناس بود، روزی از پسرش‌میخواهد تا آشغالها را بیرون ببرد. او درشرف گفتن چیز بیشتری بود که پسر قبل از او کلامش را قطع کرده و میگوید: بسیار خوب مادر، من آشغال را بیرون میبرم اما لطفففففا "(pleeeease) مرا ترغیب نکن.

تئوری مدیریت کلاسیک (برنامه‌ریزی، سازماندهی، انگیزش دادن، کنترل کردن) اساساً تئوریی است براینکه، یک نخبه(۱) تربیت شده چگونه برای یک سازمان تصمیم بگیرد و سپس اجرای کارآی تصمیمات را بوسیله دیگر اعضاء سازمان تضمین کند.

از آنجائیکه مدیریت تنها اقلیتی(۲) از سازمان را تشکیل داده است، تئوری مدیریت "نخبه‌گرا" میباشد. و چون فرض براینست که افراد تحت مدیریت، درباره اینکه چه کسی بر آنها مدیریت کند، بندرت میتوانند حرفی برای گفتن داشته باشند (نظیر اینکه رهبران سازمان تحمیلی‌اند) و یا اینکه چه‌کاری را باید انجام دهند (نظیر اهدافی که تعیین شده و آنهاباید برای آن کار کنند). لذا، این تئوری "غیر دمکراتیک" است.

آیا مدیریت ضروری است؟

اگر مدیریت چنین کاستی‌هایی(۳) دارد، چرایک سازمان نمی‌تواند بدون مدیریت به‌اهداف خود نائل شود؟ در برخی سیستمها مدیریت بصورت چرخشی و برای

---

(۱) Elite (۲) Minority

(۳) Draw back

خدمات رسانی به‌قسمتی از جامعه بعوض‌کار حرفه‌ای می‌باشد. کیبوتس‌های اسرائیلی مثالی از این دسته هستند. در سایر سیستمهای نیز، تلاشهایی برای خاتمه بخشیدن به نقش مدیریت بعمل آمده است. بطور مثال در یوگسلاوی هدف سیستم "خود مدیریتی" این بوده است که مردم را برای مدیریت برخود وادار کند.

علیرغم چنین تلاشهایی برای کنار گذاشتن یا تضعیف نقش مدیریت، مدیریت هنوز بعنوان نیروی مسلط که سازمان باید بدستور او عمل کند، ظهور می‌کند. چرا؟ چه‌عواملی وجود مدیریت را غیرقابل اجتناب می‌سازد؟ مدیریت چه‌نقشی در سازمان ایفا می‌کند؟

چنین اظهار شده است که مدیریت بازمانده‌ای غیرضروری از دوران ماقبل دوره صنعتی شدن است، سازمانها هم بدون تمام آن سطوحی که درراس آنها قرار گرفته‌اند، می‌توانند بسیار بهتر باشند. ادبیات پر(۱) از مواردی است درباره سازمانهایی که توسط افراد بی‌لیاقت مدیریت می‌شده، و توسط منشیان و معاونین زیرک و مسئول از گرفتاری حفظ شده‌اند. اما بنظر می‌رسد کمابیش تمام کوشش‌ها برای کنار گذاشتن مدیریت شکست خورده است. مدیریت همچون ققنوس(۲) که از میان خاکسترهای خود پرمی‌کشد، بطور مداوم بعنوان یک نیروی مسلط دوباره جان می‌گیرد. چه‌چیزی وجود مدیریت را غیرقابل اجتناب می‌سازد؟ شاید بتوان به این سؤال با تحلیل این که "مدیریت چه می‌کند" پاسخ داد.

مدیریت چه می‌کند؟

کتاب مدیریت سازمانهای برترام ام گروس (Bertram M. Gross)، چنین بیان می‌کند: "زمانی که مردم بخواهند یک وظیفه اجتماعی مشکل را به‌انجام برسانند، یا باید سازمانهای موجود را تقویت کنند ویا سازمانهای جدیدی ایجاد نمایند. اما سازمانها خودشان را پیش‌نمی‌برند. آنها باید اداره(مدیریت) شوند. اگر افراد بخواهند هنوز وظایف مشکلتری بعهده گیرند، باید سازمانهای بزرگتر یا قویتری ایجاد کنند. که این موضوع اداره(مدیریت) کردن بیشتری را طلب می‌کند.

در قرن حاضر، مدیریت خود به خود بصورت یک زمینه مطالعاتی درآمده است. دراندیشه‌ها همراه با سازمان و تخصص‌گرایی شکل می‌گیرد. مدیریت درراستای تشخیص مسائل و بکارگیری مجموعه‌ای از مهارت‌های خاص برای حل آنها شناخته می‌شود.

بطور معمول سازمان تشکیل شده است از یک ساختار سلسله مراتبی هرمی شکل که بوسیله مدیرانی که در بالای هرم قرار دارند، هدایت می‌شود. بهتر است که آن را به صورت یک ساعت شیشه‌ای (ساعت شنی) درنظر بگیریم. مجریان رده بالا در میانه ساعت‌شیشه‌ای گرفتار شده‌اند. بالای سر این مجریان، سهامداران،

---

(۱) Replete

(۲) Phoenix

هیئت‌مدیره، کمیته اجرایی، و طیف وسیعی از عناصر خارجی ازقبیل مشاورین، رابطین، رقبا، تأمین‌کنندگان، مشتریان، حمایت‌کنندگان و گروه‌هائی با منافع خاص قرار دارند.

مدیریت تحت فشار این نیروها مسئولیت کسب نتایج را دارد. برای بدست آوردن حداکثر نتیجه، در چنین محیط خصومت آمیزی، مدیریت طبعاً تلاش می‌کند تا کنترل بیشتری بر متغیرها اعمال نماید. بنظر می‌آید آسانترین متغیرهایی که می‌شود به‌کنترل درآورد متغیرهای داخلی هستند، یعنی افرادی که می‌بایستی فرامین را اجرا کنند. درنهایت، هرچه محیط بیرون آشفته‌تر و پرتلاطم‌تر باشد، سازمان سلسله مراتبی‌تر (با جهت‌گیری کنترل بیشتر و به‌سمت قدرت مداری) خواهد شد. بنیس، شکوه(۱) می‌کند که علیرغم اینکه انتظار داشت سازمانها دریک محیط پرتلاطم انعطاف‌پذیرتر و بازتر عمل کنند، عملاً بوروکراتیک‌تر می‌شدند، "در چنین حالی است که بین آنچه که یک تئوریسین، یک متخصص بی‌باک معتقد است که باید انجام پذیرد با آنچه که در یک دنیای نادرست می‌تواند انجام گیرد مقایسه

شکل۱۲

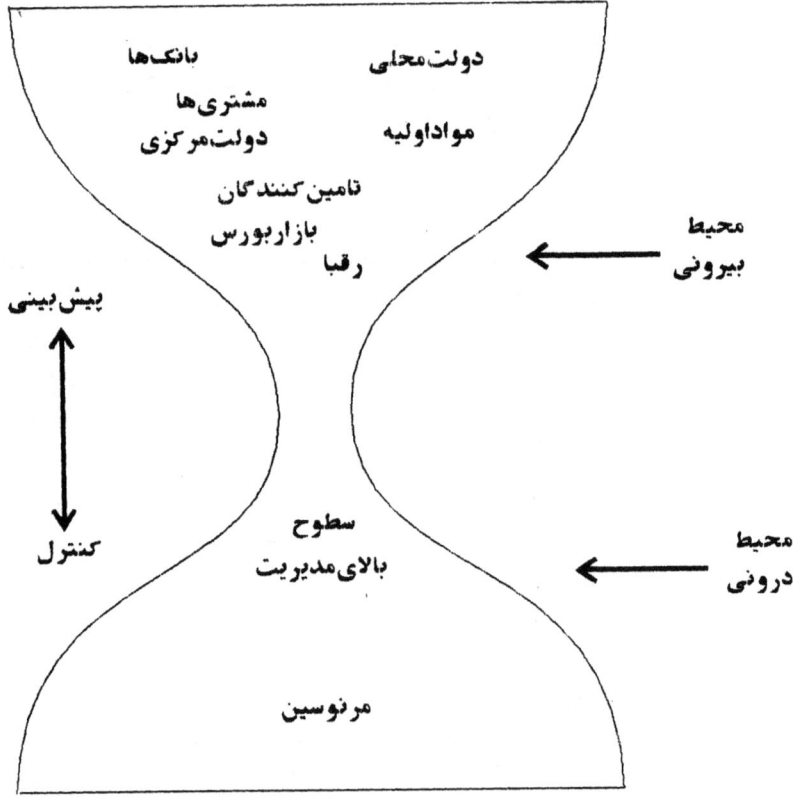

(۱) Laments

صورت گیرد". بنیس معتقد است که محیط متلاطم بعوض بروز دادن رهبری موقت، گروه‌های موقت و اختیارات موقت، بوروکراسی را غیرقابل اجتناب می‌نماید.

افزایش کنترل عکس‌العملی عادی در مقابل تهدیدات بحساب می‌آید. هرچه تهدیدات غیرمترقبه افزایش یابد، سلاحهایمان را آماده‌تر نگهمیداریم. عجیب نیست که پس از آن مدیریت هرچه بیشتر درمقابله با سیستمهای مشارکتی قرار گیرد. سیستمهای مشارکتی نبود قطعیت(۱) را که مدیریت می‌بایستی با آن مواجه شود، افزایش می‌دهد. بدین ترتیب به‌تلاطماتی که مدیریت درحال تجربه‌کردن است افزوده می‌شود.

در این حال مدیریت مهار نبود قطعیت را بدست گرفته و مصمم می‌شود تا فرصتهایی را که هنگام تغییر محیط بوجود می‌آیند کشف کرده و از آنها بهره ببرد. همچنین درخصوص اینکه سازمان چگونه درمقابل تهدیدات محیطی عکس‌العمل نشان دهد تصمیم می‌گیرد. غیرقابل اجتناب بودن مدیریت از این ناشی می‌شود که سازمان نیازمندست تا درمقابل خطرات و فرصت‌ها عکس‌العمل نشان دهد و هرچه تلاطم بیشتر باشد، نبود قطعیت و خطرات بیشتری ایجاد می‌گردد. هرچه خطرات بیشتر باشد، مدیریت می‌تواند کنترل بیشتری اعمال کند. درموقعیت بدون تغییر و بنابراین بدون نیاز به تصمیمات آزادانه، مدیریت نقش خود را ازدست خواهد داد.

لازم است تا مدیریت پاسخهای کارآ، مؤثر و قابل پیش‌بینی سازمانی را برای شرایط محیطی فراهم آورد. اما درهمان حال مدیریت یک فرآیند نخبه(۲)گرا، استثمارگر و غیردمکراتیک است. آیا مدیریت باید از حوزه مشخص، از یک گروه مشخص (یا هر فرد معینی) باشد؟ بجرات می‌توان گفت که اینطور نیست، و تمام این کتاب نیز به‌بیان همین بحث (که نباید باشد)، پرداخته است.

افرادی که مدیریت را لزوما" نخبه‌گرا تلقی می‌کنند، نوعا" اشتباه می‌کنند، زیرا فرض می‌کنند، "مدیریت" بعنوان گروهی از افراد و "مدیریت" بعنوان فرآیند الزاما" مفهومی واحد دارند. درحالیکه مدیریت زمانی نخبه‌گرا است که گروهی از افراد، فرآیند مدیریتی را به انحصار خود درآورند، که در آن خطرات و فرصت‌های محیطی شناسایی شده و چگونگی عکس‌العمل درمقابل آنان نشان داده می‌شود.

از آنجائیکه هیچ فردی یک PAEI نیست، نخبه‌گرائی فردی به سوءمدیریت منجر می‌شود. بعلاوه باعث می‌شود که‌کل طبقه اجتماعی مدیران نتواند مدیریت کنند. جزء P از مدل PAEI، نوعا" بیانگر افرادی است که دست‌اندر کارند و مولد نتایج هستند، ازقبیل عوامل فروش، کارگران، دفترداران و غیره. برای بدست آوردن یک گروه واقعی PAEI به‌کارکنانی نیاز است که با مدیریت، همکاری مدیریتی(۳) داشته باشند. کارکنان نقش P را ایفا می‌کنند درحالیکه مدیریت نقشهای A، E و I را بازی می‌کند. یکی از شکل‌های تله سوءمدیریت، اعتقاد به‌اینست که مدیران

---

(۱) Uncertainty (۲) Elitist
(۳) Comanage

PAEI (سوپرمن) هستند و کارکنان ---- (چوبخشک) .

تمایز نخبه‌گرایانه بین مدیر و کسانی که تحت مدیریت قرار دارند، ریشه تاریخی دارد، اما این تمایز وجود داشته و در عصر حاضر نیز می‌بایستی به بوته آزمایش مجدد گذاشته شود.

ریشه‌های نخبه‌گرائی مدیریتی

شاید بتوانیم طبیعت تاریخی مدیریت و اختصاصی بودن حقوق مدیریتی را پی جویی کرده و به زمانی بازگردیم که صاحبکار و مدیر فردی واحد بوده‌اند (صاحب کار مدیر هم بوده است). صاحبکار می‌دانست (یا تصور چنین بود که می‌داند) چه می‌خواهد. او کارگری را استخدام می‌کرد و به او می‌گفت که چه کاری را انجام دهد. او خود کار کارگرانش را تخصیص، سازماندهی و هماهنگ می‌کرد. کارگران الحاقیه‌ای(۱) به ماشین‌آلات کارگاه، "بازوهای اجیر شده" بودند.

هنگامی که صاحبکار بودن و مدیریت از هم جدا شد و مدیریت تخصصی بوجود آمد، نظریه‌ای ایجاد شد که مدیریت، نماینده صاحبکار و در مقابل صاحبان کار مسئول شد. انتظار می‌رفت(۲) مدیریت اهداف را تعریف کرده و زمام امور را

Drawing by W. Miller; © 1976
The New Yorker Magazine, Inc.

---

(۱) Extension
(۲) Presumably

بدست گرفته و بدان اهداف (درجهت منافع صاحبان کار) دست یابد. بهرحال مدیریت پاپپای حرکت سازمانها بسوی بوروکراسی‌های بزرگتر، قوی و قویتر شد. صاحبان کار، تبدیل به سهامدارانی شدند که‌اگر می‌خواستند با سیاستهای شرکت‌مقابله کنند فقط می‌توانستند سهام سرمایه خود رابفروشند. هیئت‌مدیره که تصور می‌رفت برمدیریت نظارت نموده و منافع صاحبان سهام را حفظ کند، متناوبا" توان خود را برای کنترل مؤثر بر مدیریت ازدست داد. برعکس اغلب مواقع هیئت‌مدیره بوسیله مدیریت نامزد، و بطور مؤثر کنترل می‌گردید.

محیطی از نخبه‌گرائی در اطراف مدیران(این عوامل مستقل)، بوجود آمد. این موضوع که آیا افراد تحت مدیریت می‌دانند یا باید بدانند که چه چیزهایی باید بدست آید، مورد بحث بوده است. اجزاء فرایند مدیریتی، سازماندهی و کنترل، به ابزاری برای حفظ فرمانبرداری افراد تحت مدیریت تبدیل گردید. و بدین ترتیب مدیر توانست به اهدافی که برای سازمان تعریف کرده بود، دست یابد.

این کتاب بر پیامدهای حاصل از گرایش‌های غیرگروهی بر فرآیند مدیریت تمرکز نموده است. بهرحال، طبیعت سلسله مراتبی در اکثر مدیریت‌های امروزه پیامدی ماوراء سازمانی خواهد داشت. قدرت مداری و سلسله‌مراتبی درسیستم صنعتی، خطراتی واقعی برای دمکراسی ایجاد می‌کنند. واقعا" چقدر مشارکت سیاسی می‌توان از فردی انتظار داشت که پیوسته تحت حاکمیت، تحت نفوذ و منفعل بوده، اکثر اوقات کاری را به اطاعت‌کردن گذرانیده باشد؟ چگونه می‌توان از افرادی که بر محیط کاری خود کنترلی ندارند، برای کنترل بر سرنوشت(۱) سیاسی انتظار داشت؟ افرادی که در وضعیت‌کاری خود منفعل هستند، در زندگی سیاسی نیز منفعل خواهند بود.

بدلیل ابعاد غیرانسانی و مکانیکی فرآیند مدیریتی، مدیریت در سالهای اخیر مورد حملات فزاینده‌ای قرار گرفته است. خصومتی علیه شرکت‌های بزرگ، بوروکراسی‌های بزرگ و نخبه‌گران قدرتمند مدیریتی بوجود آمده است. چرا افراد باید بخواهند که در انتهای فرآیند مدیریتی قرار گیرند؟ و چرا باید بخواهند در انتهای فرآیند تصمیم‌گیری باشند؟ آیا می‌خواهید تا برنامه‌ریزی شوید؟ جهت داده شوید؟ عامل اجرائی باشید؟ بکار گرفته شوید؟ تحت‌مراقبت قرار گیرید؟ سازماندهی شوید؟ هماهنگ شوید؟ حکومت‌شوید؟ تحت حاکمیت باشد؟ تحت نفوذ باشید؟

بسیاری از دانشجویان جامعه ما (برای مثال **Mason** و **Galbraith**) احساس‌می‌کنند که لازم است تانخبه‌های مدیریتی ساختار صنعتی به لحاظ اجتماعی و سیاسی کنترل شوند. اعضای این نخبه‌ها بسختی نماینده سهامداران می‌باشند. آنها اکثرا" نماینده خودشان هستند. اظهار شده که چنین گروه‌های قدرتمند خودکامه(۲) بلحاظ سیاسی در جامعه دمکراتیک غیرقابل قبول هستند. در تئوریهای مختلف مسئولیت‌های اجتماعی مدیریت، فشار سیاسی برای واداشتن مدیریت

---

(۱) Destiny

(۲) Self-interest

به‌احساس‌مسئولیت بیشتر اعمال شده است.

بعنوان مثال اظهار شده است که، مدیران نه‌تنها بایستی در برابر سهامداران، بلکه درمقابل کارکنان و مشتریان نیز مسئول باشند. هرچند قدرت مدیریت افزایش یافته، با اینحال هنوز به مدیریت بعنوان یک فرآیند نخبه‌گر از بالا به پائین و این فرض که هنوز نماینده صاحب‌کار می‌باشد و زیردستان هم اجیرشدگان هستند، نگریسته می‌شود. مسئولیت مدیریت درقبال هیئت‌های(۱) مختلف، شامل زیردستان در تئوری مدیریت یا ابزارهای مدیریت و فنون مدیریت را نشان داده نمی‌شود. اگر قرار است‌که فرآیند مدیریت تغییرات جامعه را منعکس سازد، بایستی زبان، ابزارها و سیستمهای سازمانی که فرآیند مدیریتی ازبالا به‌پائین را ممکن می‌سازند، تغییر کنند.

گروه مدیریت

قبلا" گفته شد که مدیریت یک فرآیند اجتماعی، سیستمی، پیشدست و هدفدار است.

اجتماعی بودنش از آن جهت است که با اثرات متقابل افرادی که برای بوجود آوردن نتایجی که سازمان بخاطر آن ایجاد شده است،درگیر می‌باشد.

سیستماتیک است، هردو است هم سیستماتیک و هم جامع است. بخاطر سیستمی بودنش است که تصمیمات آن مرتب بوده، زمانبندی شده، علمی و روش‌دار است. بخاطر جامع بودن شامل کل سازمان می‌شود. مدیریت می‌کوشد که متغیرهای مربوطه، ورودیها و فعالیت درونی را کنترل نماید تا نتایج مطلوب‌حاصل شود.

فرآیند مدیریت پیشدست(۲) است. یعنی رفتارش بسوی هدف جهت‌گیری دارد، براساس آنچه که موردانتظار برای وقوع است، بعوض آنکه برای آنچه قبلا" اتفاق افتاده است عکس‌العمل نشان دهد.

اما آیا فعالیت‌های پیش‌دستانه مدیریت می‌تواند بوسیله یک فرد و به‌تنهایی انجام پذیرد؟ برای رفتار پیش‌دستانه به (E) (۳) نیاز است، برای اینکه سیستم پیشدستانه کار کند از (A) (۴) دعوت بعمل می‌آید. برای اینکه فعالیت‌ها رااز لحاظ اجتماعی مورد قبول افتند به (I) (۵)، وبرای نتیجه بخشیدن(۶) فعالیت‌ها به (P) (۷) نیاز می‌باشد. فعالیت‌های پیشدستانه نیازمند گروه‌های مکمل است. بنابراین، در حالیکه فرآیند مدیریتی غیرقابل اجتناب است، ساختار مدیریت برمبنای نخبه‌گرایی (که در آن یک مدیر در میان گروهی از مدیران، فرآیند را درانحصار خود دارد) بایستی مورد سؤال قرارگیرد. برای اینکه فرآیند مدیریتی موفق باشد بایستی تمام سازمان در آن مشارکت نماید، "تمام کارمندان یک مدیر"، مطابق نظریه اسکات‌مایر.

---

(۱) Constituencies (۲) Proactive (۳) Entreprenuership
(۴) Adminstration (۵) Integration (۶) Effectual
(۷) Performance

اما مطلوبیت مدیریت مشارکتی می‌تواند بعنوان یک نظریه جدید مورد بررسی قرار گیرد. چگونه مدیریت مشارکتی حاصل می‌شود؟ در باره اینکه چرا به‌یک گروه مدیریت مشارکتی نیاز داریم، روش‌شناسی در بخش بعدی(آخری) ارائه شده است.

یادداشت‌ها

1. The Random House Dictionary
   (New York: Random House , 1967).
2. Funck and Wagnall's New Standard Dictionary of the English Language
   (New York , 1963).
3. Oxford Illustrated Dictionary
   (Clarendon Press , 1962).
4. Webster's Third New International Dictionary
   (Springfield, Mas. Merrian , 1954).
5. Bertram M. Gross, The Managing of Organizations
   (New York: Crowell Collier , 1964).
6. I. Adizes, Industrial Democracy
7. I. Adizes & Elizabeth Mann-Borgese, Self Management: New Dimension to Democracy

فصل سیزدهم

معرفی روش مدیریت ADIZES

محدودیت‌های ساختار کلاسیک هرمی(۱)

نخست نگاهی به سازمان کلاسیک افکنده و آن را نسبت به مدل PAEI تجزیه و تحلیل می‌کنیم.

سازمانی که نوعاً بصورت هرم ساختار یافته باشد، طبعاً سلسله‌مراتبی است. سازمان سلسله مراتبی مشخصات معینی دارد. یکی اینکه هرچه فرد بالاتر می‌رود، اختیار بیشتر، مسؤولیت بیشتر و مابه‌ازاء خدمات بیشتری کسب می‌کند. بدین ترتیب راس سلسله‌مراتب، حداکثر اختیارات، مسؤولیت و مابه‌ازاء خدمات را خواهد داشت. در پائین اختیاری وجود ندارد (یا دارای اختیار کم می‌باشد). مسئولیت کم است و مابه‌ازاء خدمات کمی هم دریافت می‌گردد.

وقتی از زاویه دید PAEI بنگریم، سازمان هرمی را باساختار چند لایه‌ای خواهیم دید. کف آن تقریباً همگی P هستند. سپس یک لایه A قرار می‌گیرد و در بالاترین سطح آن یک لایه E وجود دارد. لایه I وجود ندارد. درسازمانهای سلسله مراتبی انتظار می‌رود که هرکس براساس زنجیر فرماندهی(۲) عمل کرده و کانالهای رسمی را بهم نریزد. اگر مسئولیتی برای یکپارچه‌کنندگی وجود داشته باشد، غالباً به قسمت‌توسعه سازمانی مربوط می‌گردد که به گوشه و یا سطح میانی سازمان گره زده(۳) شده است (I).

سازمان سلسله مراتبی بگونه‌ای ساختاربندی شده است که‌بتوانند کنترل را تضمین کرده و نتایج را پیش‌بینی نماید. E در راس سازمان فرمان می‌دهد. او سناریوهای آنچه را که باید اتفاق بیفتد، برنامه‌ریزی، تصمیم‌گیری و توسعه می‌دهد. A ایده‌های مزبور رااداره می‌کند(آن را برای سیستم عملیاتی و اجرایی ترجمه می‌کند) و P آنها را به اجرا درمی‌آورد.

منظور از ساختار هرمی اینست که:"باید دید "رئیس" چه می‌خواهد تا همان انجام پذیرد". رئیس مغز است و زیردستان اجیرشدگان او هستند (توجه داشته باشید که افراد در توصیف زیردستانشان آنها را دست راست یا چشم و گوش‌خود

---

(۱) Pyramidal
(۲) Chain of command
(۳) Tucked

شکل ۱۳

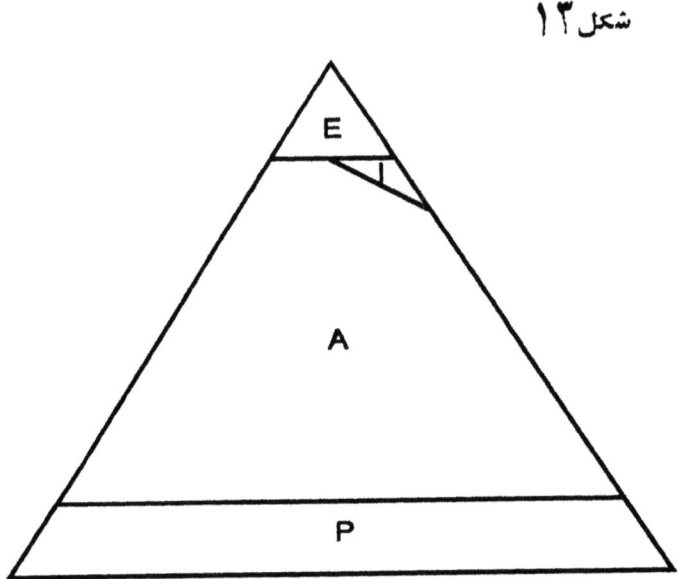

اطلاق می‌کنند، و ناخوشایند می‌دانند که آنها را مغز خود بنامند).

ساختار هرمی تمایل دارد تا از به‌اجرا درآوردن تصمیمات سطوح بالا، E ها توسط سطوح یا لایه‌های پائین سازمان، A ها و P ها اطمینان حاصل گردد. ساختار سازمانی جهت پیگیری، کارآئی، مؤثر بودن و کنترل منظم شده است. به این نکته توجه شود که در توضیحات قبلی از "وحدت فرماندهی" و "حیطه کنترل" بجای "وحدت جهت" و "حیطه انگیزه" استفاده شده است.

در سازمانهای هرمی، فعالیت‌های E و I فقط در سطح بالا ترغیب می‌شَوند. راس هرم برنامه‌ها و تصمیمات را می‌سازد و بقیه سازمان آنها را به اجرا درمی‌آورند، (A و P).

ساختاری با لایه‌های PAEI اثربخشی درازمدت سازمان را به مخاطره(۱) می‌افکند، زیرا رفتار A که برنامه‌نویسی شده و بسمت کارآئی و تفصیل جهت داده شده است، اثر E را کند کرده و متوقف(۲) می‌سازد. تحت این ساختار یکپارچگی(I) درسراسر سازمان مورد بی‌توجهی واقع می‌شود، زیرا ممکن است‌مجاری رسمی ارتباطات را بهم ریزد و قابلیت پیش‌بینی نتایج را کاهش دهد.

عجیب نیست، در سازمانهایی که بدنبال کسب کارآیی (A) هستند و نتیجه‌گرایی دارند(P)، شدیدا" برنامه‌نویسی(PA) شده و در مقابل تغییرات نیز مقاوم باشند. اگر شخصی در سطوح پائین، نظر و ایده‌ای داشته باشد، شانس پذیرش

---

(۱) Impaires

(۲) Stifles

نظر او در سازمان بسیار کم است. زیرا وقتی نظر جدید(E) ازپائین بطرف بالای سلسله مراتب سازمانی سربکشد، A و P را مورد تهدید قرار می‌دهد. جالب است که چنین نظری بعنوان تهدید به سیستم تلقی شده و تلاش می‌شود تا با بی‌توجهی به‌آن یا با اظهار اینکه "کارآیی ندارد"، آن را از بین ببرند.

بسیاری از شرکت‌ها تشخیص می‌دهند که PA کانالهای ارتباطات را مسدود(۱) می‌کند و جلوی جریان ایده‌های خوب را می‌گیرد. بنابراین برای خروج از حصار(۲) ساختار PA، ساعات صرف چای با رئیس را ترتیب می‌دهند(ساعاتی که رئیس درجمع کارکنان چای بخورد و با آنها بطور آزاد صحبت کند) یا سیاست‌درهای باز را در پیش می‌گیرند تا افراد بتوانند نظرات خود را در ملاقات حضوری به مدیران ارائه کنند، یا صندوقهای پیشنهادات نصب می‌کنند. اما دلائل کمی وجود دارد تا نشان دهد این روش‌ها مؤثر افتاده‌اند. هرچه جهت‌گیری PA درسازمان قویتر باشد، سازمان به تغییرات رفتاری کمتری اجازه ظهور می‌دهد. لذا، شانس‌کمی برای پذیرش نظرات افراد پائین وجود خواهد داشت.

ناقص بودن نقش E در سازمانهای بزرگ به طرق مختلف روشن شده است. یکی از نشانه‌ها اینست که سازمانهای قدیمی‌تر، اغلب مدیران رده بالای خود را از بیرون جذب‌می‌کنند(می‌ربایند(۳)). بلحاظ اینکه اذعان دارند که خلاقیت و حالت تهاجمی در میان آنها خاموش(۴) شده است. نشانه دوم پدیده "راه‌سریع(۵) است". برای بدست‌آوردن E، سازمانها، تحصیلکرده‌هایی را از مدارس‌بازرگانی طراز اول استخدام کرده و آنها را در مدتی کوتاه بسرعت به مناصب بالای سازمان می‌رسانند. نشانه سوم رشد شگفت‌انگیز صنعت مشاوره است. آنچه مشاورین پیشنهاد می‌کنند E است، یعنی تغییراتی است که در سازمانها بایستی پدید آید.

سازمان به ساختاری از EI برای تقویت(۶) E و I نیاز دارد تا ساختار PA را تکمیل کند. بنظر می‌رسد اشتباهات زیادی توسط متخصصین مشهور رفتارسازمانی بظهور رسیده، آنهائی که کوشیده‌اند تاساختار PA را متزلزل ساخته و آنرا بسوی EI بیشتر سوق دهند. در واقع فرآیند آنها ساختار PA را ویران(۷) ساخته است. یکی از دانشگاه‌های طراز اول، تمام قسمت‌ها را بمنظور ایجاد انعطاف‌پذیری و بهره‌دهی با مشخصات (EI)، ازبین برده است. تحت شرایط سیستم جدید، زمانی حدود سه‌برابر طول می‌کشد تا تصمیمی اتخاذ شود و افراد نمی‌دانند چه کسی تصمیم می‌گیرد و یا تصمیم چگونه گرفته می‌شود.

درتلاشی برای اینکه بوروکراسی نباشد، اکثر سازمانها ساختار مشارکتی بسیار انعطاف‌پذیری(EI) را ایجاد می‌کنند. اما پس‌از یک یا دو سال کارکنان چنین سازمانهایی بخاطر پائین بودن قابلیت پیش‌بینی سیستم جدید، مستهلک(۸) می‌شوند. آنها اکثرا" طالب رهبری هستند که امور را دردست گرفته و به‌آنها بگوید که چه کنند. در درازمدت چنین سیستم مشارکتی که فاقد ساختار بوده و بدون انضباط می‌باشد، شکست خواهد خورد.

---

(۱) Clogs (۲) Circumvent (۳) Pirating
(۴) Extinct (۵) Fast-track (۶) Nourish
(۷) Ruined (۸) Exhausted

اظهار می‌گردد که برای تبدیل ساختار PA به ساختار EI تلاشی انجام نشود و برای حفظ PA، از شر دلواپسی‌های EI هم خلاص نشویم(۱). بلکه توجه داشته باشیم که هردو ساختار EI و PA برای اثربخشی و انعطاف‌پذیری درازمدت عملیات سازمان نقش اساسی دارند.

حال چگونه می‌توان سازمانی بوجود آورد که بتواند این دو ساختار را ارائه(۲) نماید.

ده سال گذشته را صرف ساخت ساختارهای سازمانی متشکل از EI و PA موازی و مکمل هم نموده‌ام بطوریکه بافرآیند تصمیم‌گیری مشارکتی درحال رشد کار کنند. هدف این فصل معرفی روش می‌باشد.

روش مدیریت تشریک‌مساعی(۳) ادیزس (A'S/M)

روش ادیزس قبل از همه‌چیز با تشریک‌مساعی همراه است. فرآیند تشریک‌مساعی فرآیندی است که در آن اثرات ترکیبی اجزاء فرآیند، بزرگتر از اثرات اجزاء بطور جداگانه است. دیگر آنکه، تاثیر متقابل اجزاء نیز دارای ارزش‌است. PAEI بزرگتر از (P)+(A)+(E)+(I) است. PAEI فرآیند تشریک‌مساعی است که در آن هر شرکت‌کننده ازدیگران می‌آموزد. همه درمحیطی آموزشی رشد می‌کنند وآنچه می‌آموزند ارزش افزوده بوده یا بوجود آمده است.

در مدیریت تشریک‌مساعی کارگران(P) و مدیریت (A و/یا E) با کارکردن با یکدیگر (I) ارزش بیشتری نسبت‌به کارکردن مجزا ازهم خلق می‌کنند.

S/M(۴) بعنوان یک سمبل دارای معنی است، و اینست که درصورت وجود S، M بوجود می‌آید. مدیریت‌وقتی بوجود می‌آید که تشریک‌مساعی وجود داشته باشد، یا بعبارت دیگر اگر تشریک‌مساعی نباشد، مدیریت هم نیست. نقش مدیریت بوجود آوردن محیط برای بروز تشریک‌مساعی است.

این بدان معنی است که وظیفه فرآیند مدیریتی در ایجاد محیطی است که افراد بتوانند درآن بطور باز در نظرات سهیم باشند. ترجیحاً باهم همیاری داشته باشند تا رقابت کنند، از همدیگر یاد بگیرند و در مسئولیت کسب نتایج سهیم باشند. بنابراین، روش ادیزس با تئوری مدیریت سنتی متفاوت است. در تئوری مدیریت سنتی، مدیر برنامه‌ریزی می‌کند، سپس‌مسئول است هوای برنامه‌هایش (سازماندهی، کنترل، انگیزش و انضباط و غیره) را داشته باشد تا با/یا توسط دیگران به اجرا درآید.

حرف A در A'S/M نمایشگر اسم Adizes است. این حرف در این سمبل گذاشته شده است تا این روش مدیریت را از روشهایی که ازقبل وجود داشته جدا کند. این مد حداقل در ایالات متحده غالب است. اگر هر سیستمی به‌حداقل موفقیت

---

(۱) Run for cover
(۲) Embodying
(۳) Synergic
(۴) Synergetic Management

نائل شود و با عنوان جدیدی مطرح شده باشد، در مدت کوتاهی مورد استفاده همگان قرار می‌گیرد. بعضی از کسانیکه آموزش ندیده‌اند و کیفیت نازلی هم دارند بیگدار به آب‌می‌زنند(۱)، و نظریه‌ای را با سروصدا و جنجال زیاد بیرون می‌دهند، آنها پس از چند سال چنان پس‌می‌خورند که کمتر کسی جرات می‌کند از نظریه آنان پیروی کند. به اعتقاد من این سرنوشتی(۲) است که برای "مدیریت مشارکتی"، "سیستمهای باز"، "آموزش‌حساسیت" پیش آمده و نیز برای "سیستمهای اجتماعی ـ فنی"، "تئوری‌های اقتضائی رهبری" و "کیفیت زندگی کاری" اتفاق خواهد افتاد.

برای اجتناب ازچنین سرنوشتی، نام خود را به سیستم افزوده و آن را بعنوان علامت مسئولیت ثبت کرده‌ام، بطوریکه تنها آندسته افرادی که در انستیتوی MDOR با آخرین تکنیکهای A'S/M آموزش ببینند، می‌توانند ادعای بکارگیری آن را داشته باشند.

حال، روشA'S/M چیست؟ این روش شامل ساختار و فرآیند است که درچند فاز هدف‌هایی را دنبال کرده و عمل می‌نماید.

ساختار A'S/M

ساختار سازمانی A'S/M دارای دو قسمت است. قسمت PA نیازی به معرفی ندارد و آن سیستم سلسله‌مراتبی است که در اکثر سازمانها وجود دارد.

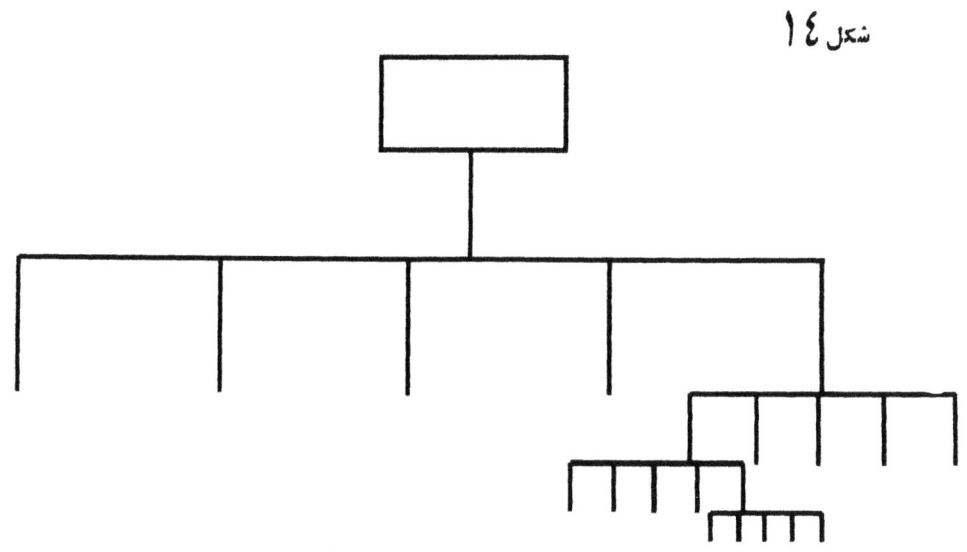

شکل ۱۴

(۱) Jump on the bandwagon

(۲) Fate

قسمت PA را می‌توان بصورت یک نیم دایره نمایش داد. در بالا مدیر عامل و در پایین کارکنان قرار دارند.

شکل ۱۵

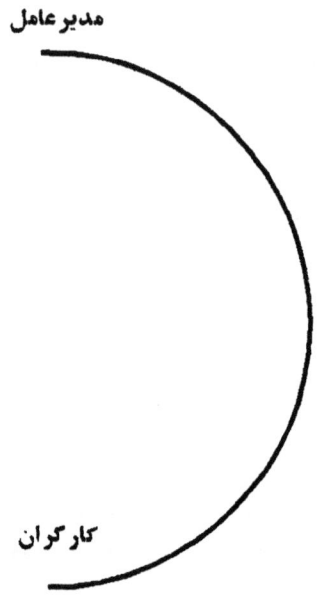

همانگونه که قبلا" اظهار گردید، از آنجائیکه این ساختار برای P و A ایجاد شده است، برای E یا I دشوار است تا بر فراز نیم‌دایره PA جریان پیدا کنند. همانند داشتن جریان خون در دو جهت مخالف یک رگ(۱) است. بطور واضح لخته خونی بوجود می‌آید که گردش خون را قطع می‌نماید. هر فردی که در این مسیر احساس کند با پیشنهاد I یا E مورد تهدید قرار می‌گیرد، می‌تواند مسیر را متوقف سازد. بنابراین برای حرکت E و I از پائین به‌بالا به ساختار EI جداگانه نیازمندیم.

ساختار EI متشکل از گروه‌های معالج و سیستم POC(۲) (کانال سازمانی مشارکتی) می‌باشد.

گروه‌های معالج گروه‌های سازمانی یافته، برگزیده کارکنان هستند که تعیین شده‌اند تا مسائل خاص را حل کنند. آنها بعد از حل مسائل منحل می‌گردند. آنها حداکثر سه ساعت در هفته ملاقات می‌کنند. POC اساسا" یک گروه معالج برجسته برای یک واحد مشخص سازمانی از سازمان است.

برای هر سطح و واحد سازمان‌داده شده در ساختار PA یک POC وجود دارد. این POC ها، ساختار PA را منعکس می‌سازند. بنابراین می‌توانیم POC هایی در سطح

(۱) Vein

(۲) Participative Organizational Conduit

شکل ۱۶

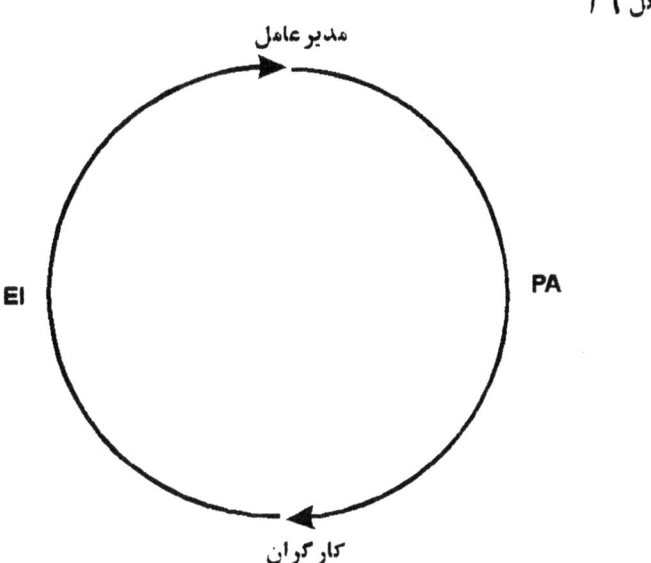

شرکت، بخش، قسمت، کارخانه، شیفت و واحدکاری تعریف کنیم. یک POC می‌تواند هر تعداد گروه معالج موظف، بسته به اینکه می‌خواهد چه تعداد مسئله را حل کند، تعیین کند.

ساختار EI مکمل است و جایگزین ساختار عادی، سلسله‌مراتبی و از بالا به پائین PA نمی‌شود. درواقع یک ساختار موازی و طبیعتا" مشارکتی است تا جریان پائین به بالای نظرات، مسائل، راه‌حلها و غیره را میسر سازد.

ساختار موازی قبلا" تجربه شده (خصوصا" در جنرال موتورز) که به "سازمان جانبی" شناخته می‌شود.

A'S/M از طبیعت مداومی برخوردار است. یکبار در ماه تشکیل جلسه می‌دهد و دارای برنامه اجرائی با یازده فاز می‌باشد تا مشخصه پیشدستانه خود را حفظ کند. بشرح زیر توجه فرمائید.

گروه معالج: گروه PAEI+(۱)capi

۱- گروه‌های معالج برای حل مسائلی که‌خوب تعریف نشده‌اند و فقط می‌توانند بوسیله سیستم جدید حل شوند، EI، بوجود می‌آیند.
۲- یک گروه معالج زمانی تأسیس می‌شود که شخص متصدی ساختار PA موردنظر capi نداشته باشد.

مدیران در سازمانها دارای اختیار، قدرت و نفوذ یا ترکیبی از این سه

(۱) Colescede Authority, Power and Influence

شکل ۱۷ : اجزا capi

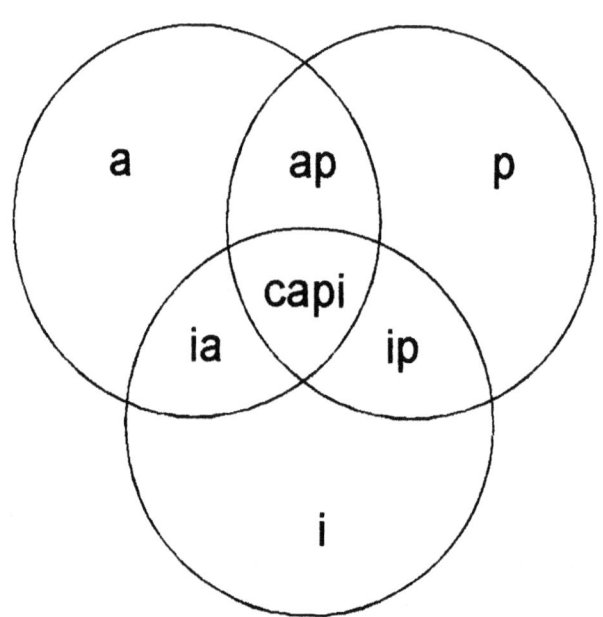

a: اختیار (Authority)، حق قانونی یک مدیر برای تصمیم‌گیری است، با موقعیت سازمانی وی تثبیت شده، و قدرتی برای اجبار آن ندارد.

ap: قدرت‌قانونی (Authorized power)، دارا بودن اختیار تشویق و تنبیه.

p: قدرت (power)، توانایی تنبیه و تشویق، بدون داشتن اختیار.

ip: قدرت‌غیرمستقیم (indirect power)، زمانی وجود دارد که بنظر می‌رسد شخص بر دیگران نفوذ دارد، اما در آنچه که شخص می‌گوید تهدید وجود دارد، دیگران آنچه که او می‌گوید را انجام می‌دهند، نه به این خاطر که آنها به آنچه او می‌گوید اعتقاد دارند (i)، بلکه بدلیل ترس آنها از عواقب همراهی نکردن (p) است.

i: نفوذ (Infuence)، توانایی برای واداشتن شخص دیگری به انجام کاری بدون بکار بردن قدرت یا اختیار. همانند اینکه براستی شخصی را برای انجام کاری متقاعد نمایند. نفوذ کامل زمانی اتفاق می‌افتد که فرد موردنظر (شخصی که تحت تأثیر قرار می‌گیرد) خود نسبت به فعالیت مورنظر ایمان پیدا کرده باشد، بدین گونه که شخص‌صاحب نفوذ بقدری موردقبول باشد که طبق خواسته او عمل شود.

ia: اختیار پذیرفته شده (Influence authority)، اختیاری که پذیرفته شود، اغلب اختیار حرفه‌ای یا اختیار بانفوذ هم خوانده می‌شود.

capi: اختیار، نفوذ و قدرت ائتلاف شده در گروه (Power and Influence, Coalesced Authority)، وقتی شخصی دارای capi است، یعنی دارای اختیار تصمیم‌گیری است، می‌تواند بطور قانونی کسانی را که تطابق با تصمیمات را نمی‌پذیرند تنبیه کند و قادر است تا مزایای تصمیم خود را نیز توجیه نماید.

هستند. این سه منبع "توانائی سازمانی" روی هم قرار می‌گیرند. اگر شخصی capi داشته باشد یعنی دارای اختیار و قدرت و نفوذ باشد، نمی‌تواند یک گروه معالج ایجاد کند. او باید قادر باشد تا تصمیم خود را بطور مؤثر، بکار گیرد.

مکررا" اتفاق می‌افتد که مدیری پی می‌برد که مشکل را می‌شناسد و راه‌حل آن را هم می‌داند، ولی نمی‌تواند راه‌حل خود را ازطریق ساختار PA بکار بندد، زیرا افراد دیگری که نسبت به راه‌حل او دارای قدرت یا نفوذ هستند، آن را خراب و بی‌اثر می‌کنند. او درمی‌یابد که capi بسیار محدودی داشته و به ایجاد capi گروهی نیاز دارد، به این صورت که، گروهی را که دارای اختیار و نفوذ و قدرت کافی باشند ائتلاف دهد تا مسئله را دست گرفته و راه‌حل آن را بکار بندند.

۳- شرط سوم برای ایجاد یک گروه معالج، داشتن وقت موردنیاز برای ایجاد گرایشی گروهی، برای حل مسئله است. از آنجائیکه روش ادیزس نیازمند محیطی آموزشی (یادگیری) است، به زمان نیاز است تا به یادگیری امکان بروز و سهیم شدن داده شود. اهمیت وجود یک محیط آموزشی درحال حاضر نیاز به استدلال ندارد، در محیط آموزش، تضادها بطور عملکردی و وظیفه‌ای حل می‌شوند.

بنابراین گروه معالج ایجاد می‌شود تا:

۱- برای حل مسائل مشخصی که capi مورد نیاز آن نزد هیچ شخصی وجود ندارد.
۲- برای تشخیص و/یا حل مسئله EI بطوریکه چنین تشخیص‌یا حلی به طراحی مشارکتی نیاز داشته باشد.
۳- پرداختن به مسائل در محیط یادگیری، بپردازد.

برگه تعیین گروه معالج (شکل ۱۹) نمونه‌ایست از درجه ساختار و خط مشی، که برای استفاده این روش موردنیاز است. برگه بیان می‌کند که چه‌کاری باید انجام گیرد. گروه چه‌موقع باید کارش را شروع کرده و چه موقع خاتمه دهد. باید توجه داشت که گروه بایستی بطور منظم و برای مدت زمان معین تشکیل جلسه دهد. این کار بایستی هرچه بیشتر به جو سمینار، محیط کلاس شبیه باشد.

برگه تعیین، هویت هرکدام از اعضای گروه را مشخص می‌سازد. این اعضاء capi گروهی را بنا(۱) می‌کنند. ابتدا آن عضوی ازگروه که دارای اختیار برای تصمیم‌گیری در رابطه با مسائل مطرح شده موردنظر باشد شناسایی می‌گردد. گروه معالج، گروه مطالعه یا کمیته پیشنهاد دهنده نیست (که تصمیم آن فقط جنبه پیشنهاد مشورتی داشته باشد) بلکه گروه تصمیم‌گیری است. سپس تلاش می‌گردد تا افرادی که دارای قدرت مقابله با راه‌حل ممکن هستند (آنهایی که می‌توانند، تصمیم را خرابکاری(۲) کنند) شناخته شوند. یک نمونه غیرنماینده از این گروه، قسمتی از capi است. (غیرنماینده به این معنی که قدرتمندترین و فعالترین افراد به گروه capi فراخوانده شده‌اند). درنهایت کسانی پیدا می‌شوند که بطور تخصصی نسبت به مسئله آگاهی داشته باشند. این افراد می‌توانند از مجموعه سازمان برگزیده شده یا از بیرون دعوت گردند.

---

(۱) Constitute
(۲) Sabotage

شکل ۱۸

ادیزس

روش مدیریت اشتراک مساعی

چه چیزی گروه معالج ________

:PIP's

(پشت ورقه را ببینید)

چه کسی

CAPI	نام	نقش PAEI	
c		PAEi	یکپارچه‌کننده
a		PaEi	مجری
p		pAEi	اداره‌کننده
p		paEI	اولین ملاحظه‌کننده
p		pAEi	مجرا
p		paEi	منبع
p		paEi	منبع
p		paEi	منبع
i		paEi	منبع

چگونه

بودجه تخصیص داده شده ________

زمان تخصیص داده شده:

روز ________
وقت ____ تا ____
هر ________

محل ملاقات:
____

سایر:

چه وقتی

زمان شروع ________
فاز پایانی ________ در ________
فاز پایانی ________ در ________
فاز پایانی ________ در ________

اجرای طرح کامل شده: آخرین مهلت ________

شکل ۱۸ - ادامه

چه چیزی (دنباله)
PIP'S:

نقش PAEI		مسئول درقبال
paeI	یکپارچه‌کننده	عملیات گروه معالج بر طبق روش A'S/M. تجهیز رشداشتراک مساعی و یکپارچگی.
PaEi	مجری	گروه معالج نتایجی را برای مهلت‌مشخص تولیدکند. اجزای را هحل. حضور بموقع. احترام متقابل (بطور مثال: سیگار کشیدن ممنوع).
pAEi	اداره‌کننده	زمانبندی جلسات و محل جلسات. اطلاعات و صورت‌جلسات. بروز نگهداشتن غیبت اعضاء. افتتاحیه و اختتامیه جلسات. اعلام شروع و خاتمه استراحت. اطلاعات نمودار گروه معالج و اسامی. مراقبت از دنبال کردن A'S/M. توزیع صورت‌جلسات.
paEI	ملاحظه‌کننده	انعکاس اینکه یکپارچگی گروه به چه ترتیبی پیش می‌رود.
pAEi	مجرا	گزارش به گروه‌های دیگر با استفاده از اصول A'S/M.
PaEi paeI pAEi	هسته اجرایی	تثبیت دستور جلسات. ایجاد گروه CAPI.

وقتی که گروه معالج همان گروه **capi** باشد، بدین معنی است که می‌تواند مسئله‌ای را که با آن مواجه شده حل کند. اگر نتواند حل کند، بدان معنی است که به اختیار، قدرت و نفوذ بیشتری نیاز دارد. اگر مسئله‌ای کلا" خارج از کنترل گروه معالج باشد، گروه منحل(۱) می‌گردد.

یک گروه معالج دارای **capi** است و باید همانند **PAEI** عمل کند. هر عضو گروه باید در یک نوع مشخص، بسته به اینکه کدام جزء از **capi** را فراهم کرده، عمل نماید (شکل ۱۹).

شخصی که اختیار تصمیم‌گیری دارد، باید مسئولیت **P** را بعهده گیرد، به این معنی که او مسئول حل کردن مسئله تعیین شده توسط گروه می‌باشد. افرادی که دارای قدرت بوده و می‌توانند راه‌حل را خنثی کنند، بایستی مسئولیت **E** درگروه را داشته و کارآفریننده چگونگی حل مسئله باشند ("به من بگو چگونه به حل مسئله بله خواهی گفت، تااینکه بگویی چرا نمی‌توانید آن را انجام دهید"). شخصی که اختیار، قدرت و نفوذ (تعصب حرفه‌ای) برای حل مسئله ندارد، و برای ائتلاف دادن نظرات و بوجود آوردن نقاط مشترک مجموعه تعیین گردیده، یک یکپارچه‌کننده است.

با ایجاد گروهی که دارای **capi** است و بتواند همچون **PAEI** عمل کند، به چندین هدف خواهیم رسید:

۱- برنامه‌ریزی با بکارگیری مرتبط می‌شود.
۲- از آنهایی که انرژی منفی(قدرت) دارند، خواسته می‌شود که بجای خراب کردن کار، راه‌حل ارائه دهند. قدرت به نیروی مثبت مبدل می‌شود.
۳- افراد باید نقشی را بازی کنند که بعوض فرد، سیستم توسعه داده شود.
۴- دانش فنی بهره‌ده متقاطع(۲) بدست آید. فردی از بخش بازاریابی گروهی را در تولید گرد می‌آورد و یک نفر از تولید گروهی را در بازاریابی یکپارچه می‌کند.

POC

یک POC تشکیل می‌شود از:

۱- اعضای دائم.
  a: رئیس واحد سازمانی.
  b: تمام کسانیکه مستقیما" به او گزارش می‌دهند.
۲- اعضایی که برای یکسال بعنوان مجرای گزارش مستقیم سطح پائین‌تر POC خدمت کرده‌اند و به‌این واحد سازمانی در ساختار **PA** گزارش می‌دهند.
۳- اعضای ویژه(۳) که تا انحلال گروه معالج کمک می‌کنند. آنهائی که مجرای هر گروه معالج بوده و بوسیله POC ایجاد شده‌اند.

---

(۱) Disbanded
(۲) Cross fertilization of know-how
(۳) Adhoc

بنابراین سلسله مراتبی از POC های دائم بوجود می‌آید، که هرکدام گروه معالج خود را دارا بوده و برروی مسائل حاضر کار می‌کنند. اگر گروهی از capi خالی شود، به‌جوابگوی POC مربوطه تبدیل خواهد شد. اگر آن POC از capi کافی برخوردار نباشد، مسئله به POC سطح بالاتر ارجاع می‌شود و این عمل تا زمانیکه بتواند capi لازم را بدست آورد، ادامه می‌یابد.

آنچه باید روشن شود اینست که تغییر (E) در ساختار EI از POC ها و گروه‌های معالج بوجود آمده است. در سازمانهایی که روش A'S/M را بکار می‌گیرند، شخصی که دارای مشکل اساسی مکرر است و به راه‌حل‌های غیربرنامه‌نویسی شده نیاز دارد. لذا، به گروه معالج یا POC خود مراجعه می‌کند. درصورتیکه اگر این مشکل فقط به رئیس عرضه می‌شد، رئیس جهت تسریع(۱) ممکن بود راه‌حل PA گونه به آن اعمال کند.

بطور خلاصه، در اینجا، چگونگی تکمیل ساختار رسمی PA با ساختار EI بیان می‌گردد. ساختار EI متناوبا" برای مواجهه با مسائلی که مشخصا" تعریف شده‌اند، ملاقات‌می‌کنند. زمانی که ساختار EI تصمیمی بگیرد، ساختار PA برای بکاربردن آن تعیین می‌گردد.

روش ادیزس بعنوان فرآیند تصمیم‌گیری

اساسا" فرآیند روش ادیزس، فازهای فرآیند خلاقیت را دنبال می‌کند.

۱- انجمادزدایی(۲)
۲- انباشت سازی(۳)
۳- تعمق کردن(۴)
۴- پرورش‌دادن(۵)
۵- روشن سازی(۶)
۶- اصلاح کردن(۷)
۷- نهایی کردن
۸- تقویت کردن

در تصمیم‌گیری‌های شخصی، فرد گامهای ۱ تا ۵ را طی کرده، سپس تصمیم خود را به مافوق جهت ارزیابی عرضه می‌نماید، به مفهوم دیگر، او توصیه می‌کند ولی ممکن است آنها آن را نهایی کنند. این را راه کوتاه- بلند می‌خوانند. فرد به زمان طولانی برای رسیدن به‌مرحله روشن سازی موضوع نیاز ندارد. مدت نسبتا" طولانی طی می‌شود تا این ایده جاافتاده و به اجرا درآید. این موضوع بخصوص برای فردی که capi نداشته ومسئله هم دارای ماهیتPA نبوده و EI باشد، واقعیت دارد.

در روش ادیزس، برای مسائل EI که به گروه capi نیاز می‌باشد، می‌بایستی راه بلند- کوتاه بکار رود. یکپارچه‌کننده گروه معالج، گروه را با هم در گامهای ۱ تا ۵ رهبری می‌کند. مدت زمانی که این گروه صرف انجام این مراحل می‌کند، بمراتب بیشتر از زمانی است که فرد به تنهایی آنان را طی کند. بهر صورت، بمجردیکه گروه capi به روشن سازی رسید، اصلاح کردن سریعا" انجام خواهد شد.

---

(۱) Expediency (۲) Defreeze (۳) Accumulate
(۴) Deliberating (۵) Incubate (۶) Illuminate
(۷) Accomodate

جدول ۲ - فرآیند تصمیم‌گیری برنامه‌نویسی نشده

	مدیریت‌سنتی		A'S/M	
۱- انجمادزدائی ۲- انباشت سازی ۳- تعمق کردن ۴- پرورش دادن ۵- روشن سازی	به‌تنهائی	کوتاه	گروهی	بلند
۶- اصلاح کردن ۷- نهائی کردن ۸- تقویت کردن	تصویب گروهی	بلند	گروهی	کوتاه
مجموع زمانی:				کوتاه‌تر

فلسفه روش ادیزس‌فراهم کردن گروه کاری جامع‌الشرایط(۱) و همیار است برای مسائل نوع EI و مسائل نوع PA در نظام تصمیم‌گیری فردی از بالا به پائین.

گروه کاری همیاری‌کننده(۲) EI، می‌بایستی از سرنوشت مدیریت‌مشارکتی، بخصوص جائیکه کمیته‌ها بوجود آمده‌اند، دوری کند.

مدیریت مبتنی بر کمیته(۳) مصیبتی است که بهیچ وجه نمی‌توان آن را توصیه کرد. تلاش روش ادیزس بر اینست که گروه کاری را تشکیل داده واز مدیریت مبتنی بر کمیته دوری کند. اختلاف در چیست؟

در یک کمیته، نقش‌های مختلفی که افراد برای اجرا به عهده گرفته‌اند، آنها را وادار می‌سازد تا در مرحله فرآیند خلاقیت، بیش از مراحل دیگر تمرکز و تاکید نمایند. فرد نوع A، همواره مشکل روشن کردن موضوع را دارد. بنظر می‌رسد که این فرد برای همیشه درحال انباشت سازی مدارک است و دوست دارد موارد را مرور کند، تعمق می‌کند، پرورش‌می‌دهد، سپس به‌عقب برگشته و به‌انباشت سازی می‌پردازد. ازسوی دیگر E در خفیف‌ترین(۴) وضعیت خود روشن می‌سازد. I اصلاح می‌کند. P بسرعت قضاوت می‌کند. او می‌خواهد موضوع را هرچه زودتر نهائی کند.

بنابراین، وقتی فرآیند غیرساختاری تصمیم‌گیری مشارکتی وجود داشته باشد، همه افراد گروه در فازهای خلاق تصمیم‌گیری پخش می‌شوند. در اثنائی که A می‌کوشد تا مسئله را تعیین ماهیت کند و اطلاعات بیشتری را در مورد آن طلب می‌کند، E پیشنهادش را درخصوص اینکه چه‌کاری می‌بایستی صورت گیرد، حتی پیش‌ازآنکه بداند موضوع چیست، ارائه داده‌است. پیشنهاد E اغلب راه‌حل مماسی(۵) برای

(۱) Wholistic (۲) Cooperative (۳) Management by Committee
(۴) Provocation (۵) Tangential

موضوع مورد نظر است. در همان زمان P برای ختم موضوع فشار می‌آورد "ما می‌توانیم برای رضای خدا(۱) به‌سر کار برگردیم". A بشدت از فشار وارد آمده آزرده می‌شود و تصمیم‌گیری را بعقب می‌اندازد، E با یک دسته ایده(۲) جدید وارد می‌شود و نمی‌تواند بفهمد که چرا A از همه آنها ایراد می‌گیرد. P بتندی تکان خورده درخواستی را برای رای‌گیری مطرح می‌کند. در همین زمان I تلاش می‌کند تا هرچه را که می‌تواند اصلاح نماید. زمان بسرعت درحال ازدست رفتن است. درنهایت تصمیم بوسیله سرپرست گروه تحمیل می‌شود. اکثر اعضاء آن را نمی‌پسندند، زیرا هرکدام از آنها در فازهای مختلفی از فرآیند خلاقیت هستند. دراین حال یکی خواهد گفت: "ما استثمار شده‌ایم مدیریت مشارکتی فایده‌ای ندارد". من نیز موافقم که فایده‌ای ندارد. برای اینکه مدیریت مشارکتی بدین معنی نیست که هرکسی هرچه را درهر زمان که‌خواست، بگوید. این قاطی پاطی کردن(۳) است و دلیلی‌هم وجود ندارد که‌قابل بکار گرفته شدن باشد. هیچ انضباطی و سیستمی در این شرائط وجود نخواهد داشت.

در روش ادیزس، نقش یکپارچه‌کننده اینست که بحث‌های گروه را با روشی هدایت کند که تقریبا" اطمینان حاصل شود اعضای گروه باهم از مرحله‌ای به مرحله دیگر فرایند خلاقیت حرکت می‌کنند. روش ادیزس دارای "قوانین بازی" است (چه چیزی می‌تواند و چه‌چیزی نمی‌تواند درطول بحث‌ها صورت گیرد) بطوریکه نمی‌توان از فازی به فاز دیگر پرید. دراین روش قبل از اینکه انجمادزدایی صورت گیرد از رفتن به انباشت سازی جلوگیری می‌شود، همچنین از عجله E ها و P ها برای گذر از انباشت‌سازی و رسیدن به تعمق کردن و از روشن سازی زودرس قبل از جمع‌آوری اطلاعات‌مربوطه جلوگیری بعمل می‌آید.

درحالیکه گروه باهم از فازی به فاز دیگر می‌رود، محیط آموزشی همیاری کننده ایجاد و تداوم می‌یابد. این فرآیند وقت‌گیر است، اما بایستی آن را نوعی سرمایه‌گذاری برای اخذ نتایج بحساب آورد. نتایج بهبود یافته، از ارتباطات بهبود داده شده، محیط پشتیبان و تصمیم‌گیری بهتر ناشی شده است.

در روش ادیزس رای گیری وجود ندارد. این روش محیطی آموزشی است که در آن یکی از مهمترین نتایج، علاوه بر تصمیم‌گیری، آموخته‌های افراد از بحث‌هاست. تمام شرکت‌کنندگان درگروه، نظرات را منعکس می‌کنند اما تصمیم نهایی بوسیله P گرفته می‌شود شخصی که دارای قدرت است کسی که مسئول به اجرا درآوردن تصمیمات است. از آنجائیکه هیچ جلسه‌ای بدون حضور او تشکیل نمی‌شود و تمام گروه ناگزیر همراه هم‌از فازی به فاز دیگر می‌روند، بسیار غیرمحتمل خواهد بود که P تصمیمی بگیرد که مورد قبول دیگر اعضای گروه معالج قرار نگیرد.

در سالهایی که از تجربه این روش در بیش از ۱۰۰ شرکت می‌گذرد، هرگز موردی دیده نشده است که درآن مدیر، نتیجه‌گیری نهایی را وتو کرده باشد. مسائلی که حل شده‌اند، شامل از پراهمیت تا کم‌اهمیت، و از تجدید کلی سازمان

(۱) Heaven's sake

(۲) Slew

(۳) Mess

تا تغییر در فرآیند تولید می‌باشند. درطول یکسال ۴۰ درصد از مسائل تشخیص داده شده و تعیین ماهیت داده شده، حل گردیده و شرائط ۴۰ درصد دیگر اصلاح شده و ۲۰ درصد برای بحث به سال بعدی واگذاشته شده است.

یکپارچه‌کننده گروه معالج گروه را در یک فرآیند خلاق، از فازی به فاز دیگر همراه هم حفظ می‌کند. در گروه معالج یکپارچه‌کننده از خارج از واحدی که او یکپارچگی آن را بعهده دارد، انتخاب میشود. او از میان افرادی برگزیده می‌شود که حداقل تعصب را نسبت به‌موضوع موردبحث دارند. بنابراین، افرادی از بازاریابی، افراد تولیدی را یکپارچه می‌کنند. افرادی از تولید، بیش‌از ۲۰ درصد وقت خود را برای کارکردن با همکاران خود در واحد مهندسی می‌گذرانند و بهمین ترتیب.

اما در نقش‌ها نیز تخصص وجود دارد. یکپارچه‌کننده گروه معالج به فضای گروه بطوریکه به سمت آموزش هدایت شود نگاه می‌کند. اجراکننده گروه به جلسات طوری نگاه می‌کند که نتیجه داشته باشند. اداره‌کننده گروه مسئول است به اینکه اطمینان یابد گروه تمام اطلاعات موردنیاز را برای بهره‌ور بودن در اختیار دارد.

مقصود روش ادیزس دستیابی به فرآیند مدیریت تشریح شده در این کتاب است. افراد، در موضوعاتی مشارکت می‌کنند که بر آنها اثر داشته یا چیزی رااز آنها طلب کنند. ازطریق گروه‌های معالج و POC ها، می‌توانند آنچه را که می‌شود یا نیاز به تغییر دارد، تغییر دهند. روش‌ساختاریافته و منضبط فرآیند تصمیم‌گیری ادیزس، افراد را قادر می‌سازد تا در برابر تصمیماتی که با همکاری گرفته می‌شود، احساس مسئولیت کنند.

فازهای روش ادیزس

روش ادیزس در صدها سازمان بکار گرفته شده است. این روش دارای فازهای مختلف است (شکل ۲۰) و سازمانهای مختلفی در فازهای مختلفی از اجرای آن قرار دارند.

شرکت‌هائیکه این فازها را پشت سرگذارده‌اند، به این نتیجه رسیده‌اند که ارتباطات آسانتر شده، مسائل با سرعت بیشتری مغلوب واقع شده، ورود و ترک افراد تقریبا" صفر شده، روحیه بالاتر رفته، و بهره‌وری، سودآوری و سهم بازار در حال افزایش می‌باشد. طرز تلقی افراد درجهت مثبت درحال تغییر است، و تعاون براحتی بدست می‌آید. افراد براستی تلاش می‌کنند تا بهمدیگر کمک کنند. در بعضی شرکت‌ها روش ادیزس به کارگران خط تولید هم تعمیم(۱) پیدا کرده است.

(۱) Cascade

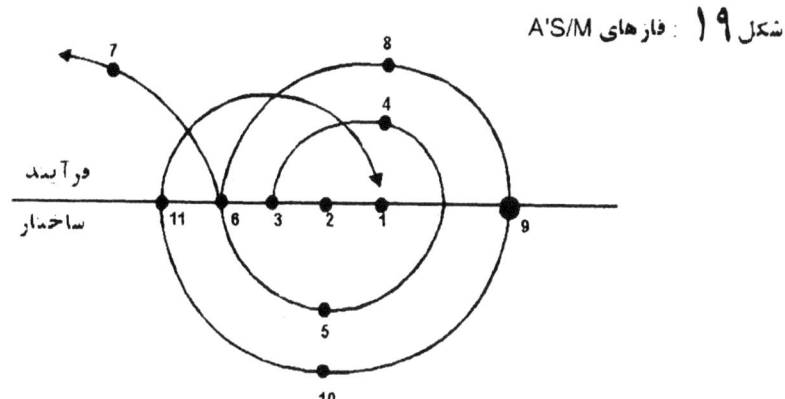

شکل ۱۹: فازهای A'S/M

(مداخله برای تأسیس سازمانی که می‌تواند خود را دوباره طراحی کند...)

۱- Syndag (تشخیص تشریک‌مساعی) تشخیص وضعیت سازمان،
۲- Synerteams تشکیل و آموزش گروه‌های معالج،
۳- POC Structure ساختار پائین به بالا،
۴- SynerScope تعریف مأموریت،
۵- SynerOrDes تقسیم‌بندی ساختار سازمانی،
۶- Syn Ras سیستم‌های بحساب آوری،
۷- Cascade جریان دادن فازهای ۱ تا ۶ به سطوح پائین،
۸- Peak Performance بسط پیدا کردن،
۹- Syn Real تخصیص منابع قلیل،
۱۰- Parallel Structure ساختار از بالا به پائین و پائین به بالا،
۱۱- Reinforcement System سیستم‌های انگیزشی که فازهای ده‌گانه قبلی را بکارگیرد و بتواند آنها را تکرار کند،
۱۲- ReSyndag تشخیص مجدد و شروع دوباره کار.

هرچند تغییرات، بدون تحمل رنج‌های فزاینده حاصل نمی‌شود، تمام مشخصات رفتاری تغییر سازمانی، هنگام معرفی روش ادیزس بروز می‌کند.

این روش از زمانیکه معرفی گردد و به اجرا درآید، به یک راه عادی مدیریت سازمانی تبدیل شده، بر سازمان‌ها اثر می‌گذارد.

روش ادیزس فقط یک سیستم مشارکتی و یا روش برانگیختن آگاهی، حساسیت(۱) نیست، بلکه روشی سطح بالا و سازمان یافته است که بر مبنای سه سؤال چه‌چیز، چگونه و چه‌کسی برای تصمیم‌گیری در مدیریت مشارکتی استوار است.

اهداف روش ادیزس

روش ادیزس می‌کوشد تا چهار هدف را طوری دنبال کند که همزمان به آنها برسد.

---

(۱) Sensitivity, Conscous-raising

۱- حل مسائل واقعی سازمانی و مدیریتی شرکت.
۲- استقرار ساخت گروه.
۳- زمینه‌سازی برای رشد فردی.
۴- زمینه‌سازی برای آموزش مدیریتی.

در میان مسائلی که با این روش حل شده‌اند می‌توان از ارتباطات، روحیه، بهره‌وری، دانایی نام برد که به مسائل شرکت، ساختارهای سازمانی و تقریبا" همه مسائلی که مدیریت بعنوان گروه بتواند روی آن تصمیم‌گیری و کنترل کند، تعمیم داده شده‌اند.

این روش از دیگر سیستمها بدین جهت متفاوت است که می‌کوشد تا جامع باشد. فاز Syndag که اولین قدم از ۱۱ فاز است، شباهتهایی با روش‌کایزن و روش Kobayashi ژاپنی دارد. اما ورای هردوی آنها قرار می‌گیرد. در A'S/M، گروهها بوجود می‌آیند تا مسائل تعیین ماهیت شده را درجهت بهبود کار گروهی حل نمایند. در این فاز OD غلبه می‌نماید، و روش از پویائیهای گروه کوچک سازمان یافته بهره می‌برد. هنگامیکه گروهها بدانند چگونه باید مسائل را تشخیص داده و حل کنند، یک شبکه ازگروهها و سیستم EI ایجاد می‌شود (مشابه ساختار رویهم (overlap) لیکرت). سپس مدیریت استراتژیک و تئوری سیاستگزاری معرفی می‌شود و گروهها بر روی تنظیم مأموریت و اهداف و مقاصدی که می‌توانند درجهت پائین ارتباط برقرار کنند، متمرکز می‌شوند. روشی که با مدیریت برمبنای اهداف مشابه است ولی منطبق نمی‌باشد. هنگامی که تشخیص مسئله دریک مسیر همیاری، مشارکت، کامل شود گروهها ایجاد شده‌اند تا باهم کار کرده و عملا" مسائل را حل کنند و هنگامیکه اهداف به کمک هم تعیین گردید، ساختار سازمانی مشارکتی در گروه معالج طراحی می‌شود. جریانهای اطلاعات نیز توسط گروه طراحی می‌شوند تا ساختار، مأموریت، و تعریف مسائل را منعکس سازند و در نهایت انگیزه‌های ساختاری را منعکس کنند، که بمنظور انجام مأموریت، کسب اطلاعات ضروری و تعیین محل منابعی که آنها را کامل نماید، طراحی شده‌اند.

طی کردن ۱۱ فاز طراحی شده، اهداف چهارگانه روش ادیزس را همزمان بر آورده می‌سازد.

روش A'S/M یک یکپارچگی جامع در تشریک‌مساعی انباشت سازی تئوریها و تجربه‌های تغییرات‌سازمانی است جهت زمینه‌سازی رشد متعادل سازمانها دردوره‌های صعودی حیات خود یا برای تجدید دوره جوانی آنها در دوره‌های نزولی حیاتشان. این روش رشد متوازن را مادامیکه PAEI های سازمانی با capi مشترکا" تصمیم‌گیری نمایند، حفظ خواهد نمود. بنابراین آنها متعادل هستند و نتایج نیز قابل اجرا می‌باشد. از پرستش فردی تئوریهای مدیریت سنتی و تله بنیانگذاران اجتناب می‌شود.

بکارگیری روش مادامی که گروههای معالج و POC ها و ساختار EI، مقدار قابل

ملاحظه‌ای از کارآفرینی یکپارچه‌شده‌ای را معرفی نمایند تا مسائل عملی شرکت را حل و فصل نماید، باعث جوانی مجدد می‌شود.

این روش زمینه ایجاد آنتروپی منفی را مادامیکه تشخیص مشکلات همه ساله انجام گیرد، فراهم می‌سازد. همچنین یک منبع جدید انرژی برای حرکت دادن سازمان از یک وضعیت تعادلی به‌دیگری ایجاد می‌کند. این روش‌به‌نوعی سیستمی باز است، زیرا سازمان به تجزیه و تحلیل اینکه در کجا قرار گرفته است، به کجا می‌خواهد برود، می‌پردازد و تغییرات لازم را ایجاد می‌کند تا ساختار، اطلاعات، محل تأمین منابع و سیستمهای مابه‌ازاء خدمات‌خودرا با مأموریت و محیط درحال تغییر خود مطابقت دهد.

مطالب ذکر شده، معرفی بود از روش ادیزس که در آمریکا، غنا، مکزیک، سوئد، دانمارک، اسرائیل و دیگر نواحی و در بخش‌های انتفاعی و غیرانتفاعی جامعه بکار گرفته شده است. در وزارت بهداشت غنا، این روش برای طراحی برنامه‌ریزی سیستم سلامت‌دهی کشور بکار گرفته شده است. درباها کالیفرنیا و مکزیک این روش‌برای برنامه‌ریزی آینده اجتماعی- اقتصادی حکومت ایالتی بکار رفته است. در شرکت Doody از آن برای طراحی برنامه‌ریزی انبار فروشگاههای زنجیره‌ای، در Northrop برای برنامه‌ریزی نسل آینده هواپیماهایشان استفاده شده است.

در کتاب دوره عمر سازمان تکمیل موارد بهبودبخشی و استفاده مناسب از فازهای ۱۱ گانه بطور عمیق ذکر شده، و نظر خواننده را به مطالعه آن کتاب جلب می‌نمایم.

یادداشت‌ها

1. The Parallel Organizations Structure At General Motors (1978)
2. Dale E. Zand "Collateral Organization: A New Chance Strategy" (Dallas, Tex. Business Publications Inc. 1978).

ضمیمه

زمینه‌های گوناگون اجرای چندین نقش اما نه تمامی موارد آن!

ضرورتی ندارد که کد PAEI همیشه از حروف بزرگ تشکیل شده باشد. یک P ممکن است فروشنده‌ای فوق‌العاده باشد، اما فروشنده متوسط دیگری باخصائص تولیدکنندگی نیز یک p است. بنابراین در مبحث سبک‌های سوءمدیریت این ضمیمه، خصوصیات افراد نسبت به کدهای PAEI بصورت حروف بزرگ یا کوچک و برای نشان دادن کیفیتشان ارائه می‌شود.

شاهد بوده‌ایم هنگامیکه منحصراً نقش مدیریتی اجرا شده، چه رخ داده است. هنگامیکه نقش E به تنهایی اجرا گردد، فرد نقش آتش‌افروز(۱) را پیدا می‌کند (-E--). یعنی، شخصی را داریم که شدیداً به خلق طرحهای جدید و پروژه‌های جدید علاقه‌مند است. هرگاه، E چنین شخصی با نقش دیگر مدیریتیش جفت گردد، خلاقیت‌وی بر آن نقش متمرکز خواهد شد. بطور مثال، اگر فردی -P-E باشد، شخص نوآوری خواهد بود که دائماً با خلاقیت خود نوآوری‌هایش را بهبود می‌بخشد. اما چون همین فرد توانایی اجرا در نقش‌های A و I را ندارد، ما را با سبک جدیدی از سوءمدیریت مواجه خواهد ساخت.

هنگامیکه E فرد با A او جفت شود، خلاقیت وی در جهت سیستمهای اداری شکل می‌گیرد. او می‌تواند یک -AE- یا یک pAEi باشد، مورد اول فردی است که به درد گردن(۲) شناخته می‌شود، که بزودی درباره آن بحث خواهد شد. مورد بعدی یک مشاور می‌باشد، شخصی که‌از خلاقیت خودبرای بهبود بخشیدن سیستمهای کنترل سازمان استفاده می‌کند، یک تحلیلگر سیستم است. (-AE-) بدلیل فضای خالی در کد مدیریتی‌اش یک نامدیر است. (pAEi) مدیری است که قوتش در (AE) و ضعفش در (pi) است.

وقتی E و I باهم جفت می‌شوند، دنباله‌روکبیر(۳) ناپدید می‌شود. E او به سمت یکپارچه نمودن ایده‌ها گرایش دارد. اگر او منحصراً همین دو نقش را ایفا نماید، به یک هوچی(۴) یا یک سیاستمدار کم‌ارزش تبدیل می‌شود.

---

(۱) Arsonist
(۲) Pain in the neck
(۳) Super follower
(۴) Demagogue

راههایی که اغلب نقشهای مدیریتی به آن صورت ترکیب می‌شوند، ده سبک سوءمدیریت جدید را بوجود می‌آورند. این سبک‌ها موضوع بحث این ضمیمه می‌باشند.

کارفرمای سخت‌گیر(۱) (PA--)

کارفرمای سخت‌گیر به انجام کار، نتایج و کنترل گرایش داد. او علاقمند به کارآیی و اثربخشی است، "آنچه" که انجام شده و "چگونه" انجام شده است. بهرحال او نه خلاق است و نه فرد گرا.

این شخص بسیار مستبد(۲)، یک کارفرما است. او را کارفرمای سخت‌گیر می‌نامیم زیرا نگرش او به سازمان، بسیار مکانیکی است. طرحها و کارهای او بسیار سازمان یافته و نظام گراست او به تجربیات قبلی و گذشته بسیار تکیه می‌کند. بدلیل دارا بودن P، به امور خاصی که او در شرف انجام آن می‌باشد گرایش دارد، او فرد باتدبیری(۳) است که همه را به سخت کارکردن وامی‌دارد. بدلیل وجود خاصیت A، به کارآیی گرایش دارد و سعی در ایجاد کنترل مؤثر بر فرآیند انجام کار دارد. او به آنچه که دیگران انجام می‌دهند و چگونگی انجام آن اهمیت می‌دهد. او ارتباط ازطریق سلسله مراتب(۴) را ترجیح می‌دهد. در ارتش‌از این افراد بسیار یافت می‌شوند. رشد این نوع از مدیران، شرکتها را به رکود می‌کشانند.

کارفرمای سخت‌گیر با یکه‌تاز(۵) (P---) متفاوت است زیرا منظم است و در ملاقات با کارمندان دارای سبک نهادی است. با شخص بوروکرات (--A-) هم فرق می‌کند، زیرا همواره بر نتایجی که باید بدست آید تاکید دارد. عبارات زیر چنین رفتاری را بطور تمثیلی(۶) نشان می‌دهند: "من هرگز خود را باموارد درگیر نمی‌کنم، من مکانیک سیاسی هستم. برنامه را تهیه می‌کنم، به‌مسائل و صحبتها و تعابیر کاری ندارم... من صرفا" اجزاء آن را سرهم می‌کنم."

کارفرمای سخت‌گیر غیرقابل انعطاف و خودرای(۷) است. اساسا" برای انجام هر کاری فقط یک راه صحیح وجود دارد و آن هم روش اوست. او به جزئیات، مهلت‌ها، و دستورالعملها توجه دقیق دارد. او همدردی نمی‌کند و هیچ عذری را نمی‌پذیرد. انجام صحیح کار، تنها چیزیست که مهم است.

کارفرمای سخت‌گیر خشک و رسمی است. روش کاری او، طوریست که همیشه او را در فاصله‌ای دور بنظر می‌آورد و به او شخصیت ماشینی می‌دهد. رفتار او قویا"، قابل پیش‌بینی است. این مسئله باعث می‌شود که اگر کسی بخواهد برده‌اش شود براحتی بتواند از عهده کارهای او برآید. شخص دقیقا" می‌داند که کجا شخص با او همراه است. زیردستانش از او می‌ترسند، ولی در عین حال می‌آموزند که با او زندگی کنند.

---

(۱) The slave driver (۲) Autocratic (۳) Tactician
(۴) Top-down (۵) Lone ranger (۶) Exemplified
(۷) Opinionated

هرگز نباید از کارفرمای سخت‌گیر انتظار ملاحظه خاص داشت. شخص همواره باید بپذیرد که ابزاری در دستهای کارفرمای سخت‌گیر است.

اما بسیار قابل توجه است که کارفرمای سخت‌گیر نیز ابزاری است در دستهای دیگران. او بندرت کاری را برای خودش انجام می‌دهد. او بطور مؤثر دستورات را انجام می‌دهد. او اصولاً یک سرسپرده(۱) است، فداکار و یک خدمتکار سخت‌کوش برای اربابش می‌باشد. او بردگان خود را در جهت اهداف دیگران هدایت می‌کند.

کارفرمای سخت‌گیر اغلب برده‌ای بوده که ترفیع یافته و سرپرست شده است. بمنظور خوشایند رؤسایش، او هر وظیفه‌ای را کورکورانه(۲) می‌پذیرد و آن را کورکورانه انجام می‌دهد. در عبری چنین فردی "eved ki yimloch" نامیده می‌شود، که به معنای "بنده‌ای که شاه شده است"، می‌باشد.

کارفرمای سخت‌گیر اغلب توسط آنهائی که بارقه‌ای(۳) از استقلال و عزت نفس دارند، مورد تحقیر(۴) قرار می‌گیرد. جو خفقان‌آور و غیرانسانی "فقط کار" که توسط کارفرمای سخت‌گیر خلق شده است، سبب می‌شود که بعضیها استعفا کنند. سایرین با پذیرش بندگی داوطلبانه امنیت و اعتماد قابل قبول خود را می‌یابند. پس از مدتی، حتی در مقابل آزاد شدن مقاومت نشان می‌دهند، زیرا وجود آزادی، فقدان اطمینان را به زندگی آنها وارد می‌کند.

اچگونه شخص (--PA) می‌شود؟ شاید با یک ترفیع، که عاملی قوی برای شروع در چنین شخصی است. او برای کسب نتیجه، (P). موفقیت‌فردی، او را به سمت موقعیت مدیریتی هدایت می‌کند. بعنوان مدیر هم تحت سلطه نتیجه‌گرایی است، جز آنکه نقش اداره‌کنندگی و کنترل‌کنندگی را نیز بر آنها می‌افزاید، بطوریکه دیگران نیز به نتیجه برسند. نیاز او در بکارگیری قدرت که قبل از ترفیع آشکار نبود، وقتی که به او فرصت مدیریت بر دیگران داده می‌شود، به شکوفایی کامل می‌رسد. بدون ترفیع او یک P تمام عیار باقی می‌ماند.

کارفرمای سخت‌گیر با خودش و دیگران بسیار کم صبر و حوصله است. "ادامه حرکت" احساسی است که او دائماً به اطرافیانش منتقل می‌کند. سخنانش مختصر است، چشمان نافذش همچون "فولاد سرد" است، حرکاتش تند و ناگهانی است. او سخن دیگران را در وسط جمله قطع کرده و جمله را خودش به پایان می‌رساند. اگر او را از این کار منع کنند او نارضایتی خود را با "بی‌حرکتی"(۵) یا قطع نمودن بوسیله حرکت نابجا(۶) نشان می‌دهد. منظور از "بی‌حرکتی" آن است که او چشمانش را روی شخصی که صحبت‌می‌کند، ثابت نگهمیدارد، هیچ عضله‌ای را در بدن یا صورتش حرکت‌نمی‌دهد، آرواره‌هایش‌را رویهم محکم قفل کرده و در انتظار می‌ماند تا طرف مقابل پیامش را فهمیده و خفه شود. اگر کارفرمای سخت‌گیر با شخصی درحال گفتگو باشد که شأن و مقامش از او بیشتر باشد و نتواند او را ازحرکت بیاندازد، با حرکاتش‌او را متوقف می‌سازد. به این صورت که کارفرمای سخت‌گیر بدنش را به سمت‌بالا و پایین تکان می‌دهد، ابتدا روی پنجه‌هایش به

---

(۱) Loyal (۲) Blindly (۳) Spark
(۴) Despised (۵) Freezing out (۶) Interrupting behaviorally

سمت بالا سپس روی پاشنه‌هایش‌بطرف‌پایین حرکت‌می‌کند. زمانیکه روی پنجه‌هایش بلند شده، گویی می‌خواهد بپرد یا با صورت بزمین بخورد. وقتی که روی پاشنه‌هایش فرود می‌آید، آنها را بهم می‌زند و برای تاکید بیشتر، حتی ممکن است از لبهایش نیز صدائی خارج کند، و به کمک‌زبانش سروصدا درآورد. منظور از این اظهارات جسانی(۱) آنست که میزان بی‌صبری بی‌اندازه‌اش را نشان داده و کلام دیگری را قطع کند. در تمام این مدت او به نوعی از خودش عصبانی است‌که چرا کنترل محاوره را ازدست داده است.

در ادبیات مدیریت، مدلی که برای (PA--) عبارت شده، سبک "فرمانده" است که توسط شخصی بنام بل (Bell) توصیف شده است. این شخص می‌کوشد که محیطش را کنترل کند، بطوریکه بتواند تمام اتفاقاتی که در اطرافش رخ می‌دهد را تنظیم نماید. تقصیر در بروز اشتباه در مسائل را به گردن زیردستانش می‌اندازد. او از ابهام و نبود قطعیت خوشش نمی‌آید و بنابراین دنیا را طبقه‌بندی می‌کند. او می‌گوید: "در دنیا دو نوع مردم وجود دارند: مردمی که همه چیزها را به دو گونه تقسیم می‌کنند و سایرین". آنها به اهداف کوتاه مدت تقریبا" همانقدر گرایش دارند که به موضوعات غایی و نهایی. ارتباط آنها تنها از یک طریق است : به سمت پایین! آنها آنچه را که باید انجام داد به شما خواهند گفت و درباره شرح وظایف صحبت خواهند کرد، اما همه‌چیز، همین است.

بل، ادعا می‌کند که "فرمانده‌ها" زمانیکه محیط نسبتا" ثابت و پایدار باشد، بهتر کار می‌کنند. در شرایطی که وظیفه معین و مشخصی وجود داشته باشد که بتوان آن را بروش دقیق و منظمی انجام داد، شخصی که سبک فرمانده را بکار می‌گیرد، کنترل را بدست خواهد گرفت و بر جریان عادی کار، و کارمندان مسلط خواهد شد و بر ابزار کار و نتیجه کار متمرکز می‌شود.

مشاهدات نشان می‌دهد که نقصانهای A، E و I وقتی که کارفرمای سخت‌گیر هنوز یک کارمند ساده یا یک "برده" بوده است، نهفته(۲) و بی‌خطر(۳) بوده‌اند، و زمانیکه ترقی می‌کند و در موقعیت یک مدیر قرار گرفته و کارفرمای سخت‌گیر می‌شود، این نقصانها به مسائلی بزرگ و خطرناک(۴) تبدیل می‌شوند.

سبک کارفرمای سخت‌گیر سازمان را بسیار انعطاف‌ناپذیر می‌سازد. سازمان از کمبود خلاقیت رنج برده و با تغییرات محیط بسادگی انطباق نمی‌یابد. گرچه بطور نرمال در کوتاه مدت بازدهی سازمان افزایش یافته، اما روحیه پایین و ورود و ترک افراد زیاد خواهد بود. افرادیکه مسئله ایجاد نکنند ترقی می‌کنند، که این باعث جلوگیری از رشد خلاقیت‌ها است.

وقتی (PA--) سازمان را ترک می‌کند، تغییرات قابل توجهی در نتایج بروز می‌کند. افراد اگر بتوانند ماشین‌آلات را خراب می‌کنند. آنها مستعد اعتصاب کردن، تولید کم و اتفاقاتی هستند ازقبیل طغیان و بی‌قیدی.

تغییر یکه‌تاز در موقعیت، نیازمند تغییر در رفتار است. یکه‌تاز (P)، A را

---

(۱) Body language   (۲) Latent
(۳) Benign   (۴) Malignant

به سبک خود می‌افزاید، ولی این تغییر کافی نیست.

چه اتفاقی می‌افتد اگر کارفرمای سخت‌گیر بتواند ایده‌ها و افراد را به همان خوبی که تولید و اداره می‌کند، یکپارچه نماید؟ در آن صورت ما سبک ترکیبی آتی، سوءمدیریت (PA-I) را خواهیم داشت یعنی رئیس‌بی‌خطر، خیرخواه(۱).

رئیس‌بی‌خطر، خیرخواه (PA-I)

رئیس‌بی‌خطر، خیرخواه، سه نقش مدیریتی را در هم می‌آمیزد که عبارتند از: تولیدکنندگی، اداره‌کنندگی و یکپارچه‌کنندگی، او با نتایج تولید کوتاه مدت سر و کار دارد (P)، روی سیستمهای کنترل مؤثر متمرکز است (A)، و قادر به یکپارچه‌کردن افراد است. درحالیکه کارفرمای سخت‌گیر (--PA) دیگران را به کار وامی‌دارد، رئیس‌بی‌خطر، خیرخواه، به دیگران اجازه می‌دهد که حضور داشته باشند و راجع به ایده‌ها بحث کنند، اما تصمیم نهایی را خودش می‌گیرد. در سازمان، (PA-I) به اظهارنظرها گوش می‌دهد، در مورد آنچه که مطلوب است تصمیم گرفته، توافقها را بدست می‌آورد، آنگاه مانند یک کارفرمای سخت‌گیر به سمت هدف پیشروی می‌کند. از آنجائیکه نظریات برای کلیه افراد سازمان قابل قبول است، رئیس‌بی‌خطر، خیرخواه بسیار قدرتمند و مؤثر است.

رئیس‌بی‌خطر، خیرخواه، شخصی رسمی و دور از دسترس است. زیردستانش او را می‌پرستند(۲) و سخت کار می‌کنند تا کارها را همانطوریکه او می‌خواهد به انجام رسانند. کارمندان از خودشان ایده و نظری ندارند ولی خود او هم ایده‌ای ندارد. او یک پادشاه نیست او صرفاً شاهزاده‌ایست که قادر است کاری کند که مردم کارها را با میل انجام دهند (۳).

رئیس‌بی‌خطر، خیرخواه، شخصی روحانی و معنوی(۴) نیست. خاصیت (P) او اساساً به جهت‌گیری‌های کوتاه مدت گرایش دارد، درحالیکه یک رهبر روحانی دارای (E) بسیار قوی است.

بعنوان یکپارچه‌کننده اجرا برای کوتاه مدت، رئیس‌بی‌خطر، خیرخواه در کوتاه مدت از خود اثر مثبتی بجا می‌گذارد. اما هنگامیکه سازمان را ترک کند دنباله روهایش کار را به همان روشی که عادت کرده بودند ادامه می‌دهند، و بتدریج یکپارچگی گروهی از دست می‌رود. این اتفاق به این دلیل می‌افتد که کارمندان، ایده‌ای (E) ندارند تا بتوان آنها را یکپارچه کرد. فقط یک سیستم اجرا دارند که آنها هم به مرور منسوخ می‌شوند.

همانطوریکه گفته شد، رئیس‌بی‌خطر، خیرخواه از خودش ایده‌ای ندارد (بدون E)، او بعنوان عضو یک گروه (AI) ادای وظیفه می‌کند تا نظرات دیگران را به بار بنشاند(۵) (P). توصیف آقای سایروس‌ونس در تحلیل این قضیه جالب‌توجه است:

---

(۱) Benevolent (۲) Worship (۳) Amicably
(۴) Charismatic (۵) Fruition

Drawing by Chas. Addams; © 1976 The New Yorker Magazine, Inc.

در پنتاگون او اعتبار خود را بعنوان یک مدیر خوب توسعه داد، مجری یک سیاست (A)، مردی که قادر بود با ارتش‌کنار بیاید (I) حتی وقتیکه روابط مک‌نامارا وزیر دفاع با ارتش رو به سردی گرائید. تعدادی از افرادیکه در گذشته با او کار می‌کردند از وی بعنوان یک چهره وجیهه‌الملـه(۱) نام می‌برند، که در انتظار موقعیت‌ها بوده و قبل از احراز آن فشار وارد می آورد (I). او بلافاصله وارد نمی‌شود، اما قبل از روشن شدن نتایج وارد می‌شود، خصوصاً" در زمینه مسائل و مشکلاتی که جنبه اخلاقی داشته باشند (I) .... برخی اشاره دارند که آقای ونس انسان خیال پردازی نیست (بدون E) .... از او بعنوان یک تکنوکرات خوب (P) توصیف می‌شود، یک بازیگر سرسپرده گروه (I). سبک او در گذشته بگونه‌ای بود که به کاخ سفید امکان ایفای نقش رهبری را می‌داد (بدون E).... دیپلمات‌های برجسته‌ای که آقای ونس را بخوبی می‌شناختند، از وی انتظار داشتند که وزارتخانه را با سازماندهی خوب بگرداند (A)، اما با چارچوبی ضعیف (بدون E).... آقای کارتر تاکید می‌کند که شایستگی و صلاحیت آقای ونس بمراتب بیشتر

(۱) Consensus

از ادراک درخشان و نوآوری سیاسی وی می‌باشد (بدون E) .... آقای ونس یک تکنوکرات بسیار عالی (P) با یک تفکر اجرائی قاطع(۱) است که سیاستهای رئیس‌جمهور را اجرا می‌نماید (A) .... آقای ونس سریعا" مشخص نمود که وی از اظهارات استهزا آمیز(۲) آقای کارتر در خصوص "دیپلماسی یکه‌تاز آقای کیسینجر" مبری(۳) می‌باشد.

(نیویورک تایمز ، ۴ دسامبر ۱۹۷۶ ص ۱۳).

نقشی که از همه بیشتر تکرار شده بود (چهار مرتبه)، I بود. A سه بار تکرار شده بود. P دوبار و این حقیقت که ونس دارای E نمی‌باشد چهار بار مورد اشاره قرار گرفته است. بنابراین کد ونس بصورت PA-I (رئیس‌بی‌خطر، خیرخواه) یا PAeI (شبان(۴)) ظاهر شده است.

چه اتفاقی رخ خواهد داد اگر رئیس‌بی‌خطر، خیرخواه تمایلی برای تولید نداشته باشد و به این سمت جهت‌دهی نشود؟ در آن صورت دچار یک بوروکرات پدرسالار(۵) خواهیم شد که بحث آتی سوءمدیریت را تشکیل می‌دهد.

بوروکرات پدرسالار (-A-I)

یک مدیر بی‌جهت، کسی که بیشتر به ظاهر و به افراد توجه دارد، اما با ایده‌ها و نتایج حاصل ازآن کاری ندارد، نقش‌های A و I را ایفا می‌کند. چنین فردی باعنوان بوروکرات پدرسالار شناخته می‌شود. همچنین ممکن است به‌او مدیر با درهای باز نیز اطلاق گردد. سوای وظایفی که او اداره می‌کند، شیوه کار او نسبت به سایر مدیران وضعیت مشارکتی بیشتری دارد. یک بوروکرات پدرسالار بدنبال شیوه‌های کنترلی است که مورد توافق افرادش باشد. او بدنبال یک سیستم جاافتاده ودنبال کردن فرآیند جاافتاده است. I دراو دیگران را قادر می‌سازد تا وظائفشان را تحت نظر او آسانتر از بوروکرات به انجام برسانند.

یک بوروکرات پدرسالار می‌شنود، موافقت می‌کند و آنها را می‌پذیرد، اما تا وقتی که قواعد نقض نشوند!. در اتاق او همیشه باز است، اما در واقع مثل یک دنباله‌رو کبیر در پذیرش ایده‌هایی که از در عبور کرده و به او رسیده است، مطابق آنچه که در ظاهر گفته، صادق نمی‌باشد. این بخاطر آن است که او به سمت کسب نتایج جهت‌گیری نداشته و تمایلی(۶) نیز برای تغییر هیچ چیزی ندارد و بخاطر اینکه در ایجاد تضاد امتناع می‌کند.

یک بوروکرات پدرسالار صرفا" به ظاهر افراد توجه دارد. او جلسات را تشکیل داده و اجازه صحبت کردن به دیگران می‌دهد، او علاقه‌مندی و توجه خود را نشان داده، و دیگران را تشویق وترغیب می‌کند. پیام همیشگی او: "ما همیشه باید سیستم را برای کاری که طراحی شده است بکار اندازیم". زیردستان بایستی

---

(۱) Incisive (۲) Derisively (۳) Shun
(۴) Shepherd (۵) Paternalistic Bureaucrat (۶) Inclination

وقت‌شناس‌بوده با دیگر همکاران کنار بیایند، که این همکاری، البته شامل بوروکرات پدرسالار نیز می‌شود.

آموزش و بیان دلایل و مساعدت ازطرف بوروکراتهای پدرسالار بمراتب بیشتراز بوروکراتها اتفاق می‌افتد. اما در هر مورد به سمت تولید جهت‌گیری وجود ندارد. گاهی اوقات افراد از جو روان(۱) سازمانی که توسط یک بوروکرات پدرسالار سرپرستی می‌شود استقبال می‌کنند. بنظر می‌رسد که‌سازمان بطور مؤثری گردانده می‌شود، و افراد نسبت به یکدیگر برخورد دوستانه‌ای دارند. به نوعی، جامعه‌ای است با روابط محترمانه متقابل. اما پی بردن فرد(خصوصاً" اگر از محیط خارج از سازمان باشد) به این که سبک مدیریت به وامانده(۲) کردن سازمان منجر شده است بزودی شروع می‌شود. هیجانی در سازمان وجود ندارد، جهت‌گیری به‌سمت هدف نیست، ایده‌ای پیدا نمی‌شود که زندگی را تغییر دهد. هیچگونه تنوعی وجود ندارد. عمیقاً" نبود توافقهائی ایجاد می‌شود که قابل بحث درجمع نیستند. سازمان بصورت شهر دور افتاده‌ای بنظر می‌رسد که مناسب بازنشستگان است.

بوروکرات پدرسالار صرفاً" در محیط بدون رقابت و تغییر دوام می‌آورد. بعنوان مثال، در بوروکراسی دولتی، چنین فردی نمونه موفقی از مدیران است، که بدون ایجاد کوچکترین موجی که باعث حداقل اصطکاک باشد، کارش را انجام می‌دهد. او اساساً" یک بوروکرات دوستانه است.

حال ترکیب نقش‌ها را تغییر می‌دهیم. زمانیکه مدیری کسب نتیجه کرده و با افراد کنار می‌آید (بدون نگرش‌به سیستم) به نمونه آتی از سوءمدیریت یعنی مربی پاره‌وقت(۳) P--I، می‌رسیم.

مربی پاره‌وقت (P--I)

چنین مدیری، کسی است که درحصول نتیجه و یکپارچه کردن زیردستان برتری دارد. او عالیترین تجهیزکننده فرآیند، و عالیترین مصالحه‌گر(۴) برای کسب‌نتایج، خصوصاً" در کوتاه مدت می‌باشد. اگرچه بنوعی ممکن است ایده‌آلیست و بحرانی بنظر برسد، ولی توسعه‌دهنده گروه‌هاست. یک P--I می‌تواند فردگرا، سرپرست خط تولید باشد. به هیچ عنوان نسبت به محیط خارج از سیستم علاقه‌ای ندارد و تحمل رسمیت دادن به کار را ندارد. تشویق و حمایت خود را برافرادی که وظیفه‌شان را انجام دهند، ارائه می‌کند.

مربی پاره‌وقت مثل یک رهبر جوان و یا یک سیاستمدار پاره‌وقت است. او بدنبال ایجاد شور و هیجان است، تا پس از آن انرژیهای ایجاد شده را بسمت کسب نتایج جریان دهد. نتایجی که به این ترتیب حاصل شود ممکن است برای سازمان گران تمام شود. گرایش این نتایج به سمت کوتاه مدت است، و در

---

(۱) Easy going
(۲) Stale
(۳) Small-Time Coach
(۴) Compromise

درازمدت‌شکست می‌خورند زیرا که سیستمی که آنها را دنبال کند وجود ندارد، زیرا که اهداف آنها ماهیتا" تاکتیکی است.

برخلاف یکه‌تاز (---P)، مربی پاره‌وقت بدنبال توافق بوده و فردگرا می‌باشد. بندرت فرماندهی از بالا به پایین را برقرار می‌سازد، آنطوریکه یکه‌تاز عمل می‌کند. غیرمشابه به دنباله‌روکبیر، او بدنبال کسب نتایج است. او فاقد سیستم، و ایده‌های بزرگ است. بنابراین سرمربی نیست، بلکه صرفا" یکپارچه‌کننده افراد برای فعالیت‌های کوتاه‌مدت است.

اگر یکپارچه‌کنندگی را از یک مربی پاره‌وقت گرفته و بجای آن کارآفرینی را اضافه نماییم چه سبکی را شاهد خواهیم بود؟

بنیانگذار تازه‌کار(۱) (P-E-)

به مدیری که نقش‌های اجرایی و کارآفرینی را ایفا نماید بنیانگذار تازه‌کار اطلاق می‌شود، بخاطر اینکه این شخص درحقیقت بنیانگذار سازمان باشد. بهرحال او هرگز از مرحله جوانه زدن(۲) خارج نمی‌شود، و زمانی که سازمان بسیار بزرگ شد آن را نیز ازدست می‌دهد. او فوق‌العاده(۳) پرانرژی است. خود آغازگری(۴) است که پروژه‌هایش را تا انتها می‌بیند. از آنجاییکه به انجام وظایف گرایش دارد، در حالیکه سازمان او کوچک و درحال رشد است، خود دوره تکامل را می‌گذارند. در طولانی‌مدت سازمان رشد بیشتری نسبت به قابلیت‌های او پیدا می‌کند. هنگامیکه کنترلهای رسمی بیشتری ضرورت می‌یابد، سبک او اثربخشی خود را ازدست می‌دهد. در این هنگام سبک او که دارای قابلیت‌های اداری یا یکپارچه‌کنندگی نیست غیرموظف(۵) می‌شود. درحالیکه برای رشد سازمانی در بلندمدت به هردوی آنها نیاز می‌باشد.

بنیانگذار تازه‌کار شخصی است خطرکن(۶) خلاق که به سمت کسب نتایج گرایش دارد. او معمولا" از حدود تجاوز(۷) می‌کند. وسعت دید او بخاطر آنکه به E گرایش دارد بیشتر از یکه‌تاز است، و غیرمتشابه به آتش افروز، به‌اهداف گرایش دارد.

بنیانگذار تازه‌کار آتشش را روشن کرده سپس موردتوجه قرار می‌دهد. دارای پیرو یا زیردست است، اما اساسا" نمایش را یکنفره اجرا می‌کند، چون وقتی برای یکپارچه کردن یا تفویض ندارد. ایده‌هایش هیجان‌اگیز است. او می‌داند برای حصول به نتایج چه بکند، و زیردستانش به آسانی سعی در هم‌چشمی(۸) با سبک او دارند. درعین حال آنها بصورت گروه، یکپارچه‌کننده نشده‌اند. آنها فردا" از او تبعیت می‌کنند، حتی ممکن است سی نفر به او گزارش دهند.

ازآنجائیکه بنیانگذار تازه‌کار اداره‌کننده یا یکپارچه‌کننده سازمان

---

(۱) Sprouting Founder (۲) Sprouting (۳) Teremendously
(۴) Self-starter (۵) Disfunctional (۶) Risk-taker
(۷) Outgoing (۸) Emulate

نمی‌باشد، سازمان فقط تا سطح قابلیت مدیریتی او رشد می‌کند. مضافاً، از آنجائیکه او یکپارچه‌کننده نمی‌باشد، سازمان به‌هنگام ترک یا مردن او فرو ریخته و محو می‌شود.

علاوه بر بنیانگذار تازه‌کار نوع دیگری -P-E نیز وجود دارد. این فرد گرداننده تطبیق‌ناپذیر(۱) برای حرفه است. او ممکن است گرداننده سازمان هنری، پزشک گرداننده بیمارستان یا رئیس دانشکده در یک نهاد دانشگاهی باشد.

او تطبیق‌ناپذیر است زیرا بطور مشخص‌توجهی به اداره کردن یا یکپارچه کردن افراد ندارد. کارش را بخاطر دارا بودن قابلیت تولید یا کارآفرینی، یا هردو بدست می‌آورد. او بخاطر برتری شخصیت تخصصی‌اش ارتقاء داده شده است. درصورتیکه اداره یک سازمان به توانائیهای بیشتر از دانستن رقص، معالجه کردن، یا درس دادن نیازمند است.

در نتیجه، بدون‌اثر(۲) گردیده و مداوماً به خود و دیگران یادآوری می‌کند که دارای وظیفه دیگری در زندگی است. وظیفه فعلی او شغل یا کاری است اشتباه، موقتی(به اعتقاد او یک گذشت(۳) بزرگ است یا در نتیجه تمایل خودآزاریش(۴) که بدنبال یکسری از عملکردهای زندگی احراز کرده است). او نقش شهیدی(۵) را بازی می‌کند که هرگز نمی‌گذارد شنوندگان همدردش بدانند که چقدر از اداره‌کنندگی متنفر است و چقدر آن را غیراخلاقی می‌داند. درواقعیت، او هیچگاه هنری را تولید نمی‌کند، طبابتی را انجام نمی‌دهد، یا پژوهشی نمی‌کند. او به حد بسیار زیادی در بازی قدرت گیر افتاده است. او از بازخور فوری که فرآیند اداری ایجاد می‌کند، قدردانی می‌کند، زیرا از بازخوری که در اثر فعالیت‌های تخصصی حاصل می‌شود، خوش‌آیندتر(۶) است، از مواردی که خوش‌آیند بیرونی(۷) از قبیل شناسانیدن، را می‌بایستی پیوسته پیگیری نمود، که هیچوقت هم حاصل نمی‌شود.

برای هنرمند خوب بودن، فرد به جهت‌گیری P و E نیازمند است. درهرحال قابلیت‌های اداره‌کردن و یکپارچه کردن خیلی لازم نیستند. نویسندگان و نقاشان می‌بایستی ابراز ایده کرده، آنها را در وسائل ارتباط جمعی ارائه کرده، و فرآیند را تا انتها دنبال کنند. هنرمند واقعی به E برای خلق چیزهای جدید و به P برای تکمیل پروژه احتیاج دارد. جهت‌گیری برای به انجام رسانیدن کار به هنرمند اجازه می‌دهد تا پس‌از تکمیل، کار مورد علاقه‌اش را کنار گذارده و آن را آزاد کند. هنرمند فاقد P یا کارش را تمام نمی‌کند یا پس از اتمام، آن را آزاد نمی‌کند(که با تمام نکردن کارش معادل می‌باشد).

شخصی با P و بدون E هنرمندی تجارتی است. بطور دائم خودش را تکرار می‌کند. هنرمندی با E و بدون P ممکن است به یک مخالف هنر روز(۸) تبدیل شود، او ایده‌هایی دارد از اینکه چه کاری باید بشود، اما هیچکاری نمی‌کند.

چرا -P-E تطبیق‌ناپذیر است؟ یک هنرپیشه بزرگ ممکن است آرزوی کارگردان

---

(۱) Mismatched Director　(۲) Frustrated　(۳) Sacrifice
(۴) Masochistic　(۵) Martyr　(۶) Gratification
(۷) Extrinsic　(۸) Bohemian

شدن داشته باشد و بهترین دکتر رئیس بیمارستان شود. از محترمترین محقق خواسته می‌شود تا رئیس دانشگاه شود. اما P و E این افراد مدل آنها را تکمیل نمی‌کنند. یک هنرپیشه نمی‌تواند کارگردانی کند، مگر اینکه بتواند اجزاء را یکپارچه نماید (I). هنرمندی که به یک کارگردان هنری تبدیل شده، ممکن است توان مواجه شدن با هیئت‌مدیره، سیستماتیک برنامه‌ریزی کردن، سرمایه گردآوری نمودن یا حتی برنامه‌ریزی چرخش بعدی را نداشته باشد (بدون A).

یک دکتر برجسته‌ای (-P-E) که بعنوان رئیس بیمارستان برگزیده شده است، ممکن است در نزاعی دائمی با همکاران باقی بماند (بدون I). همچنین ممکن است در اعمال کنترل، استخدام قابل‌ترین پرستاران، یا نظارت بر انتقال اطلاعات پزشکی شکست بخورد (بدون A).

در دانشگاهها هم، افسوس(۱)، که -P-E های غیرقابل شمارشی بر مصدر امور سوار هستند. خط مشی‌های اعمال شده برای اعضاء هیئت علمی با نظرات همیشه متغیر رؤسای جدید عوض می‌شود. تغییراتی که توسط رؤسای جدید ارائه می‌شوند برنامه یا خط مشی بلندمدتی را به اجرا نمی‌گذارند. دوره‌ها چند برابر می‌شوند، اسامی جدید هستند، اما محتوی همچنان بدون تغییر باقی مانده‌اند. باروری درون دانشکده به یک سرآب(۲) یا افسانه(۳) طرح شده ازطرف اعضاء هیئت علمی جدید تبدیل می‌شود.

هردو نوع گرداننده، بنیانگذار تازه‌کار و تطبیق‌ناپذیر حرفه، اداره‌کنندگانی ناموفق هستند، و بنابراین سعی در بیگانه کردن(۴) گروه‌هایی دارند که با آنها کار می‌کنند. آنها در تخصص خود محترم هستند، ولی بخاطر نحوه اداره کردن واحدهایشان همیشه مورد سؤال می‌باشند.

یک مدیر حرفه‌ای موفق، به P و E، و به a و i نیازمند است. در سازمانهای تخصصی A و I معمولاً توسط گردانندگان اداری فراهم می‌شود.

این باعث هدایت به طرح سؤال دیگری می‌شود. آیا -A-I قادر است سازمان تخصصی را بگرداند؟ بنظر می‌رسد که نمی‌تواند، زیرا به P و E جهت درک سازمان نیاز دارد. حتی اگر می‌توانست، احتمالاً متخصصین این اجازه را به او نمی‌دادند. آنها به او اعتماد نمی‌کردند، بخاطر اینکه او یک هنرمند، یک پزشک، یک معلم و یک‌محقق نبود.

-A-I ، بهرحال بعنوان رهبر یک سازمان تخصصی کارش را بهتر از -P-E انجام می‌دهد. زیرا وقت زیادی صرف می‌کند تا متخصصین را راضی کرده (I) و با سیستمی پشتیبان در خدمت آنان باشد (A). اما او مورد اعتماد نبوده، دوست‌داشته نمی‌شود، درنظر گرفته نمی‌شود، مورد استهزاء(۵) قرار می‌گیرد، مورد انتقاد و بهمین ترتیب است. -P-E بمراتب بیشتر سوءمدیریت می‌کند، اما شکست‌های اداری او بخاطر دستیابی‌های تخصصی او مورد بخشش قرار می‌گیرد. او درحقیقت‌شهیدی است که قبل از اینکه معرکه دامنش را بگیرد(۶) کنار می‌رود(۷).

(۱) Alas (۲) Mirage (۳) Myth
(۴) Alienate (۵) Ridiculed (۶) Hell gets to him
(۷) Get the hell out of there

یک سازمان تخصصی بایستی فردی را با PaEi جهت گرداندن حرفه داشته باشد (هنری، طبی، یا دانشگاهی) و یک pAeI را بعنوان گرداننده اداری، هردو مورد نیاز هستند.

ممکن است سؤال شود که وجود یک -P-E- و یک -A-I- باهم چه اشکالی دارد؟ جواب این است که نمی‌توانند باهم کار کنند، زیرا احساسی نسبت به تشریک‌مساعی با یکدیگر ندارند. گرداننده حرفه‌ای زمان و تمایلی(۱) به آرزوهای افراد و نیازهای سازمانی ندارد. -A-I- اهمیتی به نتایجی که بدست می‌آید ندارد (P)، و هیچ آرمان حرفه‌ای یا خلاقیتی ندارد (E). اما جهت پشتیبانی از گرداندن حرفه‌ایش و کسب‌احترام از افرادی که تحت اداراهش هستند به هردو عامل فوق‌الذکر نیاز دارد. با گذشت زمان I او ناپدید می‌شود زیرا از آن استفاده نمی‌کند.

بعلاوه اگر یک -P-E- و یک -A-I- به یکدیگر احترام نگذارند، احتمالا" با یکدیگر همکاری هم نخواهند کرد. آنچه که از آن به بعد نیاز است، توانایی ایفای بیش از دو نقش می‌باشد. بنابراین مطلوبترین برای مدیران تخصصی PaEI است. گرچه PaEi هم قابل قبول است، زیرا تعداد بسیار قلیلی از حرفه‌ایها قادرند تا نقش یک I را ایفا نمایند. آنها بیش از حد شخصی هستند (E).

این مهم است که مدیر حرفه‌ای نبایستی کاملا" فاقد I باشد. ازدست رفتن به سادگی اتفاق می‌افتد، بخاطر آنکه سازمان تخصصی تمایل دارد تا شخصی را که بزرگترین E را داراست برای احراز پست متمایز کند، که خصوصیت E چنین شخصی معمولا" به قیمت ازدست رفتن I در او رشد می‌کند.

توسعه‌دهنده تک‌نواز(۲) (-PAE)

توسعه‌دهنده تک‌نواز ارباب(۳) کنار هم قرار دادن اجزاء یک پروژه پیچیده می‌باشد. او پروژه را تا وقتیکه به بار بنشیند پرورش داده و بزرگ می‌نماید. او بخاطر دارا بودن E، تصویر بزرگ را می‌بیند. او شناسایی می‌کند که چه نتایجی بدست خواهند آمد. دارا بودن P او را نتیجه‌گرا کرده است. دارا بودن A برای خلق سیستمی که بتواند نتایج مطلوب را بدست آورد بکار گرفته می‌شود. اما این توسعه‌دهنده I ندارد، بنابراین مثال دیگری از نمایش تک نفره می‌باشد.

در مقایسه با بنیانگذار تازه‌کار، تشکیلات توسعه‌دهنده تک‌نواز می‌تواند تا ماوراء فداکاریهای او رشد نماید(بخاطر دارا بودن A).

تشکیلات وقتیکه توسعه‌دهنده تک‌نواز آن را ترک کند دچار مشکلات خواهد شد، زیرا او تنها تولیدکننده، اداره‌کننده و کارآفرین بوده است. زیردستان، دنباله‌روهای محض(۴) او بوده‌اند، او گروهی از تولیدکننده‌ها، اداره‌کننده‌ها، و

---

(۱) Inclination
(۲) Solo Developer
(۳) Master
(۴) Mere

کارآفرینها درست نکرده تا بعداز خودش نرخ رشد قبلی را حفظ کنند. PAE- ها می‌توانند تحلیلگران سیستم و یا مشاوران کلاسیک باشند، از اینکه چگونه نتایج را ایجاد کرد یا چگونه سیستمی را سازماندهی کرد، تا نتیجه حاصل آید، دارای ایده‌هائی هستند، لکن نمی‌توانند محیطی را خلق کنند تا زیردستان بتوانند چنین برنامه‌هایی را بوجود آورند.

طیف متنوعی از توسعه‌دهنده‌های تک‌نواز در "صنایع ساختمانی" و "بانکهای سرمایه‌گذاری" یافت می‌شوند. افرادی که از این طیف می‌باشند، می‌دانند که چگونه نتایج را تولید کنند، و می‌توانند همه‌چیز را در یک بسته نرم‌افزاری(۱) زیبا و تمیز سازماندهی کنند. ولی هیچ تداومی وجود ندارد. توافق انجام شده است، و باید بخودش متکی باشد. فردی که اظهارکننده این سبک است، نمایش تک‌نفره‌ای است که خروج او باعث می‌شود تا سازمان در وضعیتی پرمشکل قرار گیرد.

هوچی(۲) (--EI)

چنین نامدیری فقط بعنوان یکپارچه‌کننده وکارآفرین برتری دارد. او ممکن است فروشنده، مشتری قانع کن یا سیاستمدار بدون برش(۳) باشد. گرچه او فردی خلاق و تطابق پذیر است، لکن به عواقب تلاش‌هایش توجهی ندارد: او فاقد P است.

بعنوان یک سیاستمدار، هوچی ایده‌هایی را که به ماهیت وجودی او مربوط باشد شناسایی کرده و بصورت قول و قرارهایی با سبک خودش یکپارچه می‌کند. ولی سیستمی برای حفظ این قول و قرارها ندارد(بدون A)، و توانایی جامه عمل پوشانیدن به‌قول و قرارهایش‌را نیز دارا نیست(بدون P)، او متکی به قابلیتهای E خود برای شناسایی پیامهایی (هر پیامی) که افراد را متحد کند، می‌باشد.

هوچی قولهایی می‌دهد که مسئولیتی در قبال آن ندارد. او نمی‌گذارد کسی بفهمد (بخاطر اینکه نباید بفهمد) که نتایج دقیق کار چه خواهد بود. هدف او این است که هیجان و علاقمندی تولید نموده و بدینوسیله حمایتها را از خودش بالا ببرد. او از نتایج انتخابات بعدی نگران است. هر آنچه که بعد از آن اتفاق بیافتد خودبخود رفع خواهد شد.

هوچی با آتش‌افروز (-E--) بخاطر اینکه ایده‌هایش جهت ارضای درونی نیست، فرق می‌کند. او به خواسته‌ها، نیازها و انتظارات افراد گوش‌می‌دهد. بعنوان یک I او قادر است تا جریانهای غیرعلنی اجتماعی(۴) را تشخیص‌دهد. توانایی‌های E به‌او اجازه می‌دهد که پیامی را که بیان‌کننده آن جریانهای غیرعلنی است فرموله نماید. او قولهایی را می‌دهد که مردم خواهان شنیدن آنها هستند. او همچنین با دنباله‌روهای کبیر (I---) فرق می‌کند. دنباله‌روکبیر فقط گروه اندکی از افراد را

---

(۱) Package
(۲) Demagogue
(۳) Run-of-the-mill
(۴) Social undercurrents

می‌تواند یکپارچه کند چون برای این کار به مداخلات شخصی نیازمند است. ولی EI-- می‌تواند فقط بوسیله ایده‌هایش یکپارچه کند.

همچنین تفاوت دیگری بین هوچی و آتش‌افروز موجود است. زیردستان آتش افروز از وی پیروی نمی‌کنند گرچه ادعا کنند که چنین می‌کنند. لکن کسانیکه برای هوچی کار می‌کنند با پیامهای وی قاطی کرده‌اند(۱) و همگی بخاطر وی قیام(۲) می‌کنند.

زیردست هوچی از حمام داغ و سرد احساسات عبور می‌کند. درزمان حضور هوچی زیردست ایده‌های وی را مهیج و کار درست برای انجام می‌داند. لکن پس از آن زیردست متحیر می‌ماند که چه باید کرد و از کجا شروع نمود. وی ممکن است سؤال کند "او دقیقاً" چه می‌خواست؟" هوچی به زیردست چیزی را گفت که او می‌خواست بشنود و تمایلات وی را برای بدست آوردن چیزی جهت داد، اما چه چیزی؟

در مکزیک چنین رهبری را آلکاسلتزر می‌نامند. او شما را با استفاده از اشتیاق خودتان احیا می‌کند، اما فقط برای چند ساعت. از آن پس شما مجدداً" خود را زبون خواهید یافت. بل این نوع رهبر را مجری(۳) می‌نامد.

نوعاً" مجری عمل‌کننده‌ای آرام و سیاستمداری زیرک(۴) است. او التفات اجتماعی را تا یک T توسعه داده است. مجری فردی پویاست که غالباً" کارهای متعددی را در یک زمان انجام می‌دهد. بل می‌گوید: "برای حصول موفقیتهای عظیم، مجری استعداد خاصی را برای به‌مانور درآوردن دیگران توسعه می‌دهد." این مهارت‌ها عبارتند از: مشارکت کاذب(۵)، انجام توافقهای خاص، همکاری با سایر مجریان، کسب اعتبار از کسب موفقیت، و ارسال تعاریف.

حال به بررسی زمانی که هوچی با یک نامدیر دیگر کار می‌کند، می‌پردازیم. ترکیب بالقوه خطرناک، کارکردن مدیر هوچی(EI--) با زیردست کارفرمای سخت‌گیر (PA--) می‌باشد. هوچی انتظار دارد زیردستان او بطور جامع و بدون شک از ایده‌هایش حمایت کنند. کارفرمای سخت‌گیر دنبال فرصتهایی است تا "کارها را درست و صحیح انجام دهد" و بسیار خواهان آن است تا فداکاری کند، مطیع شده و مطیع گرداند.

از طرفی ایده‌ها و جهت‌های هوچی بسیار مبهم هستند، درحالیکه کارفرمای سخت‌گیر می‌خواهد یک "کشتی مرتب و منظم" را هدایت کند. بنابراین او آنچه را تصور می‌کند که فهمیده، انجام می‌دهد یا وامیدارد تا به انجام برسانند. هوچی مسائل را نمی‌بیند زیرا اهمیت نمی‌دهد کارفرمای سخت‌گیر چه می‌کند. مشابه آتش افروز، هوچی از اینکه کسانی کاملاً" مطیع و تسلیم ایده‌های او هستند لذت می‌برد. در چنین حالتی کارفرمای سخت‌گیر غیرخلاق درحال بارآوری یک فاجعه است.

نتیجه کار، ممکن است موقعیتی مشابه واترگیت شود. نیکسون در راس کارکنان کاخ سفیدش قرار داشت و هالدمان(۶) و ارلیچمان(۷) تحت نظر وی بودند. آنطورکه اظهار ناخرسندی وی از رسانه‌های غیرحامی حکایت می‌کرد، نیکسون

(۱) Stirred up (۲) Go all-out (۳) Performer
(۴) Shrewd (۵) Pseudoparticipation (۶) Haldeman
(۷) Ehrlichman

تصویر عظیمی از آنچه که می‌خواست بعنوان یک زمامدار انجام دهد در ذهن داشت (E)، و بطور جدی نیازمند پذیرفته شدن بود (I). بنابراین برای خودش چند کارفرمای سختگیر نظیر هالدمان را پیدا کرد، تا کورکورانه به وی خدمت کنند. نتیجه کار می‌توانست یک سوءتفاهم فوق‌العاده باشد، دستورات (EI--) بیش از حد کلی بودند و آنها توسط یک --PA با جزئیات دقیق تعبیر وتفسیر می‌شدند، بدون تصویری واقعی(E) و چراهای پشت سر P.

بنابراین ترکیبهای قابل اجرا و غیرقابل اجرا در مدیریت گرد آمده‌اند. ترکیب --PA و --EI شراکتی بالقوه خطرناک می‌باشند. همچنین ترتیب PaEi و pAeI را تا زمانیکه pAeI اهمیت ندهد که نقش پشتیبانی‌کننده را دارا باشد، همکاری قابل اجرا می‌باشد. بیمارستانها، اپراها، تئاترها، و دانشگاه‌ها اغلب بوسیله چنین شراکتی اداره می‌شود.

ترکیب سبک آتی سوءمدیریت زمانی حاصل می‌شود که توانایی سازماندهی به هوچی مشتاق قبلی اضافه گردد.

رهبر قلابی(۱) (-AEI)

این نوع مدیر ایده‌ها را ایجاد می‌کند، افراد را جهت ایده‌هایش یکپارچه کرده، و سیستمی را بوجود می‌آورد که ایده‌ها را به اجرا درآورد. گو اینکه، سیستم نتیجه‌ای به بار نمی‌آورد. افراد رهبر قلابی را پیروی می‌کنند و وظایف مشخص شده خودشان را دنبال می‌کنند، اما باورهای آنها به مرور زمان و در درازمدت خرد و نابود می‌شود زیرا به‌آنچه که قول داده شده است جامه عمل پوشیده نمی‌شود. رهبر قلابی سازماندهی می‌کند، مأموریت یکپارچه‌کنندگی را فراهم می‌نماید، اما فعالیتهایی که سازماندهی می‌کند نهایتاً شکست می‌خورد.

رهبر قلابی نوعاً به چشمان یک واقعگرای بدبین مشابه رهبر کمونیست است. درحالیکه اهداف چنین رهبری (E) انسانی و جذاب بنظر می‌رسد، لکن یکپارچگی و اجرای آنها نتایجی ببار می‌آورد که برای کلیه کسانی که آنها را تجربه می‌کنند کابوس(۲) می‌باشد (بدون P).

هر شخص به آسانی ممکن است خود را بدون جهت‌گیری P بیابد. او ممکن است P را با دور شدن از قدرت ازدست بدهد. یا ممکن است آن را بوسیله "جنگ کردن روی نقشه بدون درنظر گرفتن اطلاعات میدان" ازدست بدهد، همانطوریکه هیتلر چنین کرد. بدون آگاهی P بی‌ثمر است.

مثال صنعتی از رهبر قلابی، مدیری است که آورده شده تا یک شرکت درحال افول را نجات دهد. از چنین شخصی انتظار می‌رود که بطور فوری و آنی نتایجی را تولید کند، همه به او بعنوان یک ناجی(۳) می‌نگرند. او ممکن است خیلی هم

(۱) False leader

(۲) Night marish

(۳) Savior

توفیق گرا باشد، اما شاید P او ضعیف باشد زیرا او هنوز تکنولوژی شرکت جدیدش را نیاموخته، بازارش را نشناخته و "آنچه را که می‌تواند توان ایجاد نماید" در نیافته است. درهرصورت بدون دانش فنی، توفیق گرایی او بدون فایده می‌باشد. او به‌یک رهبر قلابی تبدیل می‌شود. افراد انتظارات بسیار زیادی دارند، که‌سریعا" برآورده نشده است. چنین شخصی ممکن است کارآفرین، اداره‌کننده، و یکپارچه‌کننده فوق‌العاده‌ای باشد، ولی فقط نمی‌فهمد که چه باید بکند.

می‌توان مثالهای پایان‌ناپذیری از این نوع مدیر در صنعت شمرد، مشتاقان(۱) موفقیت، اداره‌کننده‌های خوب، کارآفرینان و یکپارچه‌کنندگان، اما بدون آگاهی از مبحث خاص کاری که آنها جهت کسب آن نیاز دارند. بنابراین چنین مدیرانی از بارآوری نتایج عاجزند.

جرج اشتاینر(۲) چنین مدیرانی را در کتاب "برنامه‌ریزی مدیریت عالی" توصیف می‌کند. او آنچه که در دهه بین ۱۹۲۰ و ۱۹۳۰ برسر شرکت وینچستر آمد شرح می‌دهد. مدیرعامل مدیرانی را که بی‌تجربه بودند برای پستهای کلیدی انتخاب کرد.

مدیرعامل لاف(۳) می‌زد که شرکت در فاصله ۲۴-۱۹۲۳ هزار محصول اضافه کرده است. ولی برای بهبود فروش، این محصولات جدید با نان و کره وینچستر رقابت می‌کرد و وینچستر و رقیب اصلیش یکی شده بودند. حاصل کار بدتر از یأس بار آورده بود. فروشندگان باید محصولی را که قبلا" مورد انتقاد قرار داده بودند می‌فروختند. فروش از ۱۸ میلیون دلار در سال ۱۹۲۳ به هفت میلیون دلار در سال ۱۹۳۱ تنزل کرد.

آشکارا باید دانست که نوآوری و تغییر کافی نیست. یک مدیر بایستی به اندازه مناسب از مبحثی که وی در آن نوآوری می‌کند آگاهی داشته باشد. او باید از قوانین و مقررات چگونگی عملکرد، بازار و محصول آگاه باشد، و بتواند قضاوتهای مناسب ارائه نماید. تغییر بخاطر تغییر می‌تواند آثار فاجعه‌آمیزی داشته باشد.

کسانیکه می‌گویند "یک مدیر، مدیری است که مدیر باشد" در اشتباه هستند. هر سازمانی فقط پس از صرف وقت می‌تواند خوب مدیریت شود. برای هر مدیری ضروری است تا جهت یادگیری و درک P وقت صرف کند، A را توسعه دهد، E را تجربه کند و درخصوص I کار کند. P با شناخت عوامل ذیل بدست می‌آید: تکنولوژی، بازار، مشتریان و سایر عوامل دشواری(۴) که سازمان را موفق سازد. هیچ دو سازمانی مشابه یکدیگر نیستند، هریک مشخصه ویژه(۵) خود را دارد. یک مدیر باید بفهمد چه چیزی نتایج را ببار می‌آورد (P) پیش از آنکه بتواند سایر نقشها را ایفا نماید.

ترکیب آتی سوءمدیریت به P وبه I گرایش ندارد. او به‌خلاقیت (E) و کنترل(A) گرایش دارد. سبک منحصر بفردی از سوءمدیریت که تحت عنوان درد گردن(۶) طبقه‌بندی می‌شود.

---

(۱) Eager (۲) Steiner (۳) Boasted
(۴) Crucial (۵) Peculiar (۶) Pain in the neck

درد گردن (-AE-)

فرد درد گردن واقعاً" به آنچه که انجام شده یا تولید شده علاقمند نیست، بعلاوه او نسبت به سایر افراد حساسیتی نداشته و قادر نیست عقاید آنان را در یک کلیت متصل(۱) یکپارچه نماید. و این درحالی است که وبال گردن انباشته از ایده‌هایی است که چه باید انجام شود، و می‌خواهد که جزئیات تمامی جوانب آنچه درحال انجام است را کنترل نماید.

درد گردن با بوروکرات در مواردی فرق دارد: او اغلب ایده‌های جدید ایجاد می‌کند، جلسات بالبداهه(۲) برقرار می‌نماید، و تمایات غیرمعمولی برای مرتب کردن چیزها، برای کنترل سیستمها، و برقراری مرتب جلسات وسازماندهی شده دارد. سبک ارتباطی او از بالا به پائین را می‌پسندد.

او نوعاً" مشابه فردی است که به جنون جوانی(۳) مبتلا است. او با تضادهای درونی رانده می‌شود. می‌خواهد کنترل کند و در همان زمان می‌خواهد که امور را تغییر دهد. فرصتها و تهدیدها را می‌بیند و نسبت به آنچه مورد نیاز انجام شده است هیجان زده می‌گردد. او کلیه ملزومات مربوط به آنچه را که می‌خواهد انجام دهد درک می‌کند. و تمام پیچیدگی‌هایی که مانع انجام کار هستند را نیز می‌بیند.

نا امیدی و سردرگمی درد گردن با خود باعث ناتوانی(۴) او می‌شود که او را بصورت فردی سردرگریبان(۵)، ناراضی، غیردوستانه و غیرحامی درمی‌آورد. در جلسات همیشه طرف دیگر حصار قرار دارد. اگر بحث درباره جزئیات کنترل عملیات باشد، او موضوع "تصویر بزرگ " را پیش می‌کشد و شکایت دارد که "ما با تغییرات نیاز در بازارمان تطبیق نداریم". اگر بحث درباره روند درازمدت باشد، او بر آن پافشاری می‌کند که ایجاد تغییر خطرناک است.

-AE- مجادله‌گر(۶) است، و قرارگیری با وی در یک سنگر را غیرممکن می‌سازد. او بخاطر اینکه در سازمان دائماً" آیه یأس(۷) می‌خواند، محبوبیت ندارد.

اگر درد گردن ذره‌ای به P گرایش داشت، می‌توانست یک حلال خوب مشکلات باشد. می‌توانست مشکل پیچیده‌ای را اختیار کرده (E) و طوری ساختاربندی نماید که قابل کنترل بوده (A) و نتایجی ببار آورد (P). از آنجا که او دارای هیچ I نیست، نمی‌تواند یک مشاور باشد. در بهترین شرایط یعنی وقتی که pAE- باشد فردی استادی که به سیستم گرایش داشته و بسیار خلاق است.

-AE- مشابه "مهاجم" بل است. آنگونه که بل می‌گوید "مهاجم" برعلیه قدرت، عادتهای اجتماعی، و موارد مشابه قیام می‌کند، که این حاصل گرایش E در او است. به‌این ترتیب، بعنوان یک مهاجم (گرایش A در وی) به جزئیات‌پردازی(۸) تمایل دارد. او با فعالیت غیرمتعهدانه و علاقه نشان ندادن به پروژه‌ها (نبود P)

---

(۱) Cohesive whole (۲) Impromptu (۳) Schizophernic
(۴) Impotence (۵) Brooding (۶) Controversial
(۷) Plays the Dev[illegible] advocate (۸) Nitpicker

از پذیرش مسئولیت اجتناب می‌کند. چون هیچ I ندارد، تضادهای داخلی خود را به دیگران منتقل نموده و آنها را نسبت به دیگران غریبه(۱) می‌سازد. وقتی پروژه‌ای به او واگذار می‌شود، انرژی زیادی برای یافتن اشتباهات و مسائل داخلی آن صرف می‌کند.

برای اینکه خود را در حصاری قرار دهد که او را از پذیرش مسئولیت درقبال جامعه حفظ نماید، "مهاجم" گروهی از مهاجمان را اطراف خود شکل می‌دهد. این گروه دیداندازهای عیب‌جویانه(۲) را توسعه داده و دیداندازهای یکدیگر را تقویت می‌کنند. آنها به هر چیزی و به‌همه چیزهائی که به‌آنها ارائه گردد حمله‌ور می‌شوند. آنها در موقعیتی مجادله می‌کنند که کار مشخص باید کنترل شود (نمایش A) و در موقعیت دیگری که به اندازه کافی کاری نمی‌شود هم مجادله می‌کنند "باید همیشه در تحرک باشید" (E).

بنابراین فرد از هر طریق جلو بیاید، مهاجم سعی می‌کند روی دیگر سکه را به او ارائه کند. از آنجائیکه اغلب فکرش را عوض می‌کند، دائما" با خودش در کلنجار است. این حالت از او یک آدم عبوس، شاکی، منتقد، درد گردن می‌سازد. بعنوان یک مشاور -AE- خطرناک است برای اینکه نه P دارد و نه I، ایده‌هایی را ارائه می‌دهد که چگونه سیستم را برای کنترل بهتر تغییر داد، اما هرگز نفهمیده که سیستم برای چه بوجود آمده است، او درکی از یکپارچگی و نیاز به کار گروهی ندارد.

معلم روحانی(۳) (P-EI)

یک رهبر مؤثر جهات جدیدی خلق می‌کند (E) همکارانش را تهییج می‌کند (I) تا با سیستم (A) نتایجی را کسب می‌کند (P). معلم روحانی این نتایج را با جاذبه معنوی(۴) خود ایجاد می‌کند. برعکس هوچی، معلم نتایج ببار می‌آورد. او همچنین تصویر بزرگی از حال و آینده را مشخص می‌کند. او افراد را یکپارچه می‌کند و ترتیبی می‌دهد تا تغییرات مؤثری ببار آید. او الزاما" نگران انتخابات آینده نیست بلکه نگران نسل آینده است.

خلاقیت معلم روحانی نتیجه‌گرایی او می‌باشد. او نسبت به اهداف مشخص تعهد دارد، و کارآفرینی خود را بر روی آنها متمرکز می‌کند. بعلاوه او یک ترغیب‌کننده و مشوق توانا بوده و می‌تواند بین ایده‌ها و عقاید خود و نتایج دلخواه ارتباطی برقرار کند که باعث یکپارچگی افراد شود. این همان چیزی است که از او یک معلم می‌سازد.

به هرحال سیستمی برای دنبال کردن (A) وجود ندارد، سبک شخصی معلم است که مورد تحسین دنباله‌روها است. او نهادی عمل نمی‌کند، درنتیجه وقتی که می‌میرد،

(۱) Alienates
(۲) Cynical
(۳) The charismatic Guru
(۴) Charisma

دنباله‌روها بایستی آموزشهای او را بصورت سیستماتیک و رسمی درآورند، درغیر اینصورت اثر او از بین می‌رود.

یکی از P-EI هایی که مورد تحلیل و بررسی قرار گرفت و از نوع مذهبی بود، نتایجی را ببار آورد، که یک سر و گردن از همتاهای خود بالاتر بود. اما زمانی که مرد، سازمان او ادامه بقاء را دشوار یافت زیرا سازمان برای مؤثر و کارآ بودن بنا نشده بود. موفقیتهای گذشته سازمان به شدت به دخالتهای شخصی رهبر از دست رفته وابسته بود. بصورت سیستماتیکی درنیامده بود و مانند کشتی بود که ناخدای خود را گم کرده و نتواند در غیاب او جهت‌یابی کند.

معلم روحانی ممکن است مشابه رهبر قلابی درنظر گرفته شود، به این معنی که او بعنوان یک مدیر کامل ظهور می‌کند، اما برای دوره‌ای درازمدت ادامه نمی‌دهد. او A را با شخصیت خود فراهم می‌آورد، اما هنگامیکه شخص ناپدید گردد کمبود نهانی A کاملا" خود را مطرح می‌سازد. یکپارچگی که او ببار آورده است ممکن است بزودی ازبین برود. درنتیجه نتایج ناپدید می‌شوند، و بدون یکپارچگی و نتایج، E که از او بجا مانده(۱) شانسی برای مطرح کردن یا به‌انجام رسیدن را پیدا نخواهد نمود.

آنچه که در اینجا اظهار می‌شود این است که رهبری معلم روحانی نیز نوعی سوءمدیریت است، زیرا طول عمر سازمانها طولانی‌تر ازطول عمر هرفرد می‌باشد. لذا، اگر موفقیت یک سازمان بستگی به طول عمر معلم آن سازمان داشته باشد، در درازمدت سازمان بقاء نخواهد یافت.

یادداشتها

1. Theodore H. White, Breach of Faith (New York: Dell, 1975),
2. Gerald Bell, The Achievers (Chapel Hill, N.C.: Preston Hill, 1973)
3. George Albert Steiner, Top Management Planning (New York: MacMillan, 1969)

---

(۱) Bequeathed

Milton Keynes UK
Ingram Content Group UK Ltd.
UKHW021857080923
428326UK00007B/838

9 780979 080722